J'INTÈGRE LA FONCTION PUBLIQUE

Catégorie B et C

2024
2025

Concours GARDIEN-BRIGADIER DE POLICE MUNICIPALE GARDE CHAMPÊTRE

Tout-en-un

Yannick Richard
Directeur de la sécurité publique (Manosque), formateur au CNFPT et sapeur-pompier.

Cédric Renaut
Directeur de la police municipale de Liévin (62), après avoir travaillé 20 ans en région parisienne, notamment en Seine-Saint-Denis (Noisy-le-Sec, Rosny-sous-Bois). Formateur au Centre National de la Fonction Publique Territoriale depuis 5 ans. Correcteur et jury des épreuves orales du concours de gardien-brigadier de police municipale.

Audrey Charmont
Enseignante de français langue étrangère. Elle intervient auprès d'organismes publics (ambassades, universités, etc.) et privés pour former un public expatrié à la langue française *via* une pédagogie intuitive.

Corinne Pelletier
Directrice d'une association regroupant plusieurs établissements et services pour personnes handicapées.

Thibault Couarc'h
Enseignant en éducation physique et sportive (EPS) et en activité physique adaptée (APA).

DUNOD

Ressources numériques. Comment y accéder ?

Pour aller plus loin et mettre toutes les chances de votre côté pour réussir l'examen, des compléments sont disponibles sur le site www.dunod.com.

Connectez-vous à la page de l'ouvrage (grâce aux menus déroulants, ou en saisissant le titre, l'auteur ou l'ISBN dans le champ de recherche de la page d'accueil). Sur la page de l'ouvrage, cliquez sur le logo « Les + en ligne ».

Couverture : ©Chlorophylle
Maquette intérieure : Caroline Joubert
Mise en page : Belle Page

11 rue Paul Bert, 92240 Malakoff
www.dunod.com
ISBN : 978-2-10-085226-0

Sommaire

Épreuve d'admissibilité n° 2

Questions sur un texte

Épreuve d'admissiblité n° 3

Tests psychotechniques

Épreuve d'admission n° 1

Entretien avec le jury

Épreuve d'admission n° 2

Épreuves physiques

Sujets corrigés

Annexe

Devenir gardien-brigadier de police municipale

1 Le métier

a. Environnement juridique

Les missions réglementaires des policiers municipaux

Issus de la filière sécurité de la fonction publique territoriale, les agents de police municipale disposent, à la différence des agents d'autres filières, de pouvoirs de police administrative et de pouvoirs judiciaires que leur confère la loi au sens des articles L. 2212-2 du Code général des collectivités territoriales (CGCT) et 21 du Code de procédure pénale.

Les missions du policier municipal, son recrutement et les modalités d'exercice de son métier sont fixés par les articles L. 511-1 à L. 515-1 du Code de la sécurité intérieure.

Ainsi, au quotidien, le policier municipal exécute les tâches relevant de la compétence du maire que celui-ci lui confie en matière de prévention et de surveillance du bon ordre, de la tranquillité, de la sécurité et de la salubrité publiques.

Dans ce cadre précis, le rôle des policiers municipaux est d'anticiper les désordres avant qu'ils ne surviennent.

Lorsque ces désordres apparaissent, le policier municipal agit au gré de ses compétences et de ses obligations légales. Par exemple, lorsqu'il constate des « rassemblements nocturnes qui troublent le repos des habitants et tous actes de nature à compromettre la tranquillité publique » en application de l'article L. 2212-2/2° du CGCT, il en rend compte par rapport au maire qui, à l'appui de ce rapport, peut édicter un arrêté municipal réglementant les rassemblements bruyants à certains endroits et à certaines heures.

De même, lorsque le policier municipal intervient sur des « personnes atteintes de troubles mentaux dont l'état pourrait compromettre la morale publique, la sécurité des personnes ou la conservation des propriétés » en application de l'article L. 2212-2/6° du CGCT, il permet au maire de prendre les mesures provisoires nécessaires en édictant un arrêté municipal d'hospitalisation basé juridiquement sur le rapport de l'agent de police municipal.

Toutefois, les missions principalement axées autour de la police administrative peuvent amener le policier municipal à constater des infractions.

Il entre alors dans le cadre d'une mission de police judiciaire. Il est à cet instant momentanément placé sous le contrôle du procureur de la République par l'intermédiaire d'un officier de police judiciaire (OPJ) que le policier municipal seconde dans l'exercice de ses fonctions (article 21 du Code de procédure pénale) et à qui il rend compte de tout crime, délit ou contravention dont il a connaissance.

En effet, le policier municipal ayant la qualité d'agent de police judiciaire adjoint (article 21/2° du Code de procédure pénale), la loi lui octroie la compétence de constater diverses infractions contraventionnelles pour lesquelles il peut légalement relever l'identité des contrevenants (article 78-6 du même code).

Définition

La POLICE JUDICIAIRE, dont la police municipale est l'une des composantes, voit ses missions définies par l'article 14 du Code de procédure pénale qui précise : « la police judiciaire est chargée de constater les infractions à la loi pénale, d'en rassembler les preuves et d'en rechercher les auteurs afin de les déférer devant la justice ».

La loi habilite par ailleurs le policier municipal aux différentes mesures de contraintes légales telles que la vérification des documents autorisant la mise en circulation et la conduite des véhicules (article R. 233-1 du Code de la route), le dépistage de l'imprégnation alcoolique des conducteurs et élèves conducteurs (article L. 234-3 du Code de la route), le dépistage de la consommation de stupéfiants des conducteurs et élèves conducteur (article L. 235-2 du Code de la route), la présentation des auteurs d'infraction pénale devant un officier de police judiciaire (article 73 du Code de procédure pénale), au besoin en les privant de liberté (menottage prévu par les dispositions de l'article 803 du Code de procédure pénale), le rétablissement de la jouissance paisible des lieux dans les parties communes (article L. 126-1 à L. 126-3 du Code de la construction et de l'habitation) et à des palpations de sécurité (article L. 226-1 du Code de la sécurité intérieure).

Les missions générales dévolues aux policiers municipaux sont édictées par le Code de la sécurité intérieure (article L. 511-1 du Code de la sécurité intérieure) précisant que ces derniers sont chargés :

- d'assurer l'exécution et la verbalisation des contraventions aux arrêtés de police du maire ;
- de constater par procès-verbaux les contraventions aux dispositions du Code de la route ;
- de constater par procès-verbaux les contraventions mentionnées au livre VI du Code pénal :
  - abandon d'ordures, déchets, matériaux et autres objets,
  - bruits ou tapages injurieux ou nocturnes,
  - divagation ou excitation d'animaux dangereux,
  - atteintes volontaires ou involontaires à animal et mauvais traitements à animal,
  - menaces de destruction lorsqu'elles concernent des biens appartenant à la commune,
  - destructions, dégradations et détériorations légères, lorsqu'elles concernent des biens appartenant à la commune ;
- de constater par procès-verbaux les infractions du Code des transports ;
- de constater par procès-verbaux les contraventions relatives à la vente, à l'offre gratuite dans les lieux affectés à un usage collectif, et notamment scolaires, des produits du tabac et du vapotage aux mineurs ainsi qu'à l'interdiction de fumer dans les lieux collectifs.

En outre, lorsqu'ils sont affectés sur décision du maire à la sécurité d'une manifestation sportive, récréative ou culturelle ou à celle des périmètres de protection institués pour assurer la sécurité d'un lieu ou d'un évènement exposé à un risque d'actes terroristes à raison de sa nature et de l'ampleur de sa fréquentation ou encore à la surveillance de l'accès à un bâtiment communal, ils peuvent procéder à l'inspection visuelle des bagages et, avec le consentement de leur propriétaire, à leur fouille. Ils peuvent également procéder, avec le consentement exprès des personnes, à des palpations de sécurité.

Textes

Textes législatifs :

- Loi n° 83-634 du 13 juillet 1983 modifiée portant droits et obligations des fonctionnaires.
- Loi n° 84-53 du 26 janvier 1984 portant dispositions statutaires relatives à la fonction publique territoriale.
- Loi n° 99-291 du 15 avril 1999 relative aux polices municipales.
- Loi n° 2001-1062 du 15 novembre 2001 relative à la sécurité quotidienne.
- Loi n° 2002-276 du 27 février 2002 relative à la démocratie de proximité.
- Loi n° 2003-239 du 18 mars 2003 pour la sécurité intérieure.
- Loi n° 2006-396 du 31 mars 2006 pour l'égalité des chances.
- Loi n° 2011-267 du 14 mars 2011 d'orientation et de programmation pour la performance de la sécurité intérieure.
- Arrêté du 14 avril 2009 autorisant la mise en œuvre de traitements automatisés dans les communes ayant pour objet la recherche et la constatation des infractions pénales par leurs fonctionnaires et agents habilités.
- Arrêté du 30 août 2013 portant diverses dispositions modificatives relatives [...] aux conditions techniques d'utilisation des projecteurs hypodermiques par les agents de police municipale pour la capture des animaux dangereux ou errants.
- Articles L. 511-1 à L. 511-15 du Code de la sécurité intérieure.
- Article L. 2212-2 du Code général des collectivités territoriales.
- Articles 21, 21-2, D. 15, 53, 73, 78-6, 429, 537 et 803 du Code de procédure pénale.

Textes réglementaires :

- Cadre d'emplois catégorie C : décret n° 2006-1391 du 17 novembre 2006 portant statut particulier du cadre d'emplois des agents de police municipale.
- Cadre d'emplois catégorie B : décret n° 2011-444 du 21 avril 2011 portant statut particulier du cadre d'emplois des chefs de service de police municipale.
- Cadre d'emplois catégorie A : décret n° 2006-1392 du 17 novembre 2006 portant statut particulier du cadre d'emplois des directeurs de police municipale.

Circulaires :

- Maintien de l'ordre par les polices municipales : NORIOCD1119121C

La condition *sine qua non* du double agrément des policiers municipaux

Pour être habilités à effectuer leurs missions sur la voie publique en tenue, les policiers municipaux sont soumis à un double agrément : celui du procureur de la République et celui du préfet. Le retrait de l'un ou de l'autre de ces agréments conduit soit à une révocation, soit au reclassement de l'agent dans une autre filière.

b. Carrière et rémunération

Le métier de policier municipal est constitué de trois catégories de grades :

- agent de police municipale (catégorie C ➔ exécution) ;
- chef de service de police municipale (catégorie B ➔ encadrement) ;
- directeur de police municipale (catégorie A ➔ conception et stratégies d'intervention).

Le cadre d'emploi d'agent de police municipale comporte deux grades :

- gardien-brigadier ;
- brigadier-chef principal.

Grille indiciaire de gardien-brigadier

Échelon	Indice brut	Indice majoré	Durée de services	Salaire brut
1	351	328	1 an	1 537,02 €
2	354	330	2 ans	1 546,39 €
3	357	332	2 ans	1 555,76 €
4	362	336	2 ans	1 574,50 €
5	372	343	2 ans	1 607,31 €
6	380	350	2 ans	1 640,11 €
7	403	364	2 ans	1 705,71 €
8	430	380	2 ans	1 780,69 €
9	444	390	3 ans	1 827,55 €
10	459	402	3 ans	1 883,78 €
11	471	411	4 ans	1 925,96 €
12	479	416		1 949,39 €

Grille indiciaire de brigadier-chef principal (échelle spécifique)

Échelon	Indice brut	Indice majoré	Durée de services	Salaire brut
1	375	346	2 ans	1 621,36 €
2	398	362	2 ans	1 696,34 €
3	422	375	2 ans	1 757,26 €
4	442	389	2 ans	1 822,86 €
5	465	407	2 ans	1 907,21 €
6	483	418	2,5 ans	1 958,76 €
7	497	428	3 ans	2 005,62 €
8	521	447	4 ans	2 094,65 €
9	554	470		2 202,43 €
Éch. spécial	583	493		2 310,21 €

2 Le concours

a. Cadre juridique

Le concours (externe et interne) au cadre d'emploi de gardien-brigadier de police municipale est un concours de catégorie C de la filière « police municipale » de la fonction publique territoriale.

Ce cadre d'emplois comprend les grades de gardien-brigadier et de brigadier-chef principal.

Le concours de gardien-brigadier de police municipale est composé de deux épreuves : les épreuves d'admissibilité et les épreuves d'admission, les premières devant être réussies pour que le candidat soit admis aux secondes. Elles sont définies par le décret 2000-48 du 20 janvier 2000 relatif aux conditions d'accès et aux modalités d'organisation du concours pour le recrutement des agents de police municipale.

Textes relatifs au concours

- Décret n° 2013-593 du 5 juillet 2013 modifié portant conditions générales de recrutement et d'avancement de grade et portant dispositions statutaires diverses applicables aux fonctionnaires de la fonction publique territoriale.
- Décret n° 2016-596 du 12 mai 2016 relatif à l'organisation des carrières des fonctionnaires de catégorie C de la fonction publique territoriale.
- Décret n° 2006-1391 du 17 novembre 2006 modifié portant statut particulier du cadre d'emplois des agents de police municipale.
- Décret n° 94-932 du 25 octobre 1994 modifié relatif aux conditions d'accès et aux modalités d'organisation des concours pour le recrutement des agents de police municipale.
- Arrêté du 25 octobre 1994 modifié fixant le programme des matières des épreuves du concours pour le recrutement des agents de police municipale.
- Décret n° 2007-196 du 13 février 2007 modifié relatif aux équivalences de diplômes requises pour se présenter aux concours d'accès aux corps et cadres d'emplois de la fonction publique.
- Arrêté du 26 juillet 2007 fixant les équivalences de diplômes requises pour se présenter aux concours d'accès aux corps et cadres d'emplois de la fonction publique subordonnés à la possession de diplômes ou titres sanctionnant un niveau d'études déterminé relevant d'une formation générale ou de plusieurs spécialités de formation.

b. Conditions d'accès aux concours

Le concours de gardien-brigadier de police municipale est ouvert aux candidats de 18 ans au moins, justifiant d'un diplôme de niveau CAP-BEP ou d'une qualification reconnue comme équivalente.

Ces candidats doivent aussi remplir les conditions générales d'accès à la fonction publique :

- avoir la nationalité française ou être ressortissant d'un État membre de l'Union européenne, ou d'un autre État partie à l'accord sur l'Espace économique européen ;
- se trouver en position régulière au regard des obligations du service national ;
- jouir de leurs droits civiques ;
- avoir un casier judiciaire vierge (pas de mention incompatible avec l'exercice des fonctions sur le bulletin n° 2) ;
- remplir les conditions d'aptitude physique exigées par les fonctions.

c. Épreuves des concours

Attention

Tout candidat qui ne participe pas à l'une des épreuves obligatoires est éliminé du concours.

- Il est attribué à chaque épreuve une note de 0 à 20. Chaque note est multipliée par le coefficient correspondant à l'épreuve. Les épreuves écrites sont anonymes et font l'objet d'une double correction.
- Toute note inférieure à 5 sur 20 à l'une des épreuves obligatoires d'admissibilité ou d'admission entraîne l'élimination du candidat.
- Peuvent être seuls autorisés à se présenter aux épreuves d'admission les candidats déclarés admissibles par le jury. Ces derniers passent, dans des conditions garantissant leur anonymat, des tests psychotechniques non éliminatoires élaborés et interprétés par des psychologues possédant les qualifications requises, destinés à permettre une évaluation de leur profil psychologique. Les membres du jury disposent lors de la première épreuve d'admission, pour aide à la décision, des résultats des tests passés par chaque candidat admissible.
- Un candidat ne peut être admis si la moyenne de ses notes aux épreuves est inférieure à 10 sur 20 après application des coefficients correspondants. À l'issue des épreuves d'admission, le jury arrête, dans la limite des places mises au concours, les listes d'admission.

Remarque

- Les candidates enceintes peuvent être dispensées, à leur demande, des épreuves physiques. Elles devront être en possession d'un certificat médical établissant leur état. Les candidates bénéficiant de cette dispense sont créditées d'une note égale à la moyenne des notes obtenues par l'ensemble des candidats au concours auquel elles participent.
- Pour les personnes en situation de handicap, voir le décret no 2006-1694.

Épreuves du concours externe

Épreuves d'admissibilité

- **Rédaction d'un rapport** établi à partir d'un dossier relatif à un événement survenu dans un lieu public.

  Durée : 1 heure 30 ; coefficient 3.

  Programme : cette épreuve a pour objet de vérifier la capacité du candidat à rédiger un rapport circonstancié à partir dudit événement.

- **Réponse, à partir d'un texte remis aux candidats, à des questions** sur la compréhension de ce texte et l'explication d'une ou plusieurs expressions figurant dans ce texte.

  Durée : 1 heure ; coefficient 2.

Peuvent seuls se présenter aux épreuves d'admission, les candidats déclarés admissibles par le jury.

Ces derniers passent, dans des conditions garantissant leur anonymat, **des tests psychotechniques non éliminatoires**, élaborés et interprétés par des psychologues possédant les qualifications requises, destinés à permettre une évaluation de leur profil psychologique **(épreuve obligatoire pour tous les candidats admissibles).**

Les membres du jury disposent lors de la première épreuve d'amission, pour aide à la décision, des résultats des tests passés par chaque candidat admissible.

Épreuves d'admission

- **Entretien avec le jury** permettant à ce dernier d'apprécier la personnalité du candidat et sa motivation pour occuper un emploi d'agent de police municipale, ainsi que ses connaissances sur le fonctionnement général des institutions publiques.

  Durée : 20 minutes ; coefficient 3.

  Programme : cette épreuve a pour objet de vérifier la maîtrise par le candidat des notions sommaires sur l'organisation de l'État et des collectivités locales (désignation et compétences des organes délibérants et exécutifs, organisation générale des services), des notions sur le cadre d'emploi de la police municipale, et la motivation du candidat.

- **Épreuves physiques :**

  - une épreuve de course à pied : 100 mètres.
  - une autre épreuve physique choisie par le candidat au moment de l'inscription au concours, parmi les disciplines suivantes : saut en hauteur ; saut en longueur ; lancer de poids (6 kg pour les hommes et 4 kg pour les femmes) ; natation : 50 mètres nage libre, départ plongé.

  Coefficient : 1.

Épreuves du concours interne

Épreuve d'admissibilité

- **Rédaction d'un rapport** établi à partir d'un dossier relatif à un événement survenu dans un lieu public.

  Durée : 2 heures ; coefficient 3.

  Programme : cette épreuve a pour objet de vérifier la capacité du candidat à rédiger un rapport circonstancié à partir dudit événement.

Épreuve de préadmission

Peuvent seuls se présenter aux épreuves d'admission, les candidats déclarés admissibles par le jury.

Ces derniers passent, dans des conditions garantissant leur anonymat, **des tests psychotechniques non éliminatoires**, élaborés et interprétés par des psychologues possédant les qualifications requises, destinés à permettre une évaluation de leur profil psychologique **(épreuve obligatoire pour tous les candidats admissibles).**

Les membres du jury disposent lors de la première épreuve d'amission, pour aide à la décision, des résultats des tests passés par chaque candidat admissible.

Épreuves d'admission

- **Entretien avec le jury** permettant à ce dernier d'apprécier la personnalité du candidat et sa motivation pour occuper un emploi d'agent de police municipale, ainsi que ses connaissances sur le fonctionnement général des institutions publiques.

  Durée : 20 minutes ; coefficient 2.

  Programme : cette épreuve a pour objet de vérifier la maîtrise par le candidat des notions sommaires sur l'organisation de l'État et des collectivités locales (désignation et compétences des organes délibérants et exécutifs, organisation générale des services), des notions sur le cadre d'emploi de la police municipale, et la motivation du candidat.

- **Épreuves physiques :**
  - une épreuve de course à pied : 100 mètres.
  - une autre épreuve physique choisie par le candidat au moment de l'inscription au concours, parmi les disciplines suivantes : saut en hauteur ; saut en longueur ; lancer de poids (6 kg pour les hommes et 4 kg pour les femmes) ; natation : 50 mètres nage libre, départ plongé.

  Coefficient : 1.

d. Après le concours

Une fois le concours « en poche », il appartient aux lauréats de rechercher un emploi par candidature spontanée ou en consultant les annonces publiées.

En effet, la réussite à un concours n'entraîne pas l'octroi automatique d'un poste. Les lauréats doivent adresser leurs candidatures (CV et lettre de motivation) aux collectivités qui offrent un emploi correspondant à leur profil, afin d'être convoqués à un entretien de recrutement.

Le recrutement en qualité de gardien-brigadier de police municipale intervient seulement après inscription sur une liste d'aptitude après concours. Les listes d'aptitude ont une validité nationale.

Texte

- Loi n° 2016-483 à effet du 21 avril 2016.

Inscription sur la liste d'aptitude

Chaque concours donne lieu à l'établissement, par l'autorité organisatrice du concours, d'une liste d'aptitude classant par ordre alphabétique les candidats déclarés aptes par le jury.

Un lauréat de concours ne peut figurer que sur une seule liste d'aptitude d'accès au même grade d'un cadre d'emplois. L'inscription sur la liste d'aptitude est donc automatique en cas de réussite, sauf si le lauréat signale être déjà inscrit sur une autre liste d'aptitude du même cadre d'emplois, auquel cas il doit opter pour l'une ou l'autre liste. Ainsi, en cas de réussite simultanée à un même concours dans deux centres de gestion différents, le lauréat adresse, à l'autorité organisatrice de chacun des concours, dans le délai de 15 jours, par lettre recommandée avec accusé de réception, sa décision d'opter pour son inscription sur la liste d'aptitude choisie et de renoncer à l'inscription sur l'autre liste.

La liste d'aptitude mentionne les coordonnées personnelles des lauréats qui en ont autorisé expressément la publication.

Durée de validité de la liste d'aptitude

La durée de validité de la liste d'aptitude est de deux ans, elle peut être renouvelée deux fois une année pour les lauréats non nommés.

- Pour bénéficier d'une réinscription sur la liste d'aptitude, le lauréat doit obligatoirement en faire la demande par écrit un mois avant le terme de la deuxième et de la troisième année. Le décompte de la période de quatre ans est suspendu, le cas échéant, pendant la durée des congés parentaux, de maternité, d'adoption, de présence parentale et d'accompagnement d'une personne en fin de vie, ainsi que du congé de longue durée et de celle de l'accomplissement des obligations du service national. Il est également suspendu pour les élus locaux jusqu'au terme de leur mandat, et lorsqu'un agent contractuel est recruté pour pourvoir à un emploi permanent sur le fondement de l'article 3.1 de la loi n° 84-53 du 26 janvier 1984 modifiée portant dispositions statutaires relatives à la fonction publique territoriale, dont les missions correspondent à l'emploi qu'il occupe ; ainsi que pour la personne qui a conclu un engagement de service civique prévu à l'article L. 120-1 du Code du service national, à la demande de cette personne, jusqu'à la fin de cet engagement.
- Pour bénéficier de cette disposition, le lauréat doit adresser une demande au centre de gestion accompagnée de justificatifs.

Le lauréat, sous réserve du respect des modalités de réinscription, demeure inscrit sur la liste d'aptitude jusqu'à l'expiration du délai de quatre ans à compter de son inscription initiale ou, si aucun concours n'a été organisé dans ce délai, jusqu'à la date d'organisation d'un nouveau concours.

Attention

L'inscription sur liste d'aptitude ne vaut pas recrutement.

L'inscription sur une liste d'aptitude permet de postuler auprès des collectivités territoriales : communes, départements et régions. La recherche d'emploi relève d'une démarche personnelle du lauréat qui pourra adresser des candidatures spontanées aux collectivités (lettre de motivation et CV).

Les épreuves du concours gardien-brigadier de police municipale

Épreuves d'admissibilité

Rédaction d'un rapport - 1 heure 30 (externe) / 2 heures (interne) ; coef. 3
Concours externe et interne

Rédaction d'un rapport à partir d'un dossier relatif à un événement survenu dans un lieu public.

Réponse à une série de questions - 1 heure ; coef. 2
Concours externe

Réponse à des questions sur la compréhension d'un texte et explication d'une ou plusieurs expressions figurant dans ce texte.

Tests psychotechniques (non noté)
Concours externe et interne

Tests psychotechniques non éliminatoires, élaborés et interprétés par des psychologues, destinés à permettre une évaluation du profil psychologique.

Épreuves d'admission

Entretien avec le jury - 20 minutes ; coef. 3 pour le concours externe, coef. 2 pour le concours interne
Concours externe et interne

Entretien permettant au jury d'apprécier la personnalité du candidat et sa motivation pour occuper un emploi d'agent de police municipale, ainsi que ses connaissances sur le fonctionnement général des institutions publiques.

Épreuves physiques - coef. 1
Concours externe et interne

Épreuves physiques consistant en une épreuve de course à pied (100 mètres) et une épreuve physique choisie par le candidat au moment de l'inscription au concours, parmi les disciplines suivantes : saut en hauteur, saut en longueur, lancer de poids, natation.

Devenir garde champêtre

1 Le métier

a. Environnement juridique du garde champêtre

Les missions du garde champêtre sont énumérées au Livre V (Polices municipales) du Code de la sécurité intérieure.

Le Titre II (Gardes champêtres) précise, en son article L. 521-1, que les gardes champêtres concourent à la police des campagnes.

Ils sont chargés de rechercher, chacun dans le territoire pour lequel il est assermenté, les contraventions aux règlements et arrêtés de police municipale.

Ils dressent des procès-verbaux pour constater ces contraventions.

Les gardes champêtres, agents dépositaires de l'autorité publique, sont également autorisés à constater par procès-verbal les contraventions aux dispositions du Code de la route dont la liste est fixée par décret en Conseil d'État.

À cette occasion, ils sont habilités à procéder, sous la responsabilité des officiers de police judiciaire (OPJ), à des épreuves de dépistage de l'imprégnation alcoolique, les conducteurs ou l'accompagnateur d'un élève conducteur impliqué dans un accident de la circulation ayant occasionné un dommage corporel.

Ils peuvent soumettre aux mêmes épreuves tout conducteur ou tout accompagnateur d'élève conducteur impliqué dans un accident quelconque de la circulation ou auteur présumé de l'une des infractions aux prescriptions du Code de la route.

Ils constatent également les contraventions mentionnées au Livre VI du Code pénal (article R 15-33-29-3 du Code de procédure pénale), dès lors qu'elles ne nécessitent pas de leur part d'actes d'enquête et à l'exclusion de celles réprimant des atteintes à l'intégrité des personnes.

Lorsqu'ils constatent par procès-verbaux les infractions précitées, les gardes champêtres sont habilités à relever l'identité des contrevenants dans les conditions de l'article 78-6 du Code de procédure pénale (article L. 522-4 du Code de la sécurité intérieure).

b. Carrière et rémunération

Le métier de garde champêtre est constitué d'une seule catégorie de grade :

- garde champêtre territorial (catégorie C ➔ exécution).

Le cadre d'emploi de garde champêtre comporte deux grades :

- garde champêtre chef ;
- garde champêtre chef principal.

Grille indiciaire de garde champêtre chef

Échelon	Indice brut	Indice majoré	Durée de services	Salaire brut
1	347	325	1 an	1 522,96 €
2	348	326	2 ans	1 527,64 €
3	349	327	2 ans	1 532,33 €
4	351	328	2 ans	1 537,02 €
5	352	329	2 ans	1 541,70 €
6	354	330	2 ans	1 546,39 €
7	356	332	2 ans	1 555,76 €
8	362	336	2 ans	1 574,50 €
9	370	342	3 ans	1 602,62 €
10	386	354	3 ans	1 658,85 €
11	407	367		1 719,77 €

Grille indiciaire de garde champêtre chef principal

Échelon	Indice brut	Indice majoré	Durée de services	Salaire brut
1	351	328	1 an	1 537,02 €
2	354	330	2 ans	1 546,39 €
3	357	332	2 ans	1 555,76 €
4	362	336	2 ans	1 574,50 €
5	372	343	2 ans	1 607,31 €
6	380	350	2 ans	1 640,11 €
7	403	364	2 ans	1 705,71 €
8	430	380	2 ans	1 780,69 €
9	444	390	3 ans	1 827,55 €
10	459	402	3 ans	1 883,78 €
11	471	411	4 ans	1 925,96 €
12	479	416		1 949,39 €

2 Le concours

a. Cadre juridique

Les gardes champêtres constituent un cadre d'emplois de police municipale de catégorie C comprenant les grades de garde champêtre chef et de garde champêtre chef principal, qui relèvent respectivement des échelles C2 et C3 de rémunération.

Les membres du cadre d'emplois exercent dans les communes.

Les gardes champêtres assurent les missions qui leur sont spécialement confiées par les lois et les règlements en matière de police rurale. Ils exécutent les directives que leur donne le maire dans l'exercice de ses pouvoirs de police.

Le concours de garde champêtre est composé de deux épreuves, les épreuves d'admissibilité et les épreuves d'admission, les premières devant être réussies pour que le candidat soit admis aux secondes. Elles sont définies par le décret n° 94-935 du 26 octobre 1994 relatif aux conditions d'accès et aux modalités d'organisation du concours pour le recrutement des gardes champêtres.

Les textes relatifs au concours

- Décret n° 94-731 du 24 août 1994 portant statut particulier du cadre d'emplois des gardes champêtres.
- Décret n° 94-935 du 26 octobre 1994 relatif aux conditions d'accès et aux modalités d'organisation du concours pour le recrutement des gardes champêtres.

- Arrêté du 25 octobre 1994 fixant le programme des matières des épreuves du concours pour le recrutement des gardes champêtres.
- Décret n° 2007-196 du 13 février 2007 relatif aux équivalences de diplômes requises pour se présenter aux concours d'accès aux corps et cadres d'emplois de la fonction publique.
- Décret n° 2006-1694 du 22 décembre 2006 portant modification de diverses dispositions applicables aux fonctionnaires territoriaux de catégorie C.

b. Conditions d'accès aux concours

Le concours de garde champêtre est ouvert aux candidats titulaires au moins d'un titre ou diplôme homologué au niveau V selon la procédure définie par le décret 92-23 du 8 janvier 1992 ou d'une qualification reconnue comme équivalente.

Les candidats doivent aussi remplir les conditions suivantes :

- être de nationalité française ou être ressortissant d'un État membre de l'Union européenne, ou d'un autre État partie à l'accord sur l'Espace économique européen ;
- être âgé d'au moins 16 ans (aucune limite d'âge maximale n'est prévue pour se présenter aux concours d'accès à la fonction publique territoriale) ;
- remplir les conditions d'aptitude physique exigées pour l'exercice de la fonction ; jouir de ses droits civiques ;
- ne pas avoir subi de condamnation incompatible avec l'exercice des fonctions auxquelles le concours donne accès ;
- se trouver en position régulière au regard des obligations du service national de l'État dont il est ressortissant.

Remarque

Le concours externe est également ouvert, sans conditions de diplômes, aux pères et mères de famille élevant ou ayant élevé effectivement 3 enfants (décret n° 81-317 du 7 avril 1981) ainsi qu'aux sportifs de haut niveau (art. 28 de la loi n° 84-610 du 16 juillet 1984).

c. Épreuves des concours

Attention

Tout candidat qui ne participe pas à l'une des épreuves obligatoires est éliminé du concours.

- Il est attribué à chaque épreuve une note de 0 à 20. Chaque note est multipliée par le coefficient correspondant à l'épreuve. Les épreuves écrites sont anonymes et font l'objet d'une double correction.
- Toute note inférieure à 5 sur 20 à l'une des épreuves obligatoires d'admissibilité ou d'admission entraîne l'élimination du candidat.

- Un candidat ne peut être admis si la moyenne de ses notes est inférieure à 10 sur 20 après application des coefficients correspondants.
- Les épreuves écrites sont anonymes.
- Le concours externe d'accès au grade de garde champêtre chef comporte deux épreuves d'admissibilité et deux épreuves d'admission.

Épreuves d'admissibilité

- **Rédaction d'un rapport** établi à partir d'un dossier relatif à un événement survenu dans un lieu public.

  Durée : 1 heure 30 ; coefficient 3.
- Programme : cette épreuve a pour objet de vérifier la capacité du candidat à rédiger un rapport circonstancié à partir dudit événement.
- **Réponse, à partir d'un texte remis aux candidats, à des questions** sur la compréhension de ce texte et l'explication d'une ou plusieurs expressions figurant dans ce texte.

  Durée : 1 heure ; coefficient 2.

Épreuves d'admission

- **Entretien avec le jury** portant sur le fonctionnement général des institutions publiques et sur la motivation du candidat pour occuper un emploi de garde champêtre.

  Durée : 20 minutes ; coefficient 2.

  Programme : cette épreuve a pour objet de vérifier la maîtrise par le candidat des notions sommaires sur l'organisation de l'État et des collectivités locales (désignation et compétences des organes délibérants et exécutifs, organisation générale des services) et la motivation du candidat.
- **Épreuves physiques :** une épreuve de course à pied ; une autre épreuve de natation.

  Coefficient : 2.

d. Après le concours

Une fois le concours « en poche », il appartient aux lauréats de rechercher un emploi par candidature spontanée ou en consultant les annonces publiées.

En effet, la réussite à un concours n'entraîne pas l'octroi automatique d'un poste. Les lauréats doivent adresser leurs candidatures (CV et lettre de motivation) aux collectivités qui offrent un emploi correspondant à leur profil, afin d'être convoqués à un entretien de recrutement.

Inscription sur la liste d'aptitude

Le recrutement en qualité de garde champêtre intervient seulement après inscription sur une liste d'aptitude après concours. Les listes d'aptitude ont une validité nationale.

À l'issue de chaque concours, une liste est établie par le jury. Cette liste (liste d'aptitude) classe par ordre alphabétique tous les candidats déclarés aptes par le jury.

Attention

L'inscription sur liste d'aptitude ne vaut pas recrutement.

Durée de validité de la liste d'aptitude

Pendant deux ans, toute personne déclarée apte peut être nommée par le maire d'une commune dans un des emplois auxquels le concours correspondant donne accès.

Les troisième et quatrième années, le candidat déclaré apte ne bénéficie de ce droit qu'à la condition d'avoir demandé par écrit à être maintenue sur ces listes au terme des deux premières années suivant son inscription initiale et au terme de la troisième.

Le décompte de cette période de quatre ans est suspendu pendant la durée des congés parentaux, de maternité, d'adoption, de présence parentale et d'accompagnement d'une personne en fin de vie, ainsi que du congé de longue durée et de celle de l'accomplissement des obligations du service national. Il est également suspendu pour les élus locaux jusqu'au terme de leur mandat.

L'autorité organisatrice du concours assure le suivi des candidats inscrits sur la liste d'aptitude jusqu'à leur recrutement par une collectivité ou un établissement.

Un candidat déclaré apte ne peut être inscrit que sur une seule liste d'aptitude d'un concours d'un même grade d'un cadre d'emplois. Lorsque le candidat déclaré admis est déjà inscrit sur une liste d'aptitude à un concours d'un même grade d'un même cadre d'emplois, son inscription sur une nouvelle liste d'aptitude est subordonnée au choix de la liste sur laquelle il souhaite être inscrit. À cet effet, il fait connaître à l'autorité organisatrice de chacun des concours, dans un délai de quinze jours à compter de la notification de son admission au deuxième concours, par lettre recommandée avec demande d'avis de réception, sa décision d'opter pour son inscription sur la liste d'aptitude choisie et de renoncer à l'inscription sur l'autre liste. Après deux refus d'offre d'emploi transmise par une collectivité ou un établissement à l'autorité organisatrice du concours, le candidat est radié de la liste d'aptitude.

Recrutement et formation obligatoire

Les candidats inscrits sur une liste d'aptitude au grade de garde champêtre chef et recrutés par une commune ou un établissement public de coopération intercommunale sont nommés stagiaires, pour une durée d'un an, selon le cas, par le maire ou par décision conjointe du président de l'établissement public de coopération intercommunale et de chacun des maires des communes membres. Leur nomination n'est parfaite qu'après leur agrément par le procureur de la République.

Le stage débute par une période obligatoire de formation de trois mois, organisé par le Centre national de la fonction publique territoriale, dont le contenu est fixé par décret. Les stagiaires ne peuvent exercer les fonctions afférentes à leur grade s'ils n'ont pas suivi cette période de formation obligatoire.

Les stagiaires sont classés à l'indice afférent au 1er échelon de leur grade, sous réserve de l'application des articles 4 à 10 du décret n° 2016-596 du 12 mai 2016 relatif à l'organisation des carrières des fonctionnaires de la catégorie C de la fonction publique territoriale.

La titularisation des stagiaires intervient à la fin du stage par décision de l'autorité territoriale compétente. Lorsque la titularisation n'est pas prononcée, le stagiaire est soit licencié s'il n'avait pas préalablement la qualité de fonctionnaire, soit réintégré dans son corps, cadre d'emplois ou emploi d'origine. Toutefois, l'autorité territoriale compétente peut, à titre exceptionnel, décider que la période de stage est prolongée d'une durée maximale d'un an.

Les épreuves du concours garde champêtre

Épreuves d'admissibilité

Rédaction d'un rapport – 1 heure 30 ; coef. 3

Rédaction d'un rapport à partir d'un dossier relatif à un événement survenu dans un lieu public.

Réponse à une série de questions – 1 heure ; coef. 2

Réponse à des questions sur la compréhension d'un texte et explication d'une ou plusieurs expressions figurant dans ce texte.

Épreuves d'admission

Entretien avec le jury – 20 minutes ; coef. 2

Entretien avec le jury portant sur le fonctionnement général des institutions publiques et sur la motivation du candidat pour occuper un emploi de garde-champêtre.

Épreuves physiques – coef. 2

Épreuves physiques consistant en une épreuve de course à pied (100 mètres) et une épreuve de natation.

Planning de révision

Épreuves d'admissibilité

Session 1

- ❒ Lire les fiches de connaissances sur l'État et les collectivités territoriales
- ❒ Réaliser les entraînements

Session 2

- ❒ Lire les fiches 1 à 6 sur l'épreuve de rédaction d'un rapport
- ❒ Lire les fiches 7 à 10 sur l'épreuve de rédaction d'un rapport
- ❒ Réaliser les entraînements

Session 3

- ❒ Réaliser le sujet d'annales 1 (2022, externe) et se corriger
- ❒ Réaliser le sujet d'annales 2 (2022, interne) et se corriger

Session 4

- ❒ Réaliser le sujet d'annales 3 (inédit) et se corriger
- ❒ Réaliser le sujet d'annales 4 (2018) et se corriger

Session 5

- ❒ Revoir les connaissances non acquises

Session 6

- ❒ Lire les fiches sur l'épreuve de questions sur un texte
- ❒ Entraînez-vous avec les sujets d'annales 5 et 6 (2022 et 2018)

Session 7

- ❒ Entraînez-vous avec les sujets d'annales 7 et 8 (2016 et 2014)
- ❒ Entraînez-vous avec les sujets d'annales 9 et 10 (2011 et 2006)

Session 8

- ❒ Lire les fiches sur les tests psychotechniques (pour le concours de gardien de police municipale)
- ❒ Réaliser les entraînements

Épreuves d'admission

Session 10

- ❒ Lire les fiches sur l'entretien avec le jury
- ❒ Réaliser les entraînements

Session 11

- ❒ Lire les fiches sur les épreuves physiques
- ❒ Lire la fiche sur l'épreuve physique choisie pour le concours
- ❒ Réaliser un planning d'entraînement et s'évaluer selon les conditions de l'épreuve

Connaissances

L'État et les collectivités territoriales

- L'organisation de l'État
- L'organisation des collectivités territoriales
- Entraînements

1 Connaissances
L'organisation de l'État

1 L'État français

L'État est une personne :

- morale : l'État ne peut jamais être considéré comme une personne physique ;
- de droit public : l'État est **exclusivement** régi par les règles de droit public ;
- territoriale : l'État dispose d'un espace géographique ;
- souveraine : l'État exerce ses compétences politiques et juridiques sur ce territoire.

L'État démocratique français se caractérise par trois principes fondamentaux :

- la souveraineté nationale ;
- un État unitaire décentralisé ;
- la séparation des pouvoirs.

a. La souveraineté nationale

> *[Le principe de la République française] est : gouvernement du peuple, par le peuple et pour le peuple.*
>
> *Article 2 de la Constitution de la Ve République*

Le pouvoir appartient au peuple qui élit ses représentants (députés) et qui peut être consulté par la voie du référendum. La devise de la République française est « Liberté, Égalité, Fraternité ».

b. Un État unitaire décentralisé

> *La France est une République indivisible [...]. Son organisation est décentralisée.*
>
> *Article 1er de la Constitution de la Ve République*

Si la République est indivisible, l'État, bien qu'unitaire, est aussi une administration décentralisée.

c. La séparation des pouvoirs

Le pouvoir politique, défini par la Constitution de la Ve République (4 octobre 1958), se divise en trois pouvoirs indépendants les uns des autres :

- le pouvoir législatif, qui fait les lois ;
- le pouvoir exécutif, qui exécute les lois ;
- le pouvoir judiciaire, qui sanctionne les infractions aux lois.

Les trois pouvoirs dans l'État français

Pouvoir législatif	Pouvoir exécutif	Pouvoir judiciaire
• Vote la loi. • Contrôle l'action du gouvernement. • Évalue les politiques publiques.	• Détermine la politique du pays. • Applique les lois. • Prend des règlements administratifs.	• Contrôle la bonne application des lois et des règlements. • Règle les litiges.

2 Le pouvoir législatif

C'est le Parlement qui représente le pouvoir législatif.

Le Parlement se compose de deux assemblées ou chambres (« bicaméralisme ») :

- l'**Assemblée nationale**, élue directement par les citoyens ;
- le **Sénat**, élu au suffrage indirect.

À retenir

Les sénateurs et les députés forment la Haute Cour chargée de se prononcer sur une éventuelle destitution du président de la République.

a. L'Assemblée nationale

L'Assemblée nationale, dite « chambre basse », siège au palais Bourbon. Elle comprend 577 députés élus au suffrage universel direct, pour une durée de 5 ans. Son rôle est de débattre, de proposer, d'amender et de voter les lois, et de contrôler l'action du gouvernement.

Définition

SUFFRAGE UNIVERSEL DIRECT : système électoral où tous les citoyens peuvent voter, et où ils votent directement pour un des candidats à l'élection.

À retenir

Les candidats devront savoir qui est le président de l'Assemblée nationale le jour de l'épreuve d'entretien avec le jury.

Les députés, qui doivent être âgés d'au moins dix-huit ans pour se présenter, sont élus au scrutin uninominal majoritaire à deux tours (un député par circonscription).

L'Assemblée nationale :

- vote le budget de l'État (appelé loi de finances) ;
- contrôle l'action du gouvernement en posant des questions orales ou écrites au gouvernement ;
- peut être dissoute par le président de la République ;
- a le pouvoir de forcer la démission du gouvernement par le vote d'une motion de censure (pouvoir que le Sénat n'a pas).

b. Le Sénat

Le Sénat, seconde assemblée du Parlement dite « chambre haute », siège au palais du Luxembourg à Paris. Il est composé de 348 sénateurs, élus au **suffrage universel indirect** pour un mandat de six ans, avec un renouvellement par moitié tous les 3 ans.

Définition

SUFFRAGE UNIVERSEL INDIRECT : système électoral où tous les citoyens peuvent voter pour élire un collège électoral composés de représentants, appelés en général « grands électeurs », ayant pour mission d'élire ensuite une personne à une fonction ou pour exercer un mandat.

À retenir

En France, les **grands électeurs** sont les élus départementaux et municipaux du peuple français chargés de désigner les sénateurs.

Dans chaque département, les sénateurs sont élus par un collège électoral formé d'élus de cette circonscription (députés, conseillers régionaux et municipaux). L'âge minimum d'éligibilité est de 24 ans.

Comme les députés, les sénateurs peuvent proposer un texte de loi et déposer des amendements aux textes qu'ils examinent.

Le sénat :

- vote la loi et le projet de loi de finance (budget de l'État) ;
- contrôle l'action du gouvernement en posant des questions orales ou écrites ;
- ne peut pas renverser le gouvernement ;
- ne peut pas être dissout par le président de la République.

Le président du Sénat est le troisième personnage de l'État et assure l'intérim si la place du président de la République est vacante.

c. Le cheminement de la loi

- Le «projet de loi» est déposé par un membre du Gouvernement.
- La «proposition de loi» est déposée par un député ou un sénateur.

INITIATIVE DE LA LOI

↓

- Le texte est examiné en séance publique successivement par l'Assemblée nationale et par le Sénat.
- Ces deux assemblées peuvent déposer des amendements pour modifier le texte.

EXAMEN DE LA LOI

↓

- Le texte est examiné par les deux chambres et la «navette parlementaire» [allers-retours entre les deux] circule jusqu'à l'adoption d'un texte unique.
- En cas de désaccord, une commission composée de 7 députés et 7 sénateurs, dite «commission mixte paritaire», est chargée d'élaborer un texte commun.
- Si cette commission mixte échoue, c'est l'Assemblée nationale qui a le dernier mot.

NAVETTE PARLEMENTAIRE

↓

- Avant sa promulgation, un texte de loi peut faire l'objet d'une saisie du Conseil constitutionnel par les parlementaires afin d'en vérifier la conformité avec la Constitution.
- La loi est promulguée [ou pas] par le président de la République puis publiée au JO [*Journal officiel de la République française*].

PROMULGATION DE LA LOI

3 Le pouvoir exécutif

Le pouvoir exécutif est chargé de gérer la politique courante de l'État et de contrôler l'application de la loi.

En France, le pouvoir exécutif est assuré conjointement par le président de la République et par le gouvernement. On dit que c'est un pouvoir « bicéphale » (qui a deux têtes).

a. Le président de la République

Le président de la République est le chef de l'État. Il est élu au suffrage universel direct au scrutin uninominal majoritaire à deux tours pour une durée de cinq ans (quinquennat), renouvelable une fois (limité à deux mandats consécutifs).

Conditions pour se présenter aux élections présidentielles

Le candidat doit :

- avoir la nationalité française ;
- avoir 18 ans révolus ;
- être électeur ;
- ne pas être privé de ses droits d'éligibilité par une décision de justice ;
- ne pas être placé sous tutelle ou sous curatelle ;
- avoir satisfait aux obligations imposées par le Code du service national ;
- faire preuve de « dignité morale », sans que cette notion soit précisément définie.
- recueillir 500 signatures d'élus (d'au moins 30 départements ou collectivités d'outre-mer différents) adressées au Conseil constitutionnel qui reçoit ces présentations de candidats (communément désignées sous le terme de « parrainages ») et en vérifie la validité ;
- envoyer une déclaration de situation patrimoniale au Conseil constitutionnel.
- remettre au Conseil constitutionnel une déclaration d'intérêts et d'activités, rendue publique par la Haute Autorité pour la transparence de la vie publique (HATVP).

La liste des candidats est ensuite établie par le Conseil constitutionnel et publiée au Journal officiel.

Élections présidentielles

Pour être élu, le candidat doit obtenir la majorité absolue des suffrages exprimés.

Si cette majorité n'est obtenue par aucun candidat à l'issue du premier tour (ce qui a été le cas dans toutes les élections présidentielles jusqu'à ce jour), un second tour est organisé. Dans ce cas, seuls les deux candidats ayant obtenu le plus de voix au premier tour restent en lice.

Définition

SCRUTIN UNINOMINAL MAJORITAIRE : scrutin dans lequel on vote pour un seul nom (et non pour une liste de noms) ; est élu le candidat ayant reçu plus de la moitié des votes.

Rôle du président de la République

Le président de la République incarne l'autorité de l'État et est le chef des armées ; lui seul dispose du pouvoir de recourir au « feu nucléaire ».

Il a également pour responsabilité d'assurer le fonctionnement normal des pouvoirs publics et la continuité de l'État.

Représentant de l'État à l'international, c'est lui qui négocie et ratifie les traités.

Pouvoirs du président de la République

Le président dispose :

- de pouvoirs « traditionnels » (exercés en permanence) ;
- de pouvoirs « exceptionnels » (pris dans des circonstances graves).

Pouvoirs traditionnels

- Incarner la République française.
- Nommer le Premier ministre.
- Choisir les ministres sur proposition du Premier ministre et mettre fin à leurs fonctions.
- Présider le Conseil des ministres.
- Pouvoir dissoudre l'Assemblée nationale.
- Être garant de l'indépendance de la justice.
- Avoir le droit de grâce.
- Nommer aux hautes fonctions civiles et militaires de l'État (recteurs, préfets…).
- Être le chef des armées.
- Promulguer les lois.
- Signer les décrets et ordonnances décidés en Conseil des ministres.
- Veiller au respect de la Constitution.
- Négocier et ratifier les traités internationaux.
- Nommer les ambassadeurs français à l'étranger.

Pouvoirs exceptionnels

- Consulter la population par référendum pour :
  - réviser la Constitution ;
  - faire adopter une loi.
- Prendre les pleins pouvoirs (exécutif et législatif) si :
  - le territoire est menacé ou envahi ;
  - les institutions de la République sont menacées.

b. Le Gouvernement

Le Gouvernement est composé des ministres, des secrétaires d'État et du Premier ministre.

Le Gouvernement est responsable devant le Parlement car il détient l'autorité politique. Il assume les décisions de l'ensemble des ministres car c'est un organisme collégial ; c'est ce que l'on appelle la « solidarité gouvernementale », et l'organe de cette solidarité est le Conseil des ministres.

Le Premier ministre

Le premier ministre dirige l'action politique des ministres et assure aussi le bon fonctionnement de l'administration.

Le Premier ministre :

- est choisi et nommé par le président de la République ;
- est l'animateur de l'équipe gouvernementale :
  - il propose au chef de l'État les membres du gouvernement,
  - il détient le pouvoir hiérarchique sur la fonction publique d'État,
  - il assure l'exécution des lois et exerce le pouvoir réglementaire par l'émission de décrets,
  - il est chargé des relations avec le Parlement.

Attention

Le jour du concours, les candidats devront connaître le nom du Premier ministre ainsi que le nom de ses ministres de tutelle : le ministre de l'Intérieur et le ministre de la Fonction publique.

Les ministres

Le président désigne les membres du Gouvernement sur proposition du Premier ministre puis les nomme par décrets présidentiels contresignés par le Premier ministre. Il peut refuser de nommer certaines personnes que propose le Premier ministre.

Pour être ministre, il faut remplir plusieurs conditions compatibles avec les obligations gouvernementales :

- ne pas exercer de mandat parlementaire ;
- ne pas exercer d'activité professionnelle ;
- ne pas être membre du Conseil constitutionnel, du Conseil économique, social et environnemental ou du Conseil supérieur de l'audiovisuel.

Les ministres doivent transmettre à la Haute Autorité pour la transparence de la vie publique (HATVP) une déclaration de patrimoine au début et à la fin de leurs fonctions, ainsi qu'une déclaration d'intérêts recensant les actifs financiers qu'ils détiennent et les activités annexes qu'ils ont exercées dans les cinq années précédant leur prise de fonctions.

Le remaniement ministériel

Le remaniement ministériel permet de modifier, par décret, la composition du Gouvernement en cours de mandat.

Le remaniement peut intervenir en cas de :

- démission d'un ou plusieurs ministres du Gouvernement ;
- révocation d'un membre du Gouvernement ;
- démission collective du Gouvernement.

4 Le préfet

En France, un préfet est un haut fonctionnaire de l'État. Généralement issus de l'École nationale d'administration (ENA), les préfets sont nommés par le pouvoir politique en place. Le corps préfectoral a été institué en 1800 par Napoléon.

Le corps des préfets est hiérarchisé : le préfet de région est supérieur au préfet de département, quoique ses prérogatives soient celles d'un préfet de département, et le préfet de département est assisté pour chaque arrondissement d'un sous-préfet.

Le préfet de région

C'est le préfet du département dans lequel se situe le chef-lieu de la région. À cet égard, dans ce département, ses prérogatives sont celles d'un préfet de département. Il a autorité sur les préfets des autres départements composant la région, hormis dans certaines matières spécifiques.

Le préfet, « dépositaire de l'autorité de l'État dans le département », est responsable de l'ordre public : grâce à ses pouvoirs de police, il est une « autorité de police administrative ».

Il représente le gouvernement dans le département où il met en œuvre les politiques de développement et d'aménagement du territoire.

Le préfet est chargé de contrôler les actes des collectivités territoriales sur lesquels il exerce un contrôle « a posteriori » (c'est-à-dire après les faits) ; son action consiste à déférer les actes en question au tribunal administratif, qui apprécie s'il doit prononcer leur annulation car « contraires à la légalité ».

5 Le pouvoir judiciaire

a. Les juridictions

La justice est rendue par des juridictions.

Sans entrer dans les détails complexes de la justice, une juridiction est un terme pour désigner « le » tribunal (service public de l'État) chargé de juger les différends qui lui sont déférés.

L'ordre juridictionnel

On appelle **ordre juridictionnel** l'organisation hiérarchique des juridictions couvrant l'intégralité d'un territoire.

En France, il existe **deux ordres de juridictions** : un ordre judiciaire et un ordre administratif.

- Les **juridictions de l'ordre judiciaire** sont compétentes pour régler les litiges opposant les personnes privées et pour sanctionner les auteurs d'infractions aux lois pénales. À sa tête, on trouve la Cour de cassation, puis les cours d'appel qui constituent le second degré et, enfin, à sa base, les juridictions de premier degré (cours d'assises, tribunaux de grande instance, tribunaux d'instance, tribunaux de commerce, tribunaux de police, etc.).

- Les **juridictions de l'ordre administratif** sont compétentes dès qu'une personne publique est en cause (une municipalité ou un service de l'État par exemple). À sa tête, on trouve le Conseil d'État, puis la Cour administrative d'appel, puis les tribunaux administratifs.

La séparation entre ces deux ordres est assurée par le Tribunal des conflits qui tranche les conflits de compétence entre les juridictions administratives et judiciaires.

Hiérarchie entre les juridictions

Les infractions sont classées en fonction de leur gravité et dans la même logique, il existe différents tribunaux qui statuent en fonction de cette gravité.

Pour le pénal, on distingue :

- les cours d'assises pour les crimes ;
- le tribunal correctionnel pour les délits ;
- le tribunal de police pour les contraventions.

Pour le civil, il existe :

- le tribunal judiciaire qui remplace les tribunaux d'instance et de grande instance depuis 2020 ;
- les juridictions spécialisées (Conseil de prud'hommes, tribunal de commerce, tribunal des affaires sociales, etc.).

Il existe également des juridictions de recours :

- la Cour d'appel rejuge lorsqu'une des parties n'est pas satisfaite du premier jugement ;
- la Cour de cassation juge de la forme du jugement et assure une certaine uniformité dans l'interprétation des lois.

b. L'autorité judiciaire

L'autorité judiciaire désigne l'ensemble des magistrats, des juridictions et des organes concourant à l'exercice du pouvoir de juger dans l'ordre judiciaire.

La Constitution institue l'autorité judiciaire en « gardienne de la liberté individuelle ».

c. Les grands principes d'organisation et de fonctionnement de la justice

La justice est un service public régi par des principes traditionnels internes :

- **le principe de continuité**, qui assure la permanence des services judiciaires et limite fortement le droit de grève dans la magistrature ;
- **le principe de hiérarchie**, qui concerne à la fois les juridictions et les membres du corps judiciaire.

Deux principes d'organisation sont spécifiques à l'activité judiciaire :

- **le principe de collégialité**, qui exige l'intervention de plusieurs juges pour délibérer sur la plupart des décisions ;
- **le principe de séparation des fonctions**, qui distingue les « magistrats du siège » (c'est-à-dire les juges : en audience, les juges sont assis) et le « parquet » (c'est-à-dire les procureurs : lorsqu'il requiert en audience, le procureur est debout).

Le service public de la justice est structuré, dans ses relations avec les usagers, par quelques principes de fonctionnement :

- l'égalité ;
- la gratuité ;
- la neutralité ;
- la publicité (tout citoyen peut assister à la plupart des audiences) ;
- la loyauté.

6 La police

a. Généralités

Généralement, le terme « police » est utilisé pour désigner l'activité qui consiste à assurer la sécurité des personnes, des biens et maintenir l'ordre public en faisant appliquer la loi. L'étymologie grecque du mot renvoit plutôt à « cité, citoyenneté, administration ».

La définition actuelle a été établie par les acteurs de la Révolution française. Ainsi, l'article 12 de la Déclaration des droits de l'homme et du citoyen de 1789 dispose :

> *La garantie des droits de l'homme et du citoyen nécessite une force publique : cette force est donc instituée pour l'avantage de tous, et non pour l'utilité particulière de ceux à qui elle est confiée.*

En droit français, il est possible de distinguer deux types de police :

Police	Fonction	Action	Autorité de référence
Administrative	Prévention des troubles à l'ordre public avant qu'ils ne surviennent.	Préventive	Préfet
Judiciaire	Constatation des infractions à la loi pénale, rassemblement des preuves et recherche des auteurs d'infraction.	Répressive	Procureur

Nous distinguerons trois forces de sécurité concourant aux missions de sécurité intérieure :

- la police nationale : force civile rattachée à l'État ;
- la gendarmerie nationale : force militaire rattachée à l'État ;
- les polices municipales : forces civiles rattachées aux communes.

b. La police judiciaire

L'article 14 du Code de procédure pénale définit la police judiciaire.

Définition

La POLICE JUDICIAIRE est chargée de constater les infractions à la loi pénale, d'en rassembler les preuves et d'en rechercher les auteurs.

Le procureur de la République dirige la police judiciaire qui est exercée, par les officiers, fonctionnaires et agents désignés à cet effet (article 12 du Code de procédure pénale).

Le personnel est divisé ainsi :

Qualité	Acronyme	Code de procédure pénale
Officiers de police judiciaire	OPJ	Article 16
Agents de police judiciaire	APJ	Article 20
Agents de police judiciaire adjoints	APJA	Article 21
Officiers de douane judiciaire	ODJ	Article 28-1

2 Connaissances
L'organisation des collectivités territoriales

L'administration territoriale de la République est assurée par les collectivités territoriales et les services déconcentrés de l'État.

Mis à part ses services centraux basés à Paris, l'État est présent sur l'ensemble du territoire par le biais des services déconcentrés des différents ministères.

1 La décentralisation

Globalement, la décentralisation est le transfert des compétences administratives de l'État vers des entités (ou des collectivités) locales distinctes.

La déconcentration consiste quant à elle en une délégation de compétences, mais à des agents ou organismes locaux appartenant à l'administration d'État.

> **Exemple**
>
> Comme autorités déconcentrées, on peut citer : les préfets (départements, régions), les recteurs (académies), les maires (communes), etc.

On distingue deux types de décentralisation :

- **la décentralisation territoriale :** les autorités décentralisées sont les collectivités territoriales ou locales (communes, départements, régions, collectivités à statut particulier et collectivités d'outre-mer) ;
- **la décentralisation fonctionnelle :** les entités décentralisées sont des établissements publics chargés de gérer un service public (universités, hôpitaux publics, etc.).

2 Les collectivités territoriales

a. Généralités

Les collectivités territoriales (ou « collectivités locales ») sont des personnes morales de droit public distinctes de l'État qui bénéficient d'une autonomie juridique et patrimoniale.

Une collectivité territoriale :

- porte un nom ;
- regroupe une population ;
- bénéficie d'une autonomie juridique ;
- dispose d'un personnel propre et d'un patrimoine, gérés à l'aide d'un budget spécifique.

La libre administration des collectivités est un principe fondamental.

Leur gestion est assurée par :

- un organe exécutif : le maire, le président de département ou de région ;
- un conseil, c'est-à-dire une assemblée délibérante, composé d'élus au suffrage universel direct : conseil municipal, conseil départemental, de territoire, etc.

Définition

La CLAUSE GÉNÉRALE DE COMPÉTENCE est la capacité d'intervention générale, sans qu'il soit nécessaire que la loi procède à une énumération de ses attributions.

b. L'organe délibérant et l'organe exécutif des collectivités territoriales

Chaque collectivité territoriale est dotée d'un organe délibérant et d'un organe exécutif :

- conseil municipal et maire pour la commune ;
- conseil départemental et président du conseil départemental pour le département ;
- conseil régional et président du conseil régional pour la région.

L'**organe délibérant**, élu au suffrage universel direct, dispose pour la commune de la compétence de principe, ce qui lui permet de décider sur toute affaire d'intérêt local.

Pour le conseil départemental et pour le conseil régional, l'organe délibérant règle par ses délibérations les affaires du département ou de la région dans les domaines de compétences que la loi lui attribue.

L'organe exécutif a pour rôle de préparer et d'exécuter les délibérations.

L'organe exécutif peut aussi disposer de **compétences propres**.

- Le maire est titulaire du pouvoir de police administrative : il peut prendre toutes les mesures nécessaires pour prévenir les atteintes à l'ordre public. Le conseil municipal est incompétent pour intervenir dans ces domaines, sauf sous la forme d'avis ou de vœux que le maire n'est pas tenu de suivre.
- Le président du conseil départemental gère le domaine public du département et, à ce titre, il dispose d'un pouvoir de police domaniale.
- Les maires et le président des conseils départemental et régional ont aussi la fonction de chefs des services municipaux, départementaux et régionaux et disposent, dès lors, d'un pouvoir hiérarchique sur leurs subordonnés. Ils peuvent donc nommer, promouvoir, sanctionner et révoquer les fonctionnaires de leur collectivité, dans les limites du statut de la fonction publique.

c. La commune

Créée le 14 décembre 1789, la commune est la plus petite division administrative française. C'est une collectivité territoriale qui est administrée par des représentants élus.

Un conseil municipal, élu au suffrage universel direct, gère, par ses délibérations (d'où son nom : organe délibérant), les affaires de la commune tandis que le maire, élu par et parmi le conseil municipal, exécute les délibérations (d'où son nom : organe exécutif).

Le maire est l'organe exécutif de la commune (voir section suivante : « 3. Le maire et les adjoints »). Il est aussi le représentant de l'État dans la commune : il gère l'état civil, organise les élections et qui dispose de la qualité d'officier de police judiciaire (article 16 du Code de procédure pénale).

Les communes disposent d'une clause générale de compétence à la différence des autres collectivités territoriales pour lesquelles la loi énumère précisément les compétences.

Quelle que soit leur taille, les communes disposent d'une organisation administrative spécifique. Ainsi, les élus territoriaux impulsent une politique qui est mise en œuvre par le directeur général des services (DGS), qui s'appuie sur une équipe de directeurs généraux adjoints des services et de directeurs des services.

d. Le département

Le département a été créé par la Révolution française pour rapprocher les administrés de l'administration.

À retenir

Le découpage départemental a été fait de telle sorte qu'il soit possible de se rendre au chef-lieu en une journée de cheval.

Le département est géré par un conseil départemental, assemblée délibérante, élu au suffrage universel direct. Le président du conseil départemental est élu par les conseillers départementaux.

Le département est divisé en cantons qui servent chacun à l'élection d'un conseiller départemental permettant d'assurer la représentation de la diversité des territoires du département.

La loi NOTRe a réaffirmé les compétences du département en matière d'action sociale, qui constitue sa vocation prioritaire :

- aide sociale à l'enfance (ASE) ;
- revenu de solidarité active (RSA) ;
- allocation personnalisée d'autonomie (APA) ;
- gestion des services de protection maternelle et infantile (PMI) ;
- aide aux personnes handicapées avec la création des maisons départementales des personnes handicapées (MDPH) ;
- mineurs étrangers isolés.

À cela s'ajoutent des compétences en matière :

- de grands équipements et de voirie ;
- de gestion des collèges ;
- d'aménagement rural et de secours et d'incendie (service départemental d'incendie et de secours – SDIS).

e. La région

La région est la plus grande collectivité territoriale de droit commun.

La loi du 16 janvier 2015 a redessiné la carte des régions en regroupant certaines d'entre elles, afin d'en diminuer le nombre et de donner aux nouvelles régions ainsi créées une taille équivalente à celle de la plupart des régions des autres pays européens.

La région est administrée par le conseil régional et le président du conseil régional.

Les compétences de la région sont surtout centrées sur :

- le développement et l'aménagement du territoire :
  - infrastructures et les transports hors agglomération : routes, ferroviaires, fluviaux ;
  - l'environnement ;
  - les espaces naturels ;
- la formation professionnelle :
  - la gestion des lycées : construction, équipement, dépenses de fonctionnement ;
  - l'apprentissage ;
- l'économie.

f. L'intercommunalité

Généralités

Il existe plusieurs formes de coopération entre les communes fondées sur la libre volonté des communes d'élaborer des projets communs de développement au sein de périmètres de solidarité.

Ces coopérations, rassemblées sous le terme d'intercommunalité, sont en fait des regroupements de communes en établissements publics de coopération intercommunale (EPCI) qui peuvent répondre à deux objectifs différents :

1. La gestion commune de certains services publics locaux et la réalisation d'équipements locaux ; on parle alors de **coopération associative**, qui vise à réaliser des économies d'**échelle** ;
2. La conduite collective de projets de développement local ; on parle alors de **coopération fédérative**.

La loi MAPTAM du 27 janvier 2014 a développé les métropoles, modifiant ainsi le paysage de l'intercommunalité. La loi NOTRe du 7 août 2015 a élargi les compétences obligatoires des EPCI, laissant toutefois une place importante aux communes.

Création des structures intercommunales

Les EPCI sont créés par une décision de l'**État**, prenant la forme :

- d'une loi (créant par exemple X communautés urbaines, ou X métropoles) ;
- d'un arrêté préfectoral délimitant le territoire et les statuts de l'EPCI.

Cependant, sous le contrôle du juge de l'excès de pouvoir, le préfet peut :

- la modifier, par exemple en incluant une commune, contre son gré, au nom de l'intérêt général, dans le périmètre du futur EPCI ;
- ne pas donner suite à la demande de création ou même la refuser.

Les EPCI ne disposent pas de la clause de compétence générale.

Les établissements publics de coopération intercommunale (EPCI)

- Les syndicats de communes
- Les communautés de communes
- Les communautés urbaines
- Les communautés d'agglomération
- Les syndicats d'agglomération nouvelle
- Les métropoles

g. Les métropoles

Généralités

Une métropole est un type particulier d'EPCI. Elle regroupe plusieurs communes « d'un seul tenant et sans enclave » qui « s'associent au sein d'un espace de solidarité pour élaborer et conduire ensemble un projet d'aménagement et de développement économique, écologique, éducatif, culturel et social de leur territoire afin d'en améliorer la compétitivité et la cohésion ». Pour les communes qui lui appartiennent, elle se substitue aux éventuels EPCI précédents.

Compétences des métropoles

La métropole exerce dans le périmètre métropolitain des compétences à la place :

- **des communes :** développement économique, politique locale de l'habitat ; gestion des services d'intérêt collectif, comme l'eau et l'assainissement, les cimetières, les abattoirs, etc. ;
- **du département :** transports scolaires, voirie, etc. ;
- **de la région**.

Les métropoles de droit commun issues de la loi MAPTAM du 27 janvier 2014 exercent de plein droit des compétences renforcées, en lieu et place des communes membres, dans plusieurs domaines :

- développement et aménagement économique, social et culturel ;
- aménagement de l'espace métropolitain ;
- politique locale de l'habitat ;
- politique de la ville ;
- gestion des services d'intérêt collectif ;
- protection et mise en valeur de l'environnement et de politique du cadre de vie.

Les métropoles s'organisent autour de plusieurs instances :

- **le conseil de la métropole** qui élit son président ;
- **la conférence métropolitaine**, instance de coordination entre la métropole et les communes membres qui réunit les maires de ces communes et qui est présidée par le président du conseil de la métropole ;
- **le conseil de développement** qui réunit tous les représentants des milieux économiques, sociaux, culturels, éducatifs, scientifiques ou associatifs de la métropole.

3 Le maire et les adjoints

a. Généralités

La durée du mandat du maire est égale à celle du conseil municipal (6 ans, soit un sextennat). Il est rééligible sans limite de mandats.

Le maire est président du conseil municipal et peut démissionner librement, être remplacé, en cas de décès ou de révocation de ses fonctions par décision judiciaire ou décision du conseil des ministres, sans provoquer de nouvelles élections municipales.

Il est élu à scrutin secret parmi les conseillers municipaux, au cours de la première réunion du conseil municipal qui doit se tenir entre le vendredi et le dimanche qui suit l'élection complète du conseil.

Le maire et ses adjoints doivent avoir la nationalité française et être âgés de 18 ans révolus lors de leur élection.

Les conseillers municipaux (à l'exception des maires et adjoints) peuvent, eux, être citoyens d'un des pays membres de l'Union européenne sans être obligatoirement Français.

Le maire est agent de l'État et, en même temps, agent de la commune en tant que collectivité territoriale.

Les pouvoirs et devoirs du maire sont définis par le Code général des collectivités territoriales.

b. Le maire, agent de l'État

Sous l'autorité du préfet, le maire remplit des fonctions administratives où il agit par pouvoir lié, notamment :

- la publication des lois et règlements ;
- l'organisation des élections.

Le maire est chargé, sous l'autorité du représentant de l'État dans le département, de l'exécution des mesures de sûreté générale et des fonctions spéciales qui lui sont attribuées par les lois.

Il exerce aussi des fonctions dans le domaine judiciaire sous l'autorité du procureur de la République :

- officier d'état civil (il célèbre par exemple les mariages civils) ;
- officier de police judiciaire.

À ce titre, il concourt par son pouvoir de police à l'exercice des missions de sécurité publique.

c. Le maire, agent de la commune

Lorsqu'il agit en tant qu'agent de la commune, le maire dispose de pouvoirs propres et, à ce titre :

- il préside le conseil municipal et prépare ses travaux (avec les services municipaux, il prépare aussi le budget) ;
- il est le chef de l'administration communale et donc le supérieur hiérarchique des agents de la commune. Il dispose d'un pouvoir d'organisation des services ;
- il est l'ordonnateur des dépenses et des recettes de la commune.

d. Le maire, agent exécutif du conseil municipal

Le maire est chargé de l'exécution des décisions du conseil municipal et agit sous le contrôle de ce dernier.

Ses missions consistent notamment à représenter la commune en justice, passer les marchés, signer des contrats, exécuter le budget, gérer le patrimoine, etc.

e. Les adjoints au maire

Outre le maire, le conseil municipal élit des adjoints au maire après avoir déterminé leur nombre par délibération.

Comme les maires, ils doivent être de nationalité française. Les pompiers volontaires dans les communes de plus de 5 000 habitants ne peuvent pas être élus maires-adjoints.

Le nombre des adjoints au maire est, au maximum, de 30 % de l'effectif du conseil municipal.

Comme le maire, ses adjoints sont officiers d'état civil et officiers de police judiciaire.

Ils ont vocation à remplacer le maire jusqu'à son retour en fonction – en cas d'empêchement provisoire (maladie, voyage imprévu, etc.) – ou l'élection de son successeur – en cas d'empêchement définitif.

La loi autorise le maire à subdéléguer, à un adjoint ou à un conseiller municipal, les délégations qui lui ont été confiées par le conseil municipal.

On parle alors d'adjoint au maire délégué ou de conseiller municipal délégué.

4 Les pouvoirs de police du maire

a. Généralités

Le maire est chargé, sous le contrôle administratif du représentant de l'État dans le département, de la police municipale, de la police rurale ainsi que de l'exécution des actes de l'État qui y sont relatifs.

Pour prendre et faire respecter les mesures nécessaires au maintien du bon ordre, de la sécurité, de la tranquillité et de la salubrité publics sur le territoire de la commune, le maire dispose de pouvoirs de police.

Il agit également en qualité d'officier de police judiciaire.

Le maire concourt par son pouvoir de police à l'exercice des missions de sécurité publique et dispose d'une large compétence en matière de police municipale, puisqu'il est notamment chargé d'assurer :

- le bon ordre ;
- la sûreté, la sécurité et la salubrité publiques ;
- la liberté de la voie publique ;
- la prévention et l'organisation des secours contre les catastrophes.

À cet effet, il est le responsable du service de la police municipale et des gardes champêtres.

En matière de police administrative spéciale, il dispose de pouvoirs tels que :

- la police des immeubles menaçant ruine ;
- la protection contre les risques d'incendie et de panique dans les immeubles recevant du public ;
- la réglementation de la circulation et du stationnement en agglomération pour toutes les voies ouvertes à la circulation publique ou, hors agglomération sur les seules voies communales ;
- l'hospitalisation d'urgence des personnes aliénées dangereuses ;
- la police des funérailles et des cimetières, du transport des corps, et doit pourvoir d'urgence à ce que toute personne décédée soit ensevelie et inhumée décemment sans distinction de culte ni de croyance si les proches ne s'en chargent pas.

Il publie des arrêtés municipaux, actes exécutoires de plein droit dès lors qu'ils sont publiés au recueil des actes administratifs et affichés.

b. Exercice territorial des pouvoirs du maire

Le maire a compétence pour exercer son pouvoir de police sur l'ensemble du territoire communal, y compris sur le domaine public maritime (jusqu'à 300 mètres du rivage) ainsi que sur les plans d'eau situés sur le territoire de la commune.

Il exerce son pouvoir de police sur le domaine public comme sur le domaine privé de la commune, et, en fonction des cas, sur les propriétés privées (notamment en matière de sécurité).

Il exerce la police de la circulation des routes nationales, départementales et les voies de communication à l'intérieur des agglomérations (sous réserve des pouvoirs du préfet sur les routes à grande circulation).

En revanche, à l'extérieur de l'agglomération, le maire n'est pas compétent pour réglementer la circulation et le stationnement sur les voies départementales (qui relèvent du pouvoir de police du président du conseil général) et nationales (routes nationales et autoroutes qui relèvent du pouvoir de police du préfet).

c. Caractère personnel des pouvoirs de police

Le pouvoir de police confié au maire est un pouvoir qui lui est propre, qu'il est seul à pouvoir mettre en œuvre.

Le conseil municipal ne peut pas prendre de mesures de police administrative : elles seraient alors entachées d'incompétence. Par exemple, une délibération du conseil municipal ne peut pas enjoindre au maire de prendre des mesures de police. Par conséquent, il n'existe pas de contrôle du conseil municipal sur le maire en sa qualité d'autorité municipale de police administrative.

En revanche, le maire peut déléguer ses pouvoirs de police à un adjoint ou à un conseiller municipal en cas d'absence ou d'empêchement des adjoints, par arrêté régulièrement publié. Il ne peut pas placer des forces de police sous l'autorité de personnes privées.

Cependant, des services publics ayant pour objet de fournir des moyens matériels en appui du pouvoir de police peuvent être délégués par la commune compétente (exemple : la gestion des fourrières animales, la capture et mise en fourrière des chiens errants et l'enlèvement des bêtes mortes).

5 Les missions de la police municipale

En application des dispositions de l'article L. 2212-2 du Code général des collectivités territoriales, l'objet de la police municipale est d'assurer le bon ordre, la sûreté, la sécurité et la salubrité publics sur le territoire de la commune, ce qui concerne notamment :

- la sûreté et la commodité du passage dans les rues, quais, places et voies publiques ;
- la répression des atteintes à la tranquillité publique telles que les rixes et disputes accompagnées d'ameutement dans les rues, le tumulte excité dans les lieux d'assemblée publique, les attroupements, les bruits (y compris ceux de voisinage), les rassemblements nocturnes troublant le repos des habitants et tous les actes de nature à compromettre la tranquillité publique ;
- le maintien du bon ordre dans les endroits où il se fait de grands rassemblements de personnes (foires, marchés, réjouissances et cérémonies publiques, spectacles, jeux, cafés, etc.) ;
- l'inspection sur la fidélité du débit des denrées qui se vendent au poids ou à la mesure et sur la salubrité des comestibles exposés en vue de la vente ;
- la prévention et la cessation des accidents, fléaux calamiteux, pollutions de toute nature (incendies, inondations, ruptures de digues, éboulements, avalanches, maladies épidémiques ou contagieuses, épizooties, etc.) par la distribution des secours nécessaires, mesures qui, en cas de danger grave et imminent, doivent être portées d'urgence, selon l'article L. 2212-4 du CGCT, à la connaissance du représentant de l'État dans le département ;
- la prise provisoire de mesures contre les personnes atteintes de troubles mentaux et dont l'état pourrait porter atteinte à la moralité publique, à la sécurité des personnes ou à la conservation des propriétés ;
- la prise de mesures tendant à pallier ou à remédier aux événements résultant de la divagation d'animaux malfaisants ou féroces.

Entraînements

L'État

Cochez la ou les bonnes réponses

1. Quelle est la devise de la République, prévue par l'article 2 de la Constitution ?

- ❒ a. Liberté, Égalité, Fratrie.
- ❒ b. Liberté, Sexualité, Fraternité.
- ❒ c. Liberté, Égalité, Fraternité.
- ❒ d. Prisonnier, Égalité, Modernité.

2. Quel est le principe de la République, prévu par l'article 2 de la Constitution ?

- ❒ a. discernement du peuple, par le peuple et pour le peuple.
- ❒ b. gouvernement du peuple, par le peuple et pour le peuple.
- ❒ c. parlement du peuple, avec le peuple et pour le peuple.
- ❒ d. divertissement du peuple, pour le peuple et payé par le peuple.

3. Citez les trois principes fondamentaux caractérisant l'État démocratique français.

- ❒ a. un État unitaire centralisé/La séparation des pouvoirs/La souveraineté nationale.
- ❒ b. un État unitaire décentralisé/La séparation des pouvoirs/La souveraineté internationale.
- ❒ c. un État unitaire décentralisé/L'unicité des pouvoirs/La souveraineté nationale.
- ❒ d. un État unitaire décentralisé/La séparation des pouvoirs/La souveraineté nationale.

4. Quels sont les trois pouvoirs indépendants (séparation des pouvoirs) ?

- ❒ a. le pouvoir législatif.
- ❒ b. le pouvoir cumulatif.
- ❒ c. le pouvoir intérimaire.
- ❒ d. le pouvoir exécutif.
- ❒ e. le pouvoir judiciaire.
- ❒ f. le pouvoir spéculatif.

5. Pour devenir président de la République, il faut au moins :

- ❒ a. avoir la nationalité française, avoir 18 ans révolus, être électeur, ne pas être placé sous tutelle ou sous curatelle.
- ❒ b. avoir la nationalité française, avoir 16 ans révolus, être électeur, ne pas être placé sous tutelle ou sous curatelle.
- ❒ c. avoir n'importe quelle nationalité, avoir 18 ans révolus, être électeur, ne pas être placé sous tutelle ou sous curatelle.
- ❒ d. avoir la nationalité française, avoir 18 ans révolus, être électeur, être placé sous tutelle ou sous curatelle.

6. Pour être candidat à la présidence de la République, il faut :

- ❒ a. recueillir au moins 200 signatures d'élus.
- ❒ b. recueillir au moins 1 500 signatures d'élus.
- ❒ c. recueillir au moins 500 signatures d'élus.
- ❒ d. recueillir au moins 100 signatures d'élus.

7. Qui reçoit les candidatures à la présidence de la République et en vérifie la validité ?

- ❒ **a.** l'Assemblée nationale.
- ❒ **b.** le Sénat.
- ❒ **c.** le Premier ministre.
- ❒ **d.** le Conseil constitutionnel.

8. Le président de la République est élu :

- ❒ **a.** par les grands électeurs.
- ❒ **b.** au suffrage universel direct.
- ❒ **c.** par l'Assemblée nationale.
- ❒ **d.** au suffrage proportionnel.

9. Le président de la République est élu :

- ❒ **a.** pour 9 ans.
- ❒ **b.** à vie.
- ❒ **c.** pour 5 ans.
- ❒ **d.** pour 6 ans.

10. Que se passe-t-il en cas de décès du président de la République ?

- ❒ **a.** L'intérim est assuré par le président de l'Assemblée nationale.
- ❒ **b.** Les électeurs revotent.
- ❒ **c.** L'intérim est assuré par le président du Sénat.
- ❒ **d.** Le nouveau président est élu par les maires.

11. Le président de la République incarne :

- ❒ **a.** l'Égalité de l'État.
- ❒ **b.** la Fraternité de l'État.
- ❒ **c.** la Liberté de l'État.
- ❒ **d.** l'autorité de l'État.

12. Le président de la République dispose de pouvoirs propres également appelés :

- ❒ **a.** pouvoirs discrétionnaires.
- ❒ **b.** pouvoirs exceptionnels.
- ❒ **c.** pouvoirs de la République.
- ❒ **d.** pouvoirs généraux.

13. Quelle est la responsabilité pénale du président de la République ?

- ❒ **a.** il n'est pas responsable des actes accomplis en cette qualité.
- ❒ **b.** il est responsable pénalement mais pas civilement des actes accomplis en cette qualité.
- ❒ **c.** il est responsable des actes accomplis en cette qualité.
- ❒ **d.** il est responsable en cas de manquement à ses devoirs manifestement incompatible avec l'exercice de son mandat.

14. Qui peut déclencher la procédure de destitution du président de la République ?

- ❒ **a.** le Premier ministre.
- ❒ **b.** l'Assemblée nationale.
- ❒ **c.** le Sénat.
- ❒ **d.** le peuple par référendum.

15. Pour quelle(s) raison(s) le président de la République peut-il organiser un référendum ?

- ❒ **a.** pour réviser la Constitution.
- ❒ **b.** pour dissoudre l'Assemblée nationale.
- ❒ **c.** pour choisir son Premier ministre.
- ❒ **d.** pour faire adopter une loi.

16. Quel est le rôle du président de la République dans le domaine de la justice ?

❒ **a.** il intervient dans le débat judiciaire lorsque la décision est hors norme.

❒ **b.** il indique ses convictions au juge d'instruction afin d'orienter les procédures.

❒ **c.** il préside le Conseil supérieur de la magistrature.

❒ **d.** il est le garant de l'indépendance de l'autorité judiciaire.

17. Quelles sont les relations entre le président de la République et le Conseil constitutionnel ?

❒ **a.** il nomme trois de ses neuf membres, dont son président.

❒ **b.** lorsque le président envisage de mettre en œuvre ses pouvoirs exceptionnels, il doit consulter le Conseil constitutionnel.

❒ **c.** à l'issue du scrutin présidentiel, le chef de l'État est proclamé élu par le Conseil constitutionnel.

❒ **d.** dans l'hypothèse où le président serait empêché d'exercer ses fonctions, le Conseil constitutionnel doit constater cet empêchement.

18. Quel est le rôle du Parlement ?

❒ **a.** il rassemble des élus qui représentent les citoyens, légifèrent et contrôlent le Gouvernement.

❒ **b.** il rassemble le président de la République et les élus qui dirigent le pays.

❒ **c.** il rassemble des élus qui représentent le président de la République, légifèrent et contrôlent le Gouvernement.

❒ **d.** il conseille le président de la République et entérine ses décisions.

19. Le Parlement, c'est :

❒ **a.** le Conseil constitutionnel et le Gouvernement.

❒ **b.** l'Assemblée nationale et le Conseil constitutionnel.

❒ **c.** l'Assemblée nationale et le Sénat.

❒ **d.** le Gouvernement et le Sénat.

20. Quels sont les pouvoirs du Parlement ?

❒ **a.** préciser la constitutionnalité d'une loi.

❒ **b.** décider de la destitution du président de la République.

❒ **c.** désigner le Premier ministre.

❒ **d.** voter les lois.

21. L'Assemblée nationale, c'est :

❒ **a.** une assemblée qui réunit des sénateurs que le peuple a élus pour les représenter.

❒ **b.** une assemblée qui réunit des hommes et des femmes que le peuple a élus pour les représenter.

❒ **c.** une assemblée qui réunit des maires que le peuple a élus pour les représenter.

❒ **d.** une assemblée qui réunit des ministres que le peuple a élus pour les représenter.

22. L'Assemblée nationale a pour fonction de :

❐ **a.** proposer des lois.
❐ **b.** amender des lois.
❐ **c.** voter des lois.
❐ **d.** contrôler l'action du gouvernement.

23. Quelle est la durée du mandat des députés ?

❐ **a.** 5 ans. ❐ **b.** 9 ans. ❐ **c.** 6 ans. ❐ **d.** 7 ans.

24. Le Sénat, c'est :

❐ **a.** la chambre haute du Parlement français.
❐ **b.** la chambre basse du Parlement français.
❐ **c.** la chambre haute du Gouvernement.
❐ **d.** la chambre basse du Gouvernement.

25. Le Sénat a pour fonction de :

❐ **a.** diriger l'action du Gouvernement.
❐ **b.** désigner une partie des pouvoirs exceptionnels du Président.
❐ **c.** voter des lois.
❐ **d.** représenter les collectivités territoriales.

26. Par qui sont élus les sénateurs ?

❐ **a.** les grands électeurs.
❐ **b.** les présidents des conseils régionaux.
❐ **c.** les députés.
❐ **d.** les présidents des conseils départementaux.

27. Quelle est la durée du mandat des sénateurs ?

❐ **a.** 5 ans. ❐ **b.** 9 ans. ❐ **c.** 6 ans. ❐ **d.** 7 ans.

28. Le Gouvernement, c'est :

❐ **a.** l'organe en charge du pouvoir exécutif composé de ministres placés sous l'autorité du Premier ministre.
❐ **b.** le regroupement des députés et des sénateurs.
❐ **c.** le lieu où le Premier ministre parlemente avec les autorités étrangères.
❐ **d.** l'outil permettant de naviguer avec un navire de la marine nationale.

29. Qui désigne le Premier ministre ?

❐ **a.** les ministres réunis en assemblée.
❐ **b.** les députés.
❐ **c.** le président de la République.
❐ **d.** les sénateurs.

30. Les membres du Gouvernement sont nommés par :

❒ **a.** référendum.

❒ **b.** arrêté ministériel signé exclusivement par le Premier ministre.

❒ **c.** une loi organique.

❒ **d.** décrets présidentiels contresignés par le Premier ministre.

31. Le Gouvernement est un « organisme collégial ». Qu'est-ce que cela implique ?

❒ **a.** la solidarité gouvernementale (chaque membre du Gouvernement assume les décisions de l'ensemble de ses collègues).

❒ **b.** la décision en collèges composés de ministres, de députés et de sénateurs.

❒ **c.** la réunion de l'organe exécutif et de l'organe délibérant pour prendre des décisions.

❒ **d.** toute décision d'un ministre est prise sans le consentement des autres ministres.

32. Quel est le cheminement de la loi ?

❒ **a.** Offensive de la loi ➔ Examen ➔ Navette parlementaire ➔ Promulgation.

❒ **b.** Initiative de la loi ➔ Examen ➔ Navette parlementaire ➔ Promulgation.

❒ **c.** Passivité de la loi ➔ Concours ➔ Navette scolaire ➔ Promulgation.

❒ **d.** Censure de la loi ➔ Révision ➔ Navette parlementaire ➔ Expérimentation.

33. Qui est responsable de l'ordre public dans le département ?

❒ **a.** le préfet, qui est « dépositaire de l'autorité de l'État dans le département ».

❒ **b.** le président du conseil départemental.

❒ **c.** le président du conseil régional.

❒ **d.** le procureur de la République.

34. Le préfet de région est :

❒ **a.** le seul préfet de la région.

❒ **b.** le préfet le plus âgé de la région.

❒ **c.** le préfet le plus gradé de la région.

❒ **d.** le préfet du département dans lequel se situe le chef-lieu de la région.

35. Quel est le rôle du préfet quant aux collectivités territoriales ?

❒ **a.** il est chargé de contrôler, a priori, les actes des collectivités territoriales.

❒ **b.** il est chargé de diriger les maires des communes du département.

❒ **c.** il est chargé de contrôler, a posteriori, les actes des collectivités territoriales.

❒ **d.** il est chargé de la gestion financière des collectivités territoriales.

36. Compléter la définition de la police donnée par l'article 12 de la Déclaration des droits de l'homme et du citoyen de 1789 : « La garantie des droits de l'homme et du citoyen nécessite une force publique ; cette force…

❒ **a.** … est donc instituée pour l'avantage de tous, et non pour l'utilité particulière de ceux à qui elle est confiée. »

❒ **b.** … est donc instituée pour l'avantage de l'État, et non pour l'utilité des citoyens. »

❒ **c.** … est donc instituée pour l'avantage des électeurs, et non pour l'utilité générale. »

❒ **d.** … est donc instituée pour l'avantage des législateurs, et non pour l'utilité du gouvernement. »

37. Qui dirige la police judiciaire ?

❒ **a.** les officiers de police judiciaire.

❒ **b.** le procureur de la République.

❒ **c.** les agents de police judiciaire.

❒ **d.** les agents de police judiciaire adjoints.

38. Selon la définition, la police judiciaire est chargée :

❒ **a.** de constater les infractions à la loi pénale, d'en rassembler les preuves et d'en rechercher les auteurs.

❒ **b.** de rechercher les infractions à la loi pénale, d'en disperser les preuves et d'en rechercher les auteurs.

❒ **c.** de superviser les infractions à la loi pénale, d'en constater les preuves et d'en rechercher les auteurs.

❒ **d.** de suggérer les infractions à la loi pénale, d'en rechercher les preuves et d'en recommander les auteurs.

39. Quel texte définit la police judiciaire ?

❒ **a.** l'article 122-5 du Code pénal.

❒ **b.** l'article 14 du Code de procédure pénale.

❒ **c.** l'article L. 2212-2 du Code d'action judiciaire.

❒ **d.** l'article L. 511-1 du Code de la sécurité intérieure.

40. L'ordre juridictionnel, c'est :

❒ **a.** l'organisation étatique des juridictions couvrant une partie d'un territoire.

❒ **b.** l'organisation sporadique des juridictions couvrant la partialité d'un territoire.

❒ **c.** l'organisation anarchique des juridictions couvrant l'intégralité d'un territoire.

❒ **d.** l'organisation hiérarchique des juridictions couvrant l'intégralité d'un territoire.

41. En France, il existe :

❒ **a.** deux ordres de juridictions : judiciaire et administratif.

❒ **b.** trois ordres de juridictions : judiciaire, administratif et civil.

❒ **c.** quatre ordres de juridictions : judiciaire, administratif, civil et public.

❒ **d.** huit ordres de juridictions : deux ordres judiciaires, deux ordres administratifs, deux ordres civils et deux ordres publics.

42. Dans quel ordre sont graduées les juridictions de l'ordre judiciaire ?

❒ **a.** Juridictions de premier étage ➔ Cours d'assises (second degré) ➔ Conseil d'État.

❒ **b.** Juridictions de second degré ➔ Cours d'instance (second degré) ➔ Cour de cassation.

❒ **c.** Juridictions de premier degré ➔ Cours d'appel (second degré) ➔ Cour de cassation.

❒ **d.** Juridictions de second degré ➔ Cours d'école (second degré) ➔ Conseil d'État.

43. Dans quel ordre sont graduées les juridictions de l'ordre administratif ?

❒ a. Tribunaux de secrétariat ➔ Cour administrative d'appel ➔ Conseil des ministres.

❒ b. Tribunaux administratifs ➔ Cour administrative d'appel ➔ Conseil d'État.

❒ c. Tribunaux d'appel ➔ Cour administrative ➔ Conseil de Cassation.

❒ d. Cour administrative ➔ Tribunal des conflits d'appel ➔ Conseil d'État.

44. Le Tribunal des conflits tranche :

❒ a. les conflits de compétence entre les juridictions administratives et judiciaires.

❒ b. les conflits de prestance entre les juridictions administratives et judiciaires.

❒ c. les conflits de présence entre les juridictions intérimaires et judiciaires.

❒ d. les conflits de tempérance entre les juridictions administratives et judiciaires.

45. La hiérarchie des tribunaux pour les infractions pénales est la suivante :

❒ a. tribunal d'assises pour les infractions ➔ tribunal correctionnel pour les mineurs ➔ cours d'assises pour les meurtres.

❒ b. tribunal de police pour les crimes ➔ tribunal correctionnel pour les majeurs ➔ cours d'assises pour les infractions.

❒ c. tribunal de délits pour les contraventions ➔ tribunal correctionnel pour les infractions de police ➔ cours d'assises pour les homicides.

❒ d. tribunal de police pour les contraventions ➔ tribunal correctionnel pour les délits ➔ cours d'assises pour les crimes.

46. Quels sont les principes de fonctionnement du service public de la justice dans ses relations avec ses usagers ?

❒ a. égalité, gratuité, neutralité, publicité, loyauté.

❒ b. iniquité, flexibilité, objectivité, publicité, diversité.

❒ c. sensibilité, rentabilité, hiérarchie, publicité, forfaiture.

❒ d. supériorité, gratuité, belligérance, publicité, félonie.

Les collectivités territoriales

Cochez la ou les bonnes réponses

1. Quelles sont les définitions correctes de décentralisation et de déconcentration ?

❒ a. décentralisation = transfert des compétences juridiques et légales de l'État vers des communautés magistrales.

❒ b. décentralisation = dégagement des compétences sensitives de l'État vers des collectivités rurales.

❒ c. décentralisation = transfert des compétences administratives de l'État vers des collectivités territoriales.

❒ d. décentralisation = transport des compétences administratives de l'État vers des communautés locales.

❒ **e.** déconcentration = transmission de compétences à des agents ou organismes locaux appartenant à l'administration d'État.

❒ **f.** déconcentration = Usurpation de compétences à des officiers ou organismes locaux appartenant à l'administration d'État.

❒ **g.** déconcentration = substitution de compétences à des agents ou organismes locaux appartenant à la nation.

❒ **h.** déconcentration = délégation de compétences à des agents ou organismes locaux appartenant à l'administration d'État.

2. Les collectivités territoriales sont :

❒ **a.** des personnes physiques de droit moral distantes de l'État.

❒ **b.** des personnes publiques de droit public étendues de l'État.

❒ **c.** des personnes morales de droit public distinctes de l'État.

❒ **d.** des personnes distinguées de droit privé écartées de l'État.

3. Les collectivités s'administrent :

❒ **a.** sauvagement et leur gestion est assurée par des conseils ou assemblées délirantes par des organes législatifs.

❒ **b.** librement et leur gestion est assurée par des conseils ou assemblées délibérantes et par des organes exécutifs.

❒ **c.** conjointement et leur gestion est assurée par des conseils ou assemblées exubérantes élus au suffrage universel direct et par des organes exécutifs.

❒ **d.** indépendamment et leur gestion est assurée par des conseils ou assemblées structurantes et par des organes spéculatifs.

4. La loi NOTRe a :

❒ **a.** augmenté le champ de compétences communes et redonné la clause générale de compétence aux départements et les régions.

❒ **b.** restitué le champ de compétences communes et augmenté la clause générale de compétence des départements et les régions.

❒ **c.** restreint le champ de compétences communes et dilué la clause générale de compétence des départements et les régions.

❒ **d.** diminué le champ de compétences communes et supprimé la clause générale de compétence des départements et les régions.

5. Les délibérations prises par le conseil municipal sont :

❒ **a.** discutées par le maire.

❒ **b.** amendées par le maire.

❒ **c.** annulées par le maire.

❒ **d.** exécutées par le maire.

6. Les organes de gestion d'une mairie sont :

❒ **a.** le conseil municipal est l'organe délibérant et le maire est l'organe exécutif.

❒ **b.** le conseil municipal est l'organe participant et le maire est l'organe législatif.

❒ **c.** le conseil municipal est l'organe ordonnant et le maire est l'organe interruptif.

❒ **d.** le conseil municipal est l'organe sensibilisant et le maire est l'organe participatif.

7. Le maire est :

- ❒ **a.** le correspondant de l'État dans sa commune.
- ❒ **b.** le conciliateur de l'État dans sa commune.
- ❒ **c.** le représentant de l'État dans sa commune.
- ❒ **d.** le défenseur de l'État dans sa commune.

8. Le maire est :

- ❒ **a.** officier de police judiciaire.
- ❒ **b.** agent de police judiciaire.
- ❒ **c.** agent de police judiciaire adjoint.
- ❒ **d.** officier des douanes judiciaires.

9. Le département est géré par :

- ❒ **a.** un président du conseil départemental élu au suffrage universel indirect.
- ❒ **b.** un conseil départemental élu au suffrage universel direct.
- ❒ **c.** un député élu au suffrage universel direct.
- ❒ **d.** un sénateur départemental élu au suffrage universel direct.

10. Le découpage départemental est fait de telle sorte qu'il soit possible de se rendre au chef-lieu :

- ❒ **a.** en une journée de voiture.
- ❒ **b.** en une journée de marche.
- ❒ **c.** en une journée de vélo.
- ❒ **d.** en une journée de cheval.

11. Le département est divisé :

- ❒ **a.** en bourgades qui servent chacun à l'élection d'un bourgmestre départemental.
- ❒ **b.** en cantons qui servent chacun à l'élection d'un conseiller départemental.
- ❒ **c.** en secteurs qui servent chacun à l'élection d'un directeur départemental.
- ❒ **d.** en collectivités qui servent chacune à l'élection d'un président départemental.

12. Les compétences du département sont en matière :

- ❒ **a.** d'action rurale, de grands accastillages et de voilerie, de gestion des écoles, d'aménagement social, de recours et d'ineptie.
- ❒ **b.** d'action normale, de grands bâtiments et de tôlerie, de gestion des lycées, d'aménagement rural, de détours et fonderie.
- ❒ **c.** d'action sociale, de grands équipements et de voirie, de gestion des collèges, d'aménagement rural, de secours et d'incendie.
- ❒ **d.** d'action locale, de grands logements et de tannerie, de gestion des crèches, d'aménagement global, de cours et d'étude.

13. Les compétences de la région sont surtout centrées sur :

- ❒ **a.** le développement et l'aménagement du territoire.
- ❒ **b.** la formation professionnelle.
- ❒ **c.** la gestion des lycées.
- ❒ **d.** la gestion des transports hors agglomération.

14. Les maires et le président des conseils départemental et régional peuvent :

❒ **a.** nommer les fonctionnaires de leur collectivité.

❒ **b.** promouvoir les fonctionnaires de leur collectivité.

❒ **c.** sanctionner les fonctionnaires de leur collectivité.

❒ **d.** révoquer les fonctionnaires de leur collectivité.

15. Quelle est la durée du mandat du maire ?

❒ **a.** 5 ans. ❒ **b.** 6 ans. ❒ **c.** 8 ans. ❒ **d.** 9 ans.

16. Le maire et ses adjoints doivent avoir :

❒ **a.** la nationalité française et être âgés de 18 ans révolus lors de leur élection.

❒ **b.** peu importe la nationalité mais être âgés de 18 ans révolus lors de leur élection.

❒ **c.** la nationalité française et être âgés de 24 ans révolus lors de leur élection.

❒ **d.** peu importe la nationalité mais être âgés de 24 ans révolus lors de leur élection.

17. Sous l'autorité du préfet, le maire :

❒ **a.** publie les lois et règlements.

❒ **b.** célèbre les mariages.

❒ **c.** organise les élections.

❒ **d.** est officier de police judiciaire.

18. Le maire concourt par son pouvoir de police à :

❒ **a.** l'exercice des missions de santé publique.

❒ **b.** l'exercice des missions de société publique.

❒ **c.** l'exercice des missions de justice publique.

❒ **d.** l'exercice des missions de sécurité publique.

19. En matière de police municipale, le maire est chargé d'assurer :

❒ **a.** le maintien du bon ordre, la sûreté, la sécurité et la salubrité publiques.

❒ **b.** le maintien de l'ordre, la sûreté, le danger et la nuisance publiques.

❒ **c.** le désordre, l'anxiété, l'insécurité et la saleté publiques.

❒ **d.** la défiance, le péril, la sécurité et la désinfection publiques.

20. Les adjoints au maire sont :

❒ **a.** agents de police judiciaire.

❒ **b.** officiers de police judiciaire.

❒ **c.** agents de police judiciaire adjoint.

❒ **d.** officiers des douanes judiciaires.

21. Le maire prend provisoirement les mesures :

❒ **a.** contre les animaux atteints de troubles pathologiques dont l'état pourrait compromettre la sécurité publique, la moralité des personnes ou la conservation des forêts.

❒ **b.** contre les sociétés atteintes de troubles locaux dont l'état pourrait compromettre la stabilité publique, la sécurité des cours de la bourse ou la conservation des banques.

❒ **c.** contre les personnes atteintes de troubles mentaux dont l'état pourrait compromettre la morale publique, la sécurité des personnes ou la conservation des propriétés.

❒ **d.** contre les personnes atteintes de troubles de la sensibilité dont l'état pourrait compromettre l'amitié publique, la fraternité des personnes ou la conservation des altruismes.

22. Le maire a compétence sur le territoire de sa commune y compris :

❒ **a.** sur le domaine public maritime jusqu'à 30 mètres du rivage.

❒ **b.** sur le domaine public maritime jusqu'à 300 mètres du rivage.

❒ **c.** sur le domaine public maritime jusqu'à 3 kilomètres du rivage.

❒ **d.** sur le domaine public maritime jusqu'à 30 kilomètres du rivage.

23. Le pouvoir de police du maire est :

❒ **a.** un pouvoir par lequel le conseil municipal peut prendre des mesures de police administrative.

❒ **b.** un pouvoir qui lui est propre que lui seul peut mettre en œuvre.

❒ **c.** un pouvoir général détenu sans délégation par les adjoints et les conseillers municipaux.

❒ **d.** un pouvoir détenu par les agents de police municipale.

24. Les formes de regroupement de communes en EPCI permettent une coopération :

❒ **a.** lucrative ou fédérative.

❒ **b.** associative ou délibérative.

❒ **c.** associative ou fédérative.

❒ **d.** productive ou justificative.

25. Que signifie l'acronyme EPCI ?

❒ **a.** Encaissement Politique de Complicité Intelligente.

❒ **b.** Entassement Populaire de Contribution Intergénérationnel.

❒ **c.** Établissement Public de Coopération Intercommunale.

❒ **d.** Envahissement Propagé de Collaboration Inappropriée.

26. Les EPCI résultent tous :

❒ **a.** d'une décision de l'État (une loi et un arrêté préfectoral).

❒ **b.** d'une décision des communes (plusieurs délibérations et plusieurs arrêtés municipaux).

❒ **c.** d'une décision du département (une délibération et une décision).

❒ **d.** d'une décision de l'Assemblée nationale (un projet de loi et un amendement).

27. Quel est le statut juridique des collectivités territoriales ?

❒ **a.** les collectivités territoriales sont des personnes morales de droit public distinctes de l'État.

❒ **b.** les collectivités territoriales sont des personnes morales de droit public indistinctes de l'État.

❒ **c.** les collectivités territoriales sont des personnes physiques de droit public distinctes de l'État.

❒ **d.** les collectivités territoriales sont des personnes physiques de droit public indistinctes de l'État.

28. Quelle est la qualité judiciaire du maire ?

- ❒ **a.** le maire n'a pas de qualité judiciaire.
- ❒ **b.** sous-officier de police judiciaire.
- ❒ **c.** procureur de la République.
- ❒ **d.** officier de police judiciaire.

29. Comment s'administrent les communes ?

- ❒ **a.** les communes s'administrent librement et leur gestion est assurée par l'administration d'État.
- ❒ **b.** les communes s'administrent sous la tutelle du conseil départemental et leur gestion est assurée par l'administration d'État.
- ❒ **c.** les communes s'administrent librement et leur gestion est assurée par des conseils ou assemblées délibérantes et par des organes exécutifs.
- ❒ **d.** les communes s'administrent sous la tutelle du conseil départemental et leur gestion est assurée par des conseils ou assemblées délibérantes et par des organes exécutifs.

30. Quelles sont les obligations du maire sous l'autorité du préfet ?

- ❒ **a.** en sa qualité d'agent de l'État, le maire doit voter les lois et règlements et organiser les élections.
- ❒ **b.** en sa qualité d'agent de l'État, le maire doit publier les lois et règlements et organiser les élections.
- ❒ **c.** en sa qualité d'agent de l'État, le maire doit voter les lois et règlements mais c'est au préfet d'organiser les élections.
- ❒ **d.** en sa qualité d'agent de l'État, le maire doit publier les lois et règlements mais c'est au préfet d'organiser les élections.

31. Qu'est chargé d'assurer le maire en matière de police municipale ?

- ❒ **a.** le maire est chargé d'assurer le maintien du bon ordre, la sûreté, la sécurité et l'insalubrité publiques.
- ❒ **b.** le maire est chargé d'assurer le maintien du bon ordre, la sûreté, l'insécurité et la salubrité publiques.
- ❒ **c.** le maire est chargé d'assurer le maintien du désordre, la sûreté, la sécurité et la salubrité publiques.
- ❒ **d.** le maire est chargé d'assurer le maintien du bon ordre, la sûreté, la sécurité et la salubrité publiques.

Corrigés

1. c.
2. b.
3. d.
4. a., d., e.
5. a.
6. c.
7. d.
8. b.
9. c.
10. c.
11. d.
12. b.
13. a., d.
14. b., c.
15. a., d.
16. d.
17. a., b., c., d.
18. a.
19. c.
20. d.
21. b.
22. c.
23. a.
24. a.
25. c.
26. a.
27. c.
28. a.
29. c.
30. d.
31. a.
32. b.
33. a.
34. d.
35. c.
36. a.
37. b.
38. a.
39. b.
40. d.
41. a.
42. c.
43. b.
44. a.
45. d.
46. a.
47. c., h.
48. c.
49. b.
50. d.
51. d.
52. a.
53. c
54. a.
55. b.
56. d.
57. b.
58. c.
59. a., b. c., d.
60. a., b. c., d.
61. b.
62. a.
63. a., c.
64. d.
65. a.
66. b.
67. c.
68. b.
69. b.
70. c.
71. c.
72. a.
73. a.
74. d.
75. c.
76. b.
77. d.

LES + EN LIGNE

Connectez-vous à la page de l'ouvrage sur le site www.dunod.com pour télécharger un QCM corrigé complémentaire sur les collectivités territoriales.

Épreuve d'admissibilité n° 1

Rédaction d'un rapport

- L'épreuve de rédaction d'un rapport
- Rapport ou procès-verbal ?
- Les règles de rédaction de l'écrit
- Autopsie d'un rapport
- Différence entre compétence et obligation d'agir
- L'infraction
- Le plan et la frise
- La méthode « Constat-Analyse-Décision » (CAD)
- L'importance de l'infraction initiale
- Application du CAD dans le rapport
- Les formulations professionnelles
- Entraînements

1 Présentation de l'épreuve
L'épreuve de rédaction d'un rapport

Intitulé réglementaire de l'épreuve

Rédaction d'un rapport établi à partir d'un dossier relatif à un événement survenu dans un lieu public. Durée : une heure trente ; coefficient 3.

Décrets n° 94-932 et 94-935 du 25 octobre 1994

Remarque

Une note de cadrage guide le travail des correcteurs, aide les membres de jurys dans leurs évaluations et permet aux candidats de prendre la mesure de l'épreuve pour s'y préparer.

Cette épreuve, commune aux concours de gardien de police municipale et de garde champêtre, appartient à la famille des épreuves sur dossier.

Le candidat dispose d'un dossier dont il doit utiliser les éléments mais le caractère professionnel de l'épreuve la rend plus proche du cas pratique que d'une véritable synthèse.

1 Un formalisme déterminant

a. La présentation du rapport

Le rapport obéit à des règles de présentation strictes et leur transgression peut être lourdement sanctionnée.

L'application de ces règles peut toutefois connaître quelques variations en fonction du sujet.

Attention

- Les candidats doivent renseigner les mentions obligatoirement requises uniquement en utilisant les informations fournies par le sujet : dates, noms de personnes, noms de lieux, numéros d'immatriculation, de téléphone, de matricule, etc.
- Toute autre mention dans la copie peut être considérée par le jury comme un signe distinctif rompant l'anonymat des candidats et entraîner l'annulation de la copie ainsi que l'élimination du candidat.

Exemple

Département de .... République française

Ville de .... Le [date]

Gardien de police municipale X [ou garde champêtre X]

N° matricule

RAPPORT

à Monsieur le Maire de la ville de....

Objet : ...

Pièces jointes : ...

Nous, gardien de police municipale X (ou garde champêtre-chef X) en fonction dans la commune de ..., dûment agréé et assermenté, agissant en uniforme conformément aux ordres reçus et aux dispositions des articles 21-2 et ... du Code de procédure pénale et L. 511-1 du Code de la sécurité intérieure, avons l'honneur de vous rendre compte des faits suivants :

....

....

....

....

Identité des victimes :

(nom, prénom, date et lieu de naissance, profession, adresse)

– ...

– ...

Identité des contrevenants :

– ...

– ...

Identité des témoins :

– ...

– ...

Fait à [lieu], le [date] à [heure]

Le gardien de police municipale X

[ou le garde champêtre X]

Destinataires [ou : Expéditions]

M. le Maire

M. l'Officier de police judiciaire territorialement compétent

M. le procureur de la République (près le tribunal de grande instance) territorialement compétent

Archives municipales

b. La rédaction du rapport

Le rapport doit être intégralement rédigé : pas de style télégraphique, pas de simple prise de notes.

L'exigence en matière d'orthographe et de syntaxe (c'est-à-dire la construction des phrases) est la même que dans les réponses rédigées de l'épreuve d'explication de texte.

Les effets de style sont inutiles : le style doit être neutre, sobre, précis. Il faut rédiger des phrases entières en les constituant d'un sujet, d'un verbe et d'un complément.

Le rapport est nécessairement assez court compte tenu de la durée de l'épreuve (une heure trente) et de l'efficacité recherchée. Deux à trois pages de copie suffisent généralement pour traiter le sujet.

2 Un rapport établi à partir d'un dossier

a. La mise en situation

À la lecture du dossier, le candidat doit se mettre dans la situation qui lui est suggérée par le sujet. Il doit s'approprier le scénario et le comprendre avant de commencer à rédiger. Plusieurs lectures peuvent être nécessaires.

Le rapport doit être aussi plausible que possible et suivre une chronologie cohérente (*cf.* chapitre 7). Dès lors, chaque action qu'il souhaitera effectuer devra être cohérente avec les observations qu'il effectuera sur les lieux.

Pour sa rédaction, le candidat peut s'aider d'une technique de rédaction simple : le « CAD » (**C**onstat-**A**nalyse-**D**écision/**C**'est-**À**-**D**ire ? : *cf.* chapitres 8 et 10). Il doit donc parfois fournir les informations objectives complémentaires qui ne figurent pas nécessairement dans le sujet.

Le dossier comporte généralement des textes juridiques qui fondent la compétence du gardien de police municipale (ou du garde champêtre) mais tous n'y figurent pas toujours. Le candidat ne doit utiliser que les cadres juridiques mentionnés dans le dossier.

b. Le dossier

Le dossier comprend normalement 5 pages.

Il comporte des documents juridiques :

- extraits du Code des communes et du Code général des collectivités territoriales ;
- extraits du Code de procédure pénale ;
- extraits du Code pénal ;
- extraits du Code de la route.

Ces documents permettent au candidat de savoir ce que le droit autorise au gardien de police municipale (ou au garde champêtre) à faire ; ils lui permettent aussi de mettre en exergue les éléments constitutifs des infractions constatées.

Le dossier peut comprendre également des éléments de contexte non précisés en première page de sujet.

Certaines informations peuvent être inutiles ou redondantes. Le candidat doit apprécier quelles informations il utilisera pour rendre compte de manière permanente et plausible.

3 La nécessité de la rédaction d'un rapport

a. Rendre compte

Pourquoi rendre compte ?

L'agent de police municipale ayant la qualité d'agent de police judiciaire adjoint (APJA) conformément aux dispositions de l'article 21 du Code de procédure pénale, il rend compte de tout crime, délit ou contravention dont il a connaissance à tout officier de police judiciaire (OPJ) territorialement compétent (article 21-2 du Code de procédure pénale).

Dès lors qu'agissant en tenue réglementaire, l'agent de police municipale constate et intervient sur un fait qu'il gère, il en rend compte à l'OPJ puis, de retour au poste, rédige un rapport afin d'acter ce qu'il a vu, entendu et/ou constaté personnellement (article 429 du Code de procédure pénale).

Ce rapport doit préciser :

- les circonstances de temps et de lieu ;
- le déroulé chronologique de l'événement survenu sur le lieu public ;
- la description des éléments constitutifs de l'infraction constatée (qualification juridique des faits) ;
- les actions motivées du gardien de police municipale (ou du garde champêtre).

Attention

Si le rapport est allusif, fait référence à des événements et des actions sans les relater explicitement, les correcteurs le considéreront comme incompréhensible.

Rendre compte de façon méthodique

Le traitement de la plupart des sujets peut relever du plan suivant :

- un incipit, qui fait apparaître les textes juridiques relatifs à la compétence du gardien de police municipale ou du garde champêtre ainsi que l'identité et la qualité du rédacteur du rapport ;

> **Exemple**
>
> « Vu les articles XXX du Code XXX
>
> Nous, Gardien-Brigadier XXX, agent de police judiciaire adjoint dûment agréé et assermenté, agissant revêtu de notre uniforme réglementaire et conformément aux ordres de notre hiérarchie. »

- une introduction, qui précise quand, comment et par qui le rédacteur a été averti, où il se trouvait, de quel événement il s'agit ;

> **Exemple**
>
> « Ce jour à *[heure]*, nous trouvant en patrouille véhiculée/pédestre à *[lieu]*, nous recevons un appel radio nous signalant .../notre attention est attirée par... »

- un développement, où le rédacteur détaille ses actions et rend compte des contraventions, délits ou crimes constatés, en précisant à l'aide des éléments du dossier les références réglementaires des infractions (*cf.* chapitre 11) ;
- une conclusion, qui rend compte de l'achèvement de la mission (*cf.* chapitres 4 et 11).

4 Une épreuve sans programme

Si l'épreuve du rapport ne comporte pas de programme réglementaire, son intitulé éclaire suffisamment sur le lieu du scénario : « l'événement survenu sur un lieu public » donne l'occasion au gardien de police municipale (ou au garde champêtre) de mettre en œuvre tous les moyens dont il dispose et d'en rendre compte.

Les sujets le mettront donc en situation de veiller au bon ordre, à la sécurité, à la tranquillité publique, ce qui l'amènera à :

- constater les infractions à la loi pénale ;
- recueillir tous les renseignements en vue de découvrir les auteurs de ces infractions ;
- être conduit à dresser un procès-verbal pour les infractions aux arrêtés municipaux et les contraventions prévues au Code de la route ou autres ;
- procéder à des épreuves de dépistage de l'alcoolémie notamment lorsqu'un conducteur est impliqué dans un accident de la circulation ;
- recueillir ou relever l'identité des contrevenants ;
- procéder à une palpation, menotter un mis en cause ;
- etc.

Comme tout citoyen, l'agent de police municipale (ou le garde champêtre) a également qualité, dans les cas de crime flagrant ou de délit flagrant puni d'une peine d'emprisonnement, pour appréhender l'auteur et le conduire devant l'officier de police judiciaire le plus proche (article 53, 73 et 803 du Code de procédure pénale).

5 Le barème de correction

Les barèmes sont fondés sur l'attribution de points sur le fond. Des points sont ensuite enlevés lorsque les règles de forme ne sont pas respectées.

a. Sur le fond

Pour le fond, 20 points peuvent être attribués au maximum.

Barème du rapport

Partie du rapport	Nombre de points
Rédaction précise des faits constatés.	8 points
Déclarations des parties en cause.	2 points
Référence aux règles de droit relatives aux infractions et à leur constatation.	1 point
Des dispositions prises.	7 points
« Conclusion » de l'affaire.	2 points

b. Sur la forme

Pour la forme, jusqu'à 12 points peuvent être retirés.

Les mentions obligatoires

Jusqu'à 8 points sur 20 peuvent être retirés lorsque les mentions obligatoires suivantes sont absentes ou erronées.

Pénalités causées par les fautes de forme

Mentions devant figurer dans le rapport	Nombre de points
Lieu, date et heure de la rédaction du rapport.	– 1 point
Référence du rapport.	– 1 point
Qualité du rédacteur de l'acte.	– 1 point
Destinataire du rapport.	– 1 point
Objet.	– 1 point
Lieu, date et heure de constatation de l'infraction.	– 1 point
Identité complète des parties en cause.	– 1 point
Signature du rédacteur du rapport.	– 1 point

La présentation, la syntaxe et les fautes d'orthographe

Jusqu'à 4 points sur 20 peuvent être retirés pour sanctionner la présentation et la syntaxe. Les erreurs d'orthographe ne sont plus sanctionnées.

Pénalités causées par la présentation et la syntaxe

Éléments sanctionnés	Nombre de points	Remarques
Présentation.	– 2 points	*Une présentation et/ou une écriture (calligraphie) négligées ou lisibilité médiocre de la copie.*
Syntaxe.	– 2 points	Une copie rédigée dans un style particulièrement incorrect (notamment style « télégraphique », « prise de note »).

Bonne ou mauvaise copie ?

Une copie devrait obtenir la moyenne ou plus lorsque le rapport :

- est fondé sur un repérage pertinent des informations essentielles ;
- rend compte au destinataire de manière précise et organisée des faits constatés et des dispositions prises ;
- fait preuve d'une perception claire du rôle et des prérogatives du gardien de police municipale (ou de garde champêtre) ;
- est correctement rédigé.

Une copie ne devrait pas obtenir la moyenne lorsque le rapport :

- omet des informations importantes du dossier ;
- interprète de manière gravement erronée des informations du dossier ;
- rend compte au destinataire de manière imprécise et inorganisée des faits constatés et des dispositions prises ;
- fait preuve d'une méconnaissance grave du rôle de gardien de police municipale (ou de garde champêtre) ;
- est incorrectement rédigé (style télégraphique).

2 Connaissances
Rapport ou procès-verbal ?

1 Histoire du procès-verbal

Dans les temps anciens, certains agents publics étaient illettrés. Ils faisaient donc un rapport oral à leur supérieur hiérarchique des diligences dont ils avaient été chargés.

Le terme « verbal » est resté et le procès-verbal est, de nos jours, est un acte de procédure juridique rédigé par un agent public pour rapporter des faits de sa compétence.

Définition

COMPÉTENCE : aptitude d'une autorité de l'État [...] à accomplir un acte [...]. (Source : ministère de la Justice.)

2 Pourquoi rédiger un rapport au lieu d'un procès-verbal ?

Le procès-verbal est un acte de procédure rédigé par le policier municipal pour rapporter des faits qu'il a vus, entendus ou constatés personnellement **sur une matière de sa compétence** (pour plus de détails sur la différence entre compétence et obligation d'agir, voir chapitre 5). Les faits dont il est question sont des infractions (article 429 du Code de procédure pénale ; *cf.* chapitre 6 : « L'infraction »).

À retenir

En droit pénal français, les infractions (*cf.* aussi chapitre 6) sont classées en trois catégories :

- la contravention, qui est la moins grave et est réprimée par une amende ;
- le délit, qui est puni d'amende et/ou d'un emprisonnement dont la durée ne peut pas excéder 10 ans ;
- le crime, qui est l'infraction la plus grave, punie d'amende et/ou d'un emprisonnement pouvant aller jusqu'à la réclusion à perpétuité.

Or, au regard des dispositions de l'article L. 511-1 du Code de la sécurité intérieure (CSI), le policier municipal n'est compétent que pour constater certaines contraventions.

Ainsi, s'il est en présence d'autres infractions (crimes, délit et contraventions pour lesquelles il ne serait pas compétent), il a l'obligation d'en rendre compte à ses supérieurs hiérarchiques, conformément aux dispositions de l'article 21-2 du Code de procédure pénale (CPP). C'est dans ce cas de figure qu'il doit rédiger un rapport.

Rapport ou procès-verbal ?

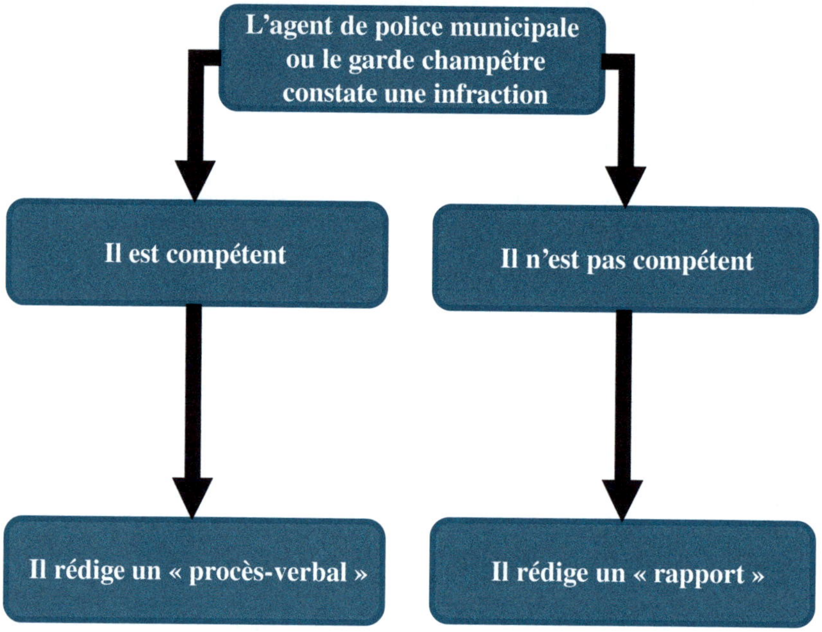

À retenir

Lorsqu'il est en présence d'une infraction, le policier municipal agit en matière de police judiciaire. Son supérieur hiérarchique est alors l'officier de police judiciaire (OPJ).

3 Combien de types de rapports existe-t-il ?

UN SEUL !

Depuis plusieurs années, différentes personnes ont « inventé » toutes sortes de rapports tels que : rapport d'intervention, rapport de mise à disposition, rapport d'information, rapport d'infraction… Il n'en est rien ! La procédure pénale ne décline aucun type de rapport en fonction de sa finalité. Ces élucubrations n'ont qu'une seule issue : conduire les candidats à perdre du temps de réflexion d'une part et commettre des erreurs de discernement d'autre part.

Attention

Lorsque le candidat commence son épreuve écrite, il n'a pas à perdre de temps à réfléchir au type de rapport qu'il doit rédiger : son titre doit être renseigné dans sa plus simple expression : RAPPORT.

3 Méthodologie
Les règles de rédaction de l'écrit

1 La gestion du temps

Lorsque le candidat démarre son épreuve, il doit gérer son temps.

Il est déconseillé de rédiger une copie sans brouillon car les idées doivent être préalablement déroulées dans un plan ou sur une frise (*cf.* chapitre 7).

Ainsi, partant du principe que le sujet est déterminant pour le contenu du rapport, il convient de lui réserver une part importante de lecture, d'analyse et de détection des idées fortes.

Cette phase permet l'élaboration du plan et le classement des idées en vous aidant du CAD (*cf.* chapitres 8 et 10).

Ensuite, vient le temps de rédaction au cours duquel le candidat doit s'appliquer autant sur la calligraphie que sur la présentation du rapport. Il recopie son brouillon.

Enfin, le temps de relecture permet de corriger les fautes.

Indication de gestion du temps durant l'épreuve

Lecture du sujet et prise de note	15 minutes
Analyse et détection des idées	20 minutes
Élaboration du plan ou de la frise	5 à 10 minutes
Rédaction	30 à 35 minutes
Relecture	10 minutes

2 Le langage

Lorsque le policier rédige un acte, il le fait au nom de l'administration.

En effet, la rédaction révèle la qualité professionnelle de son auteur. Le style doit être soutenu : il convient donc de ne pas rédiger un acte dans le même langage que celui utilisé à l'oral entre amis ou en famille.

Le rapport doit être rédigé en totalité, donc sans acronyme, sauf si vous devez utiliser plusieurs fois le même terme, comme officier de police judiciaire (OPJ) : dans ce cas, à la première occurrence, il faut l'indiquer en toutes lettres et le faire suivre de l'acronyme entre parenthèses.

3 La copie

- La copie du candidat doit être propre, sans ratures.
- Il est indispensable que le candidat se relise afin d'éliminer le maximum de fautes qui pourraient heurter la sensibilité du correcteur.
- La copie doit respecter les règles de mise en forme édictées par l'épreuve.
- En conséquence de quoi les paragraphes regroupent des idées et les débuts de phrases commencent par le « nous de majesté ».
- Le style télégraphique est proscrit.
- Il est attendu du candidat un travail de reformulation : il ne doit pas « paraphraser ». Néanmoins, les textes juridiques ne peuvent pas toujours faire l'objet d'une reformulation.

4 Le déroulement de la rédaction

Lorsque le candidat rédige son compte rendu, il doit démontrer son raisonnement, ce qui sous-entend que le récit doit suivre une chronologie cohérente ; c'est le déroulement.

Il a deux méthodes à sa disposition pour organiser ses idées : le plan ou la frise (*cf.* chapitre 7).

Dans tous les cas, il annotera l'un ou l'autre avec des « mots clés » et des horaires.

5 La règle de temps

Les écrits du policier municipal et du garde champêtre se rédigent au présent. Toutefois, le conditionnel est parfois utilisé lorsque le rédacteur rapporte une phrase d'un interlocuteur.

> **Exemple**
>
> Le requérant nous informe que l'auteur présumé des faits **porterait** une barbe courte et des cheveux longs sous une casquette noire à liseré orange.

6 La règle nominale

Lorsqu'il constate une infraction au cours de ses missions de surveillance, le policier municipal ou le garde champêtre intervient en qualité d'agent de police judiciaire adjoint (article 21-2 du CPP).

Dès lors, le candidat ne rédige plus sous le sceau d'un simple agent de la collectivité. Il enfile le costume de cet agent de police qui rend compte à ses supérieurs hiérarchiques judiciaires (les OPJ) des faits qu'il a vu, entendu ou constaté personnellement (article 429 du CPP). Dans ce cas, il agit avec la puissance publique de la loi. On dit qu'il est « accompagné de la Loi », impliquant que l'usage du « nous », appelé « nous de majesté », soit la règle nominale de rédaction des actes judiciaires du policier municipal car il est revêtu d'une autorité officielle.

Le « nous de majesté »

Description de l'action de chacun des acteurs avec le « nous de majesté »

Lorsque le candidat rédige son rapport avec le « nous de majesté » (moi, accompagné de la Loi), il est seul à rendre compte. Dès lors, s'il doit décrire l'action de son ou ses collègues, il désignera ces derniers selon leur grade et leur nom.

Ex. : Nous ceinturons le mis en cause tandis que le Brigadier DUGENOU lui passe les menottes.

4 Méthodologie
Autopsie d'un rapport

1 Le contenant du rapport

Désignation de la commune et du service

Références de l'écrit

Uniquement des documents connexes (ex : photographies, plan cadastral…)

TRÈS IMPORTANT !

Renseignements sur l'auteur et la victime

Département de
[précisé dans le sujet]

Police Municipale
Ville de *[précisée dans le sujet]*

Affaire : *[NOM précisé dans le sujet, ex : FAIHUNEFAUTE Jay]*
Rapport : *[nº de rapport si pas d'objection dans la note de cadrage]*
Feuillet : 1/1
Pièces jointes : néant

OBJET : [cohérent avec le sujet ex : VOL]

RENSEIGNEMENTS

1/ Sur le mis en cause :
NOM : *[précisé dans le sujet]*

Prénom : *[précisé dans le sujet]*
Date et lieu de naissance : *[précisé dans le sujet]*
Adresse : *[précisé dans le sujet]*

2/ Sur la victime *[si tel est le cas dans le sujet]* :

NOM : *[précisé dans le sujet]*
Prénom : *[précisé dans le sujet]*
Date et lieu de naissance : *[précisé dans le sujet]*
Adresse : *[précisé dans le sujet]*

RÉPUBLIQUE FRANÇAISE

RAPPORT

L'an deux mille *[année]* et le *[date du jour de rédaction du rapport]*.
Nous, soussignés ***[grade, nom et prénom]***, assisté du ***[grade, nom et prénom]***, agents de Police Judiciaire adjoints, dûment agréés et assermentés, en résidence administrative à la Police Municipale de *[ville précisée dans le sujet]*

- Vu les articles L. 511-1 à L. 511-15 du Code de la Sécurité Intérieure
- Vu les articles 21/2° et 21-2 du Code de Procédure Pénale

Rapportons les opérations suivantes que nous avons effectuées, agissant en uniforme et conformément aux ordres de nos chefs :

Ce jour, à *[heure]*, alors que nous nous trouvons en patrouille dans le secteur *[préciser]*, notre attention est attirée par *[préciser en suivant scrupuleusement le CAD]*.
Dès lors, agissant dans le cadre du flagrant délit conformément aux dispositions des articles 53 et 73 du Code de procédure pénale, nous appréhendons l'auteur présumé à *[heure]*.
Invité à nous suivre au commissariat afin d'être présenté à un Officier de Police Judiciaire, l'individu accepte de bon gré.
Nous arrivons au commissariat où, à *[heure]*, nous présentons le mis en cause devant *[préciser le nom de l'OPJ précisé dans le sujet]*.

Rapport établi le *[date du jour de rédaction du rapport]* pour être transmis simultanément à Monsieur le Maire de *[ville précisée dans le sujet]* et par l'intermédiaire de l'Officier de Police Judiciaire territorialement compétent, à Monsieur le procureur de la République près le tribunal de *[ville précisée dans le sujet]*.

Le rédacteur L'assistant

2 Le contenu du rapport

Département de
[précisé dans le sujet]

Police Municipale
Ville de *[précisée dans le sujet]*

<u>Affaire</u> : *[NOM précisé dans le sujet, ex : FAIHUNEFAUTE Jay]*
<u>Rapport</u> : *[n° de rapport si pas d'objection dans la note de cadrage]*
<u>Feuillet : 1/1</u>
<u>Pièces jointes</u> : néant

<u>OBJET</u> : [cohérent avec le sujet ex : VOL]

RENSEIGNEMENTS

<u>1/ Sur le mis en cause</u> :
NOM : *[précisé dans le sujet]*

Prénom : *[précisé dans le sujet]*
Date et lieu de naissance : *[précisé dans le sujet]*
Adresse : *[précisé dans le sujet]*

<u>2/ Sur la victime</u> *[si tel est le cas dans le sujet]* :

NOM : *[précisé dans le sujet]*
Prénom : *[précisé dans le sujet]*
Date et lieu de naissance : *[précisé dans le sujet]*
Adresse : *[précisé dans le sujet]*

RÉPUBLIQUE FRANÇAISE

RAPPORT

Titre de l'écrit

L'an deux mille *[année]* et le *[date du jour de rédaction du rapport]*.
Nous, soussignés ***[grade, nom et prénom]***, assisté du ***[grade, nom et prénom]***, agents de Police Judiciaire adjoints, dûment agréés et assermentés, en résidence administrative à la Police Municipale de *[ville précisée dans le sujet]*

- Vu les articles L. 511-1 à L. 511-15 du Code de la Sécurité Intérieure
- Vu les articles 21/2° et 21-2 du Code de Procédure Pénale

Rapportons les opérations suivantes que nous avons effectuées, agissant en uniforme et conformément aux ordres de nos chefs :

Incipit

Ce jour, à *[heure]*, alors que nous nous trouvons en patrouille dans le secteur *[préciser]*, notre attention est attirée par *[préciser en suivant scrupuleusement le CAD]*.
Dès lors, agissant dans le cadre du flagrant délit conformément aux dispositions des articles 53 et 73 du Code de procédure pénale, nous appréhendons l'auteur présumé à *[heure]*.
Invité à nous suivre au commissariat afin d'être présenté à un Officier de Police Judiciaire, l'individu accepte de bon gré.
Nous arrivons au commissariat où, à *[heure]*, nous présentons le mis en cause devant *[préciser le nom de l'OPJ précisé dans le sujet]*.

Préambule et contenu

Rapport établi le *[date du jour de rédaction du rapport]* pour être transmis simultanément à Monsieur le Maire de *[ville précisée dans le sujet]* et par l'intermédiaire de l'Officier de Police Judiciaire territorialement compétent, à Monsieur le procureur de la République près le tribunal de *[ville précisée dans le sujet]*.

Formule de transmission

Le rédacteur L'assistant

Signature

3 Le détail des éléments du rapport

a. L'incipit

L'incipit est la partie de l'écrit professionnel située immédiatement sous le titre (rapport ou procès-verbal).

Il annonce la date des faits, la qualité du rédacteur et des assistants ainsi que la compétence juridique des intervenants cités (« Vu les articles... ».)

Il précise si les intervenants agissent en uniforme (ou pas) et conformément à des ordres ou sur initiative (notamment lorsque l'agent intervient alors qu'il n'est pas en service).

> **Exemple**
>
> L'an deux mille XXXX et le quatorze du mois de XXXX,
>
> Nous, Brigadier Paul HISSIER, matricule 012345, assisté du gardien Alain SPAICTEUR, matricule 678910, agents de police judiciaire adjoints, agréés et assermentés en résidence administrative à la police municipale de X-ville,
>
> Vu les articles 21/2, 21-2 et D. 15 [rapport]/78-6 [PV] du Code de procédure pénale
>
> Vu les articles L. 511-1 à L. 515-1 du Code de la sécurité intérieure
>
> *[Le candidat devra s'assurer que ces références sont énoncées dans le sujet.]*
>
> Rapportons [rapport]/Constatons [PV] les faits suivants, agissant revêtus de notre uniforme réglementaire et conformément aux ordres reçus :

b. Le préambule (ou introduction)

Le préambule permet de situer le policier immédiatement avant l'action. Ainsi, l'OPJ comme le magistrat sont en mesure d'analyser dans quel contexte la situation s'est déroulée. Il convient donc de préciser certains éléments de temps et de lieu.

> **Attention**
>
> La formulation de démarrage est différente si la date de rédaction n'est pas la même que la date des faits.

Cas pratique

Exemple de sémantique à employer

Ce jour *Si la date des faits est la même que la date de rédaction*	/	Le (date en toutes lettres) *Si la date des faits est différente de la date de rédaction*

À [heure], nous effectuons une patrouille de surveillance générale sur la commune de [lieu] à bord de notre véhicule de service sérigraphié « POLICE MUNICIPALE ». Lors de notre passage dans la rue Jay PADECHANCE…

Ou

À [heure], nous trouvant en point fixe de sécurisation routière sur la rue Jean BONNO, au niveau de l'intersection avec la rue Yves OMIEU…

Puis rajouter :

… notre attention est attirée par …

… nous constatons la présence de …

… nous entendons distinctement …

… nous accusons réception d'un message radio de notre P.C. diffusant l'information d'un vol commis avec violence au niveau de XXX. Selon les informations reçues, (donner des précisions sur la victime, les témoins, le(s) mis en cause, etc.) :

- ✓ sexe
- ✓ âge
- ✓ taille
- ✓ corpulence
- ✓ tenue vestimentaire
- ✓ direction de fuite
- ✓ outils, armes, etc.

c. Les constatations

Il s'agit de ce que l'agent rapporte sur ce qu'il a vu, entendu ou constaté personnellement, ce qui suppose qu'il n'y ajoute aucune interprétation personnelle.

Les constatations doivent être factuelles, objectives et rationnelles.

Le récit de ce que le candidat aura vu, entendu ou constaté personnellement (article 429 du Code de procédure pénale) doit suivre une chronologie cohérente.

Il n'est, par exemple, pas logique que le candidat indique qu'il a appréhendé un individu avant d'avoir connaissance du méfait commis, de même que le candidat ne saurait justifier l'arrestation d'un automobiliste avant que celui-ci n'ait commis une infraction.

Le candidat veillera donc à bien justifier systématiquement le « pourquoi » de ses actions (voir chapitres 8 et 9 puis, pour la rédaction stylisée, chapitres 3 et 11).

Connaissances

5 Différence entre compétence et obligation d'agir

1 La compétence

La compétence est l'aptitude d'une autorité à accomplir un acte selon le pouvoir qui lui est conféré par la Loi en raison de sa fonction.

Selon l'article 429 du Code de procédure pénale, « Tout procès-verbal ou rapport n'a de valeur probante que s'il est régulier en la forme, si son auteur a agi dans l'exercice de ses fonctions et a rapporté sur une matière de sa compétence ce qu'il a vu, entendu ou constaté personnellement ».

Dès lors, pour que l'acte rédigé dispose d'une valeur probante (c'est-à-dire une preuve légale), il faut que l'auteur agisse sur une matière de sa compétence, sous-entendu sur une matière que la Loi l'autorise à constater.

2 L'obligation d'agir

L'obligation d'agir est prévue par la Loi, notamment dans le cas d'une assistance à personne en danger (article 223-6 du Code pénal) ou dans le cas du crime ou du délit flagrant puni d'une peine d'emprisonnement pour lesquels toute personne a qualité pour appréhender l'auteur et le présenter devant l'officier de police judicaire le plus proche (article 73 du Code de procédure pénale).

Ainsi, même le policier municipal ou le garde champêtre n'a pas la compétence requise (légale) pour **constater** les crimes et les délits, mais il a l'obligation d'agir pour faire cesser la commission du crime ou du délit et pour appréhender le ou les auteurs et les déférer devant la justice.

Définition

Par « CONSTATER », on entend le pouvoir conféré par la Loi de rédiger un acte juridique.

Il rendra compte ensuite à l'OPJ (par rapport) de ce qu'il aura vu, entendu et constaté personnellement, en précisant ce qu'il aura mis en œuvre pour faire cesser le crime ou le délit.

6 Connaissances
L'infraction

1 Introduction

Définition

Une INFRACTION est un fait, prévu et réprimé par la loi ou le règlement, résultant d'une action ou d'une omission et engageant la responsabilité pénale de son auteur.

Qu'est-ce qu'une infraction ?

Un fait...	Évènement qui se produit ou s'est produit.
... prévu et réprimé...	De nombreuses lois prévoient les interdictions mais ne prévoient pas la répression. Dès lors, l'infraction existe mais ne peut pas être poursuivie par un tribunal si le texte ne réprime pas.
... par la loi ou le règlement...	La loi connaît les crimes et les délits. Le règlement connaît les contraventions.
... résultant d'une action...	ACTION : action positive ➔ commission de l'acte.
... ou d'une omission...	OMISSION : action négative ➔ soustraction à une obligation d'agir (ex. : obligation de porter assistance à personne en danger, obligation de dénoncer un crime ou un délit pour en atténuer les effets).
... et engageant la responsabilité pénale de son auteur	L'article 121-1 du Code pénal précise que « nul n'est responsable pénalement que de son propre fait ». L'article 121-4 du Code pénal désigne comme auteur la personne qui commet les faits incriminés ou qui tente de les commettre (à condition que la tentative soit punissable).

2 Éléments constitutifs d'une infraction

« Pas de crime, pas de peine sans loi. »

Règle héritée du pénaliste italien Cesare Beccaria

Cette règle est fondamentale dans le droit français.

La Déclaration des droits de l'homme et du citoyen de 1789 indique donc : « Art. 7. Nul homme ne peut être accusé, arrêté ou détenu que dans les cas déterminés par la loi et selon les formes qu'elle a prescrites. Ceux qui sollicitent, expédient, exécutent ou font exécuter des ordres arbitraires doivent être punis ; mais tout citoyen appelé ou saisi en vertu de la loi doit obéir à l'instant ; il se rend coupable par la résistance.

Art. 8. La loi ne doit établir que des peines strictement et évidemment nécessaires, et nul ne peut être puni qu'en vertu d'une loi établie et promulguée antérieurement au délit, et légalement appliquée. »

Le Code pénal précise quant à lui : « Art. 111-3. Nul ne peut être puni pour un crime ou pour un délit dont les éléments ne sont pas définis par la loi, ou pour une contravention dont les éléments ne sont pas définis par le règlement. Nul ne peut être puni d'une peine qui n'est pas prévue par la loi, si l'infraction est un crime ou un délit, ou par le règlement, si l'infraction est une contravention. »

Ainsi, pour qu'une infraction soit constituée, il faut la réunion de trois éléments, appelés éléments constitutifs :

1. un élément légal ;
2. un élément matériel ;
3. un élément moral.

a. L'élément légal

Il doit obligatoirement exister une incrimination prévue par un texte (loi ou règlement). Ce texte doit prévoir les éléments constitutifs de l'infraction et la peine encourue de façon claire en évitant les tournures vagues et ambiguës. C'est ce que l'on appelle le principe de légalité des délits et des peines.

b. L'élément matériel

La simple pensée ne peut pas être réprimée par le droit pénal français. En effet, pour exister, l'infraction doit être matérialisée par un acte (action ou omission). L'infraction suppose trois choses :

- une action physique de la part de l'auteur ;
- un résultat qui constitue le dommage ;
- un lien de causalité entre cette action et ce dommage.

c. L'élément moral

L'acte doit provenir de la volonté de l'auteur, qu'il s'agisse d'une faute intentionnelle ou non intentionnelle.

L'intention est la conscience et la volonté d'accomplir ou de s'abstenir d'accomplir un acte. En droit pénal, on parle alors de dol.

Définition

Dol général : intention de commettre un acte que l'on sait interdit par la loi. Il existe une intention d'enfreindre la loi. L'auteur a l'intention de commettre une faute, dans un sens général.

3 Classification tripartite des infractions

Les infractions sont classées en trois catégories (c'est ce que l'on appelle la classification tripartite des infractions).

a. Les crimes

Ils sont définis par les articles 131-1 et 131-2 du Code pénal et sont punis par :

- des réclusions et détentions criminelles à perpétuité ;
- des réclusions et détentions criminelles de 30, 20, 15 ou 10 ans au moins.

b. Les délits

Ils sont définis par les articles 131-3 à 131-11 du Code pénal et sont punis par :

- des emprisonnements de 10 ans « au plus » ;
- des amendes au moins égales à 3 750 € ;
- des jours-amende ;
- des stages de citoyenneté ;
- des travaux d'intérêt général ;
- des peines privatives et restrictives de droits ;
- des peines complémentaires (art. 131-10 du Code pénal).

c. Les contraventions

Elles sont définies par les articles 131-12 à 131-18 du Code pénal et sont punies par :

- des amendes de 0 € à 1 500 €, 3 000 € en cas de récidive ;
- des peines restrictives ou privatives de droits.

4 Savoir différencier les classes et les cas de contravention

Les classes d'infraction sont déterminées par l'article 131-13 du Code pénal.

Document

Article 131-13 du Code pénal

Constituent des contraventions les infractions que la loi punit d'une amende n'excédant pas 3 000 €.

Le montant de l'amende est le suivant :

1. 38 €au plus pour les contraventions de la 1re classe ;
2. 150 € au plus pour les contraventions de la 2e classe ;
3. 450 € au plus pour les contraventions de la 3e classe ;
4. 750 € au plus pour les contraventions de la 4e classe ;
5. 1 500 € au plus pour les contraventions de la 5e classe, montant qui peut être porté à 3 000 € en cas de récidive lorsque le règlement le prévoit, hors les cas où la loi prévoit que la récidive de la contravention constitue un délit.

Le montant de l'amende forfaitaire (dits les « cas ») est déterminé par l'article R. 49 du Code de procédure pénale et fixé ainsi qu'il suit :

1. 4 € pour les contraventions aux dispositions du Code de la route commises par les piétons ;
2. 11 € pour les autres contraventions de la 1re classe ;
3. 35 € pour les contraventions de la 2e classe ;
4. 68 € pour les contraventions de la 3e classe ;
5. 135 € pour les contraventions de la 4e classe.

7 Méthodologie
Le plan et la frise

Plusieurs méthodes permettent d'ordonnancer le déroulement d'une situation.

Parmi ces méthodes, nous retiendrons le plan et la frise.

1 Le plan

Heure	Infraction initiale + cadre juridique	*(Constat + Analyse)*
Heure	Interpellation/arrestation	*(Décision)*
Heure	Autre + cadre juridique	*(Constat + Analyse)*
Heure	Compte rendu à l'OPJ + ordre de l'OPJ	*(Décision)*
Heure	Arrivée commissariat/gendarmerie	

Exemple

14h00	VL RENAULT Twingo QQ-123-BC Franchissement d'un feu rouge (R. 412-6 CdR)	*(Constat + Analyse)*
14h05	Interpel.* Cond – Place Giono	*(Décision)*
14h15	Défaut de PC* – Délit Emp*.	*(Constat + Analyse)*
14h20	CR* OPJ – MAD*	*(Décision)*
14h30	Arrivée commissariat/gendarmerie	

Interpel. : Interpellation ; PC : Permis de Conduire ; Emp. : puni d'une peine d'emprisonnement ; CR : Compte-Rendu ; MAD : Mise À Disposition (l'individu est mis à la disposition de l'OPJ).

2 La frise

La frise est sensiblement identique au plan à cette nuance près qu'elle est établie à l'horizontale :

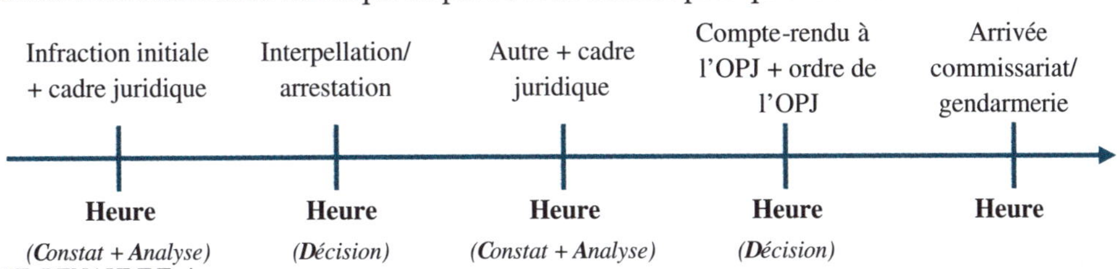

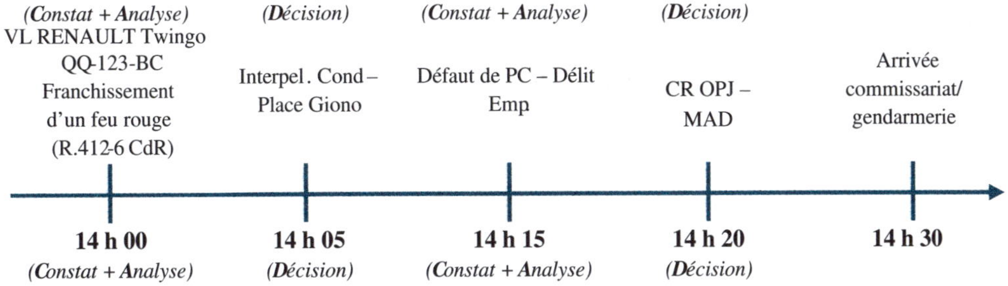

8 Méthodologie
La méthode « Constat-Analyse-Décision » (CAD)

Mis à part l'incipit, le contenu de l'écrit que le policier municipal/garde-champêtre rédige doit observer une logique chronologique.

Le CAD est une méthode qui permet de décrypter les phases d'une situation et d'en structurer le compte rendu.

En outre, il permet également, lorsqu'elle est mise en œuvre sur la voie publique, de garantir au policier ou au garde champêtre d'agir de façon conforme aux textes en vigueur.

<table>
<tr><td></td><td></td><th>C</th><th>A</th><th>D</th></tr>
<tr><td></td><td></td><th>Constat</th><th>Analyse</th><th>Décision</th></tr>
<tr><td>C</td><td>C'est-</td><td colspan="3" rowspan="3">Chaque phase du triptyque « Constat-Analyse-Décision » doit être rédigée en se posant la question de ce que l'on veut dire (c'est-à-dire ?)
Est-ce vraiment ce que je veux dire ? Cela correspond-il factuellement et objectivement à ce qu'il s'est passé ?</td></tr>
<tr><td>A</td><td>À-</td></tr>
<tr><td>D</td><td>Dire</td></tr>
</table>

1 Qu'entend-on par « Constat » ?

Il s'agit de la phase de recueil des informations qui permettront l'analyse de la situation.

Ainsi, pour permettre une analyse juridique pertinente, l'agent prend connaissance d'un état en collationnant le plus d'éléments possible (environnement, circonstances, etc.).

Ce constat doit être factuel, objectif et rationnel.

Lors de la rédaction, le candidat repose le « C'est-À-Dire ? » afin de s'assurer que ce qu'il écrit est cohérent et correspond à ce qu'il veut dire.

Ainsi, le lecteur (correcteur) doit comprendre le sens des phrases. C'est pourquoi le candidat doit éviter les doubles sens et faire attention à la ponctuation :

« Le maître, dit l'élève, est un imbécile. » ≠ *« Le maître dit : l'élève est un imbécile. »*

> **Exemple**
>
> À bord de notre véhicule sérigraphié, nous patrouillons dans la rue Bastide Blanche.
>
> Notre attention est attirée par le véhicule qui nous précède dont le conducteur circule avec le téléphone portable à l'oreille.

2 Qu'entend-on par « Analyse » ?

Il s'agit de la phase où, fort des éléments du Constat, le candidat active une méthode de raisonnement juridique.

Les questions auxquelles répondre pour faire une Analyse

Question	Réponse	Éléments à déterminer pour pouvoir répondre
S'agit-il d'une infraction ? (*cf.* chapitre 6)	Les éléments constitutifs de l'infraction doivent être réunis.	• L'élément légal. • L'élément moral. • L'élément matériel.
Ai-je le droit d'intervenir ?	L'intervention doit tenir compte des circonstances de lieu, de la qualité de l'intervenant et de son habilitation.	• S'agit-il d'un lieu public ou privé ? • S'agit-il d'un domicile ? • S'agit-il d'une urgence (état de nécessité ou légitime défense) ? • Suis-je compétent ou dois-je rendre compte à l'OPJ qui me donnera les instructions ?
Comment puis-je intervenir ?	L'intervention doit tenir compte des conséquences envisageables.	• Mon intervention va-t-elle résoudre la situation ou la faire dégénérer ? Y a-t-il des risques pour la population ? • Mon équipage est-il suffisamment équipé pour intervenir ? • Mon équipage est-il suffisamment dimensionné pour engager l'intervention ou dois-je effectuer un repli stratégique et solliciter des renforts pour une intervention différée ?

Fort de ces éléments, le candidat justifie sa Décision d'agir (ou non).

> **Exemple**
>
> Les faits constituant une infraction contraventionnelle prévue et réprimée par l'article R. 412-6-1 du Code de la route, passible d'une amende de 4e classe et susceptible d'une perte de 3 points sur le permis de conduire, nous… (Décision).

3 Qu'entend-on par « Décision » ?

Il s'agit de la phase où le candidat agit, en son âme et conscience et fort des éléments précités (Constat et Analyse).

Il décrit alors ce qu'il met en œuvre pour mettre fin à la situation.

> **Exemple**
>
> Nous actionnons nos avertisseurs sonores et lumineux et, par l'usage du mégaphone, nous indiquons au conducteur notre intention de procéder à son interpellation.

Cette technique « Constat-Analyse-Décision » a la particularité de pouvoir être répétée car chaque décision peut amener à un nouveau constat.

Cas pratique

Au regard du CAD précédemment cité, le conducteur est invité à présenter son permis de conduire et son certificat d'immatriculation aux agents (police municipale ou garde champêtre), conformément aux dispositions de l'article R. 233-1 du Code de la route.

Le conducteur précise qu'il n'est pas titulaire du permis de conduire.

Nouveau Constat

Le conducteur conduit sans disposer d'une autorisation administrative (le permis de conduire correspondant à la catégorie du véhicule).

Nouvelle Analyse

Les faits constituent une infraction délictuelles prévue par l'article L. 221-2 du Code de la route et réprimée d'un an de prison et de 15 000 € d'amende.

Suis-je compétent ?

Non, les policiers municipaux et les gardes champêtres ne sont compétent que pour constater les infractions **contraventionnelles** (uniquement celles qui sont punies d'une peine d'amende) au Code de la route (articles R. 130-2 et R. 130-3 du Code de la route).

Ai-je le droit d'intervenir ?

Non seulement les policiers municipaux et les gardes champêtres peuvent, mais ils **doivent** intervenir (*cf.* chapitre 5) car le fait de conduire sans permis est un délit puni d'une peine d'emprisonnement (article 53 du Code de procédure pénale) et/ou d'une amende.

Comment vais-je intervenir ?

Le conducteur est relativement calme, il n'affiche aucune marque d'agressivité et se trouve particulièrement coopératif (je reste toutefois vigilant).

Je le garde à ma disposition le temps d'agir.

Nouvelle Décision

Les policiers municipaux ou les gardes champêtres interpellent le mis en cause du fait du délit (articles 53 et 73 du Code de procédure pénale) et lui demandent de rester à leur disposition le temps qu'ils en rendent compte à l'officier de police judiciaire territorialement compétent (article 21 et 21-2 du Code de procédure pénale).

Remarque

Le compte rendu à l'OPJTC peut, une nouvelle fois, conduire à un nouveau « Constat-Analyse-Décision ».

En application de l'article 21 du Code de procédure pénale, le policier municipal ou le garde champêtre rend compte du délit constaté à l'OPJTC.

Ce même OPJ, qui sollicite de votre part la transmission de l'immatriculation et de la marque du véhicule en cause, constate par le truchement du fichier des objets et véhicules signalés (FOVeS) que le véhicule est signalé volé.

Il vous en informe et requiert la mise à disposition de l'individu au commissariat.

Conscient que vous venez d'être informé d'un fait plus grave, le conducteur tente de prendre la fuite.

Troisième Constat

L'OPJ vous signale que le véhicule est signalé volé et il requiert de votre part que vous mettiez le conducteur à sa disposition et le transportant au commissariat dans les plus brefs délais pour les suites à donner.

Voyant votre attitude au téléphone, le conducteur tente de prendre la fuite.

Troisième Analyse

Les faits de conduire un véhicule volé est une infraction dite « continue ». En effet, il ne s'agit pas d'un vol (infraction prévue par l'article 311-1 du Code pénal et réprimée par trois ans de prison et de 45 000 € d'amende) mais un recel de vol (infraction prévue par l'article 321-1 du Code pénal et réprimée par cinq ans de prison et de 75 000 € d'amende), ce qui augmente considérablement la répression de l'infraction délictuelle précédente (cinq ans d'emprisonnement au lieu d'un seul).

Suis-je compétent ?

Non, les policiers municipaux et les gardes champêtres ne sont compétents que pour constater les infractions **contraventionnelles** (uniquement celles qui sont munies d'une peine d'amende) au Code de la route (articles R. 130-2 et R. 130-3 du Code de la route).

Ai-je le droit d'intervenir ?

Non seulement les policiers municipaux et les gardes champêtres peuvent, mais ils **doivent** intervenir car le fait de receler le fruit d'un vol est un délit puni d'une peine d'emprisonnement (article 53 du Code de procédure pénale) + d'une amende. De plus, le mis en cause a tenté de prendre la fuite afin d'éviter d'être traduit devant la justice et ainsi se soustraire à sa responsabilité pénale et civile.

Comment vais-je intervenir ?

En prenant toutes les précautions d'usage, les policiers municipaux et les gardes champêtres vont devoir empêcher le mis en cause de prendre la fuite en l'appréhendant (dans le sens de saisir) afin de le présenter à la justice.

Troisième Décision

Les policiers municipaux ou les gardes champêtres appréhendent (physiquement, dans le sens de le saisir) le mis en cause et, du fait qu'il a tenté de prendre la fuite, ils le soumettent au port des menottes (article 803 du Code de procédure pénale).

Ils rendent compte immédiatement à l'officier de police judiciaire territorialement compétent (article 21 et 21-2 du Code de procédure pénale).

9

Connaissances
L'importance de l'infraction initiale

La loi pénale permet aux agents dépositaires de l'autorité publique d'user de mesures de contraintes graduées et proportionnelles en fonction des situations et de la gravité d'une atteinte (encadrés par les conditions de la légitime défense – article 122-5 du Code pénal – ou du menottage – article 803 du Code de procédure pénale).

Toutefois, pour que ces mesures de contraintes soient justifiées, l'agent dépositaire de l'autorité publique doit être fondé à en user.

Ainsi, le policier municipal ou le garde champêtre doivent décrire parfaitement l'infraction initiale afin de s'inscrire dans un cadre légal justifiant l'usage de la force.

1 Infraction initiale qualifiée

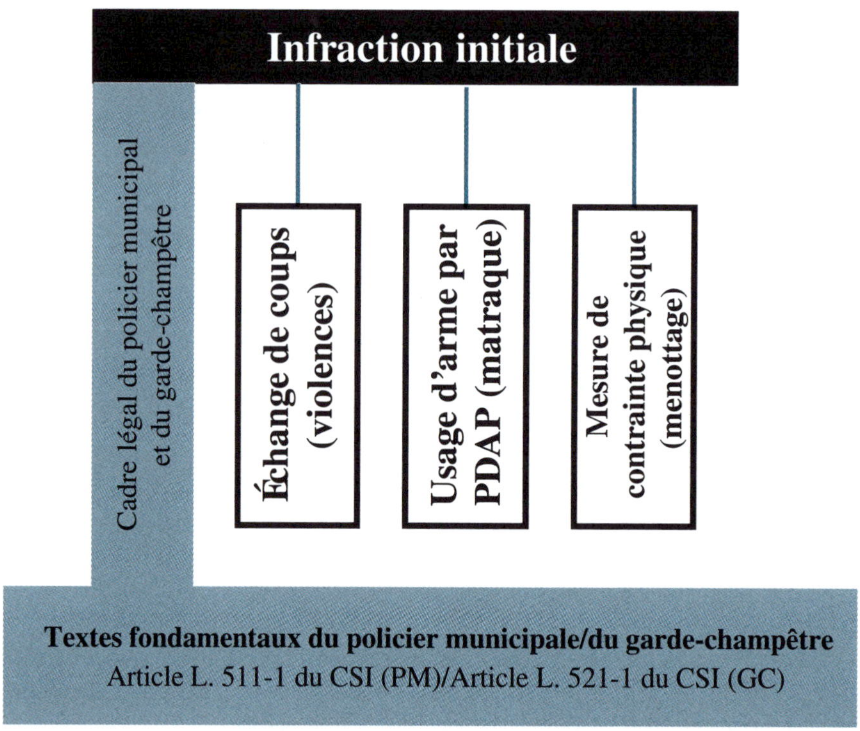

À l'inverse, si l'infraction initiale n'est pas correctement qualifiée, la Loi peut se retourner contre les personnes dépositaires de l'autorité publique, l'usage de la force en réunion (les policiers municipaux interviennent rarement seuls et donc en réunion), d'une arme et la privation de liberté étant des atteintes graves.

2 Infraction initiale non qualifiée

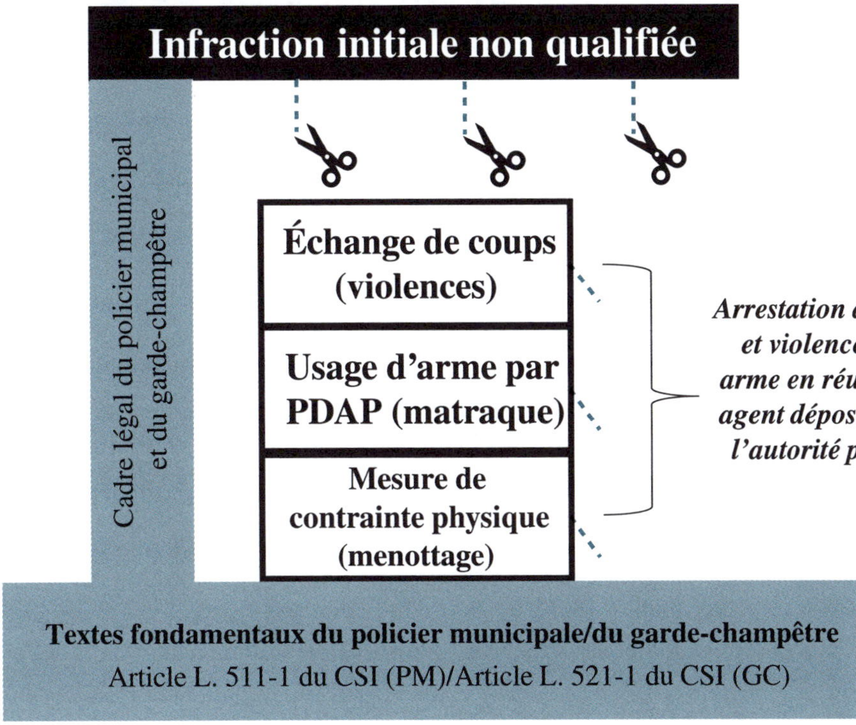

3 Conclusion

Le candidat doit s'attacher à bien décrire les éléments constitutifs de l'infraction en se basant sur les textes qui lui sont remis le jour de l'épreuve.

Il doit également être attentif à l'environnement qui lui est proposé : situation hostile, dans une cité, sur un pont (risque de chute du pont), etc.

10 Méthodologie
Application du CAD dans le rapport

1 Introduction

Dans les pages précédentes, nous avons découvert la technique du « CAD » (Constat-Analyse-Décision) pour décrypter une situation (*cf.* chapitre 8). Nous avons également présenté une « autopsie d'un rapport » (*cf.* chapitre 4).

À présent, il convient d'intégrer le CAD dans le rapport en assimilant bien l'articulation entre chaque lettre aux prérogatives du policier municipal/garde champêtre. Ainsi, le candidat saura s'il agit dans le cadre de sa compétence ou sous l'autorité d'un officier de police judiciaire.

Dans le premier cas, le policier municipal intervient sur une matière de sa compétence. Il est autonome pour procéder à la constatation de l'infraction (uniquement la contravention pour le policier municipal/garde champêtre) et pour décider des poursuites à engager : faire cesser l'infraction ou pas, verbaliser ou pas.

À retenir

L'opportunité des poursuites appartient au procureur de la République dès lors qu'elles sont portées à sa connaissance. Toutefois, le policier municipal dispose d'un libre arbitre pour décider de verbaliser ou pas.

Dans le second cas, le policier municipal/garde champêtre n'est pas (ou plus) compétent et il agit sur ordre d'un officier de police judiciaire et sous la responsabilité de ce dernier.

2 Application

Cas pratique

Situation

Le policier municipal/garde champêtre constate qu'un automobiliste franchit un feu rouge[1]. Il l'intercepte et lui demande son permis de conduire et son certificat d'immatriculation[2] afin de constater l'infraction par procès-verbal[3]. Le mis en cause déclare alors qu'il conduit sans être titulaire du permis de conduire[4]. Ni le policier municipal ni le garde champêtre ne sont habilité à constater cette infraction délictuelle par procès-verbal, toutefois, ils ont l'obligation d'en rendre compte à l'officier de police judiciaire.

L'OPJ étant informé de la situation donne alors l'instruction au policier municipal/garde champêtre de transporter[5] le mis en cause au commissariat (ou à la brigade de gendarmerie) pour interroger[6] l'auteur de l'infraction. Ainsi, dans un premier temps, le policier municipal/garde champêtre était compétent pour constater par procès-verbal le franchissement du feu rouge mais il devient, dans un deuxième temps, « incompétent » à partir du moment où le conducteur l'informe qu'il n'est pas titulaire du permis de conduire (s'agissant d'un délit).

----

1. Infraction prévue et réprimée par l'article R. 412-30 du Code de la route que le policier municipal/garde champêtre est habilité à constater par procès-verbal.

2. L'article R. 233-1 du Code de la route précise que « tout conducteur [...] est tenu de présenter à toute réquisition des agents de l'autorité compétente tout titre justifiant de son autorisation de conduire et le certificat d'immatriculation du véhicule ».

3. Constater par procès-verbal = l'auteur de l'infraction est verbalisé

4. Au regard de l'article L. 221-2 du Code de la route, le fait de conduire sans permis est un délit puni d'une peine d'emprisonnement.

5. Le fait de transporter une personne devant un OPJ s'appelle une « mise à disposition de l'OPJ ».

6. Audition.

Démonstration de rédaction de cette situation dans le rapport

Ce jour, à [heure][1], nous effectuons une patrouille de surveillance à bord de notre véhicule de service réglementaire.

Nous circulons rue « X » en direction de la rue « Y » formant une intersection perpendiculaire dont la priorité est régulée par des feux tricolores.

Arrivant au carrefour, notre attention est attirée par le véhicule qui nous précède et qui franchit sans ralentir le feu rouge fixe lui étant destiné[2], contravention prévue et réprimée par les dispositions de l'article R. 412-30 du Code de la route, donnant lieu de plein droit à un retrait de quatre points sur le permis de conduire[3].

Concernant le véhicule qui poursuit sa route en direction de la rue « Y », il s'agit d'une [marque][4] de couleur [XXX][5] immatriculée [AA-XXX-BB][6].

Nous actionnons[7] nos avertisseurs sonores et lumineux, ce qui a pour effet d'attirer l'attention du conducteur en cause qui s'arrête sur une place réglementaire de stationnement face au numéro 12 de la rue « X ».

À [heure][8], nous mettons pied à terre et prenons contact avec le conducteur à qui nous déclinons nos qualité et fonction[9] et, après lui avoir indiqué l'infraction constatée, nous requérons son permis de conduire ainsi que le certificat d'immatriculation du véhicule, conformément aux dispositions de l'article R. 233-1 du Code de la route.

Le conducteur nous présente un certificat d'immatriculation correspondant au véhicule dont le propriétaire est Monsieur « X »[10], demeurant « Z »[11].

Concernant le permis de conduire, le conducteur nous déclare spontanément en ces termes, nous citons : « Je ne vais pas vous mentir, on m'a retiré mon permis il y a un an et je n'ai pas eu le temps ni l'argent pour le repasser. Je me rendais à mon travail lorsque vous m'avez arrêté ».

À [heure], agissant alors dans le cadre du flagrant délit prévu par l'article 53 du Code de procédure pénale, nous informons immédiatement l'Officier de Police Judiciaire territorialement compétent de la police nationale (ou de la gendarmerie) en la personne du Brigadier HOPE Égie qui nous prescrit de lui présenter sans délai le mis en cause.

Invité à nous suivre pour être mis à la disposition de l'Officier de Police Judiciaire de permanence, le conducteur, qui se révélera ultérieurement être Monsieur Jay PADECHANCE, accepte de bon gré après avoir verrouillé son véhicule, stationné sur place sous sa responsabilité juridique.

Sans contrainte[12], nous plaçons Monsieur PADECHANCE à bord de notre véhicule et transportons sans incident le conducteur au commissariat (ou de la gendarmerie) où, à [heure][13], nous le présentons devant le Brigadier HOPE Égie à qui nous rendons compte des infractions et des conditions d'interpellation.

Nous regagnons notre poste de police où nous rédigeons le présent rapport pour être transmis simultanément au maire de la commune et, par l'intermédiaire de l'Officier de Police Judiciaire territorialement compétent, à Monsieur le Procureur de la République.

Le rédacteur

----

1. Le candidat indiquera « en toutes lettres » l'heure précisée dans le sujet ou l'heure réelle à laquelle il effectue l'épreuve.
2. Constat.
3. Analyse.
4. Indiquer la marque précisée dans le sujet.
5. Indiquer la couleur précisée dans le sujet.
6. Indiquer l'immatriculation précisée dans le sujet.
7. Décision.
8. Heure d'interception.
9. Qualité (APJA) au singulier + fonction (policier municipal) au singulier = **nos** qualité et fonction.
10. Indiquer l'identité du propriétaire précisée dans le sujet.
11. Indiquer l'adresse du propriétaire précisée dans le sujet.
12. Non menotté et sans utilisation de la force.
13. Préciser de mise à disposition du mis en cause devant l'OPJ.

Schéma de la situation décryptée par le « CAD »

1

CONSTAT

L'automobiliste franchit un feu rouge.

ANALYSE

Cette infraction est prévue et réprimée par l'article R. 412-30 du Code de la route que le policier municipal est habilité à constater par procès-verbal.

DÉCISION

Le policier municipal intercepte le conducteur et lui demande son permis de conduire et son certificat d'immatriculation afin de constater l'infraction par procès-verbal.

2

2e CONSTAT

L'automobiliste déclare qu'il n'est pas titulaire du permis de conduire.

2e ANALYSE

Le fait de conduire sans permis est un délit prévu par l'article L. 221-2 du Code de la route qui punit d'une peine d'emprisonnement.

2e DÉCISION

Le policier municipal n'est pas habilité à constater cette infraction par procès-verbal ; toutefois, il a l'obligation d'en rendre compte à l'officier de police judiciaire.

3

3e CONSTAT

L'OPJ, informé de la situation, donne alors l'instruction au policier municipal de transporter le mis en cause au commissariat (ou à la brigade de gendarmerie).

3e ANALYSE

Il s'agit d'un flagrant délit puni par une peine d'emprisonnement et la procédure pénale autorise l'usage des menottes dans ce cas. Toutefois, le conducteur est coopératif.

3e DÉCISION

Le policier municipal invite l'automobiliste à le suivre au commissariat (ou à la brigade de gendarmerie) pour y être «entendu» par l'OPJ. Il décide de ne pas menotter l'auteur des infractions.

11 Connaissances
Les formulations professionnelles

L'épreuve du rapport permet aux correcteurs d'évaluer le niveau d'expression « professionnelle » du candidat. C'est pourquoi le présent chapitre vise à permettre à ce dernier de faire la différence lors de la rédaction du rapport le jour du concours.

1 Constatations

Il s'agit de ce que l'agent rapporte sur ce qu'il a vu, entendu ou constaté personnellement, **ce qui suppose qu'il n'y ajoute aucune interprétation personnelle.**

Les constatations doivent être factuelles, objectives et rationnelles.

a. En matière de police administrative

L'incendie d'habitation

Cas pratique

Exemple de sémantique à employer si l'agent agit sur initiative

Notre attention est attirée par une fumée noire et épaisse dans le secteur ZZ à environ deux kilomètres à vol d'oiseau de notre position. Nous avisons notre [station directrice, poste de commandement, salle d'information et de commandement, etc.] des faits et nous dirigeons immédiatement sur les lieux.

Ou

Au moment où nous nous arrivons à hauteur du n° X de la rue XXX, nous apercevons par une fenêtre fermée du premier étage que des flammes évoluent à l'intérieur de l'habitation.

Toutes les autres fenêtres sont également fermées et les volets, en bois, sont ouverts.

Nous ne notons aucune présence humaine aux abords.

Exemple de sémantique à employer si l'agent agit sur ordre

Nous recevons un appel radio de notre poste de commandement qui nous informe d'un feu d'appartement au [lieu].

À notre arrivée sur les lieux à [heure], une dizaine de personnes s'agitent devant une habitation d'où s'échappent des flammes et une épaisse fumée noire du rez-de-chaussée.

Il s'agit d'un pavillon à deux étages (R +2) mitoyen par la droite à une autre habitation parfaitement identique.

Puis préciser les risques potentiels

Risque de propagation :

› véhicules stationnés à proximité ou dans le garage ;
› végétation (sèche, non débroussaillée, arbres, haies etc.) ;
› etc.

Risque d'explosion :

› bouteilles ou citerne de gaz à proximité ;
› mitoyen à une boulangerie (explosion de poussière de farine) ;
› etc.

Risque d'inhalation ou de désagrément :

› proximité d'une école, d'une crèche ;
› proximité d'une voie de circulation ;
› etc.

L'accident de circulation ou le ralentissement anormal

Cas pratique

La primo-constatation

Nous arrivons sur les lieux à [heure]. Un poids lourd est encastré sous le pont X situé au niveau de [préciser si possible]. Il obstrue la circulation dans le sens [préciser] vers [préciser].

Nous rendons compte au poste de commandement en sollicitant du renfort en vue de dévier la circulation en direction de [préciser si possible].

Ou

À notre arrivée sur les lieux, deux véhicules (un léger couché sur le flanc [gauche/droit] et un deux-roues motorisé de grosse cylindrée) sont immobilisés au milieu de la « rue du CHOC » en pleine voie de circulation.

La roue du 2RM avant se trouve sous la roue arrière gauche du véhicule léger.

Un homme est allongé au sol. Sa jambe gauche est coincée sous la motocyclette.

La circulation est paralysée et nécessite une régulation/déviation par les artères [préciser].

La régulation de circulation

Dans un premier temps, nous dévions la circulation venant de l'avenue XXX en plaçant notre véhicule, rampe lumineuse en action, de telle manière que les usagers sont dirigés vers le rond-point en amont de l'incident.

Ainsi, les automobilistes contournent la situation et peuvent poursuivre leur route en direction de la clinique.

Ou

Afin de permettre aux automobilistes de poursuivre leur route en direction de la clinique, nous disposons des cônes de Lubeck sur la voie obstruée, avant et après l'accident, en vue d'engager une circulation alternée.

L'attitude d'un individu

Cas pratique

À notre vue, le mis en cause effectue un geste réflexe mais maladroit [préciser le mouvement ou le geste ; ex. : il place rapidement sa main droite derrière lui…], ce qui attire notre attention.

b. En matière de police judiciaire (contravention)

L'infraction routière

Il est nécessaire de préciser géographiquement et factuellement la situation.

Cas pratique

Le refus de priorité

Le conducteur franchit l'intersection formée par les rues LEROUGE et LEVERT sans marquer l'arrêt qui lui est destiné, imposé par le STOP. La signalisation verticale et horizontale est réglementaire et dûment positionnée.

La circulation en sens interdit

Notre attention est attirée par un véhicule de couleur [précisez], de marque [précisez], de type [précisez], genre [précisez], immatriculé [précisez], circulant en contresens face à nous dans la rue [précisez le nom de la rue] malgré la présence évidente d'une signalisation indiquant un sens interdit, infraction prévue et réprimée par l'article R. 412-28 du Code de la route.

Nous précisons que la signalisation, implantée verticalement par un panneau de type B1 au droit d'une signalisation horizontale peinte sur la chaussée (ligne blanche), est parfaitement visible des autres usagers, aucun obstacle ne dissimulant le panneau d'interdiction.

[Préciser : gêne occasionnée aux autres usagers [à décrire], chaussée sèche ou humide, visibilité bonne ou nulle, circulation fluide ou intense, etc.]

Le franchissement d'un feu rouge fixe

Notre attention est attirée par un véhicule de couleur [précisez] de marque [précisez] de type [précisez], genre [précisez], immatriculé [précisez], circulant devant nous dans la rue [précisez].

Arrivant à l'intersection formée par les rues [précisez] et [précisez], le conducteur omet de s'arrêter au feu rouge fixe qui lui est destiné, infraction prévue et réprimée par l'article R. 412-30 du Code de la route.

Nous précisons qu'au moment des faits, la signalisation fonctionne normalement (alternance correcte de l'ensemble du système), elle est régulièrement implantée sur la chaussée et signalée en amont, elle est parfaitement visible des autres usagers (aucun obstacle ne la dissimule).

Nous ajoutons que le feu tricolore qui s'impose à nous prescrit l'arrêt depuis [précisez] secondes environ.

[Préciser : gêne occasionnée aux autres usagers [à décrire], chaussée sèche ou humide, visibilité bonne ou nulle, circulation fluide ou intense, etc.]

La description d'une action

Cas pratique

Le « *wheeling* »

Le conducteur du deux-roues motorisé circule sur la chaussée face à nous, en équilibre sur la roue arrière, la roue avant étant décollée du sol à environ un mètre de hauteur.

Dans cette position et tout en restant assis sur la selle, le conducteur laisse traîner ses deux pieds sur le sol et roule sur environ cinquante mètres.

Le cabrage suivi de violence à PDAP à l'aide du 2RM

Le conducteur du deux-roues motorisé agit subitement sur l'accélérateur.

Simultanément, il tire énergiquement sur le guidon en plaçant son corps vers l'arrière, ce qui a pour effet de soulever la roue avant. Une fois dans cette position, il pose ses deux pieds au sol en restant assis sur la selle.

Dans le même temps, le véhicule avance en direction de l'agent XXX qui doit se dégager de la trajectoire pour éviter d'être percuté au thorax par la roue avant du deux-roues motorisé.

2 Action en flagrant délit ou crime

Document

Texte en vigueur

Code de procédure pénale – Article 53

Est qualifié crime ou délit flagrant le crime ou le délit qui se commet actuellement, ou qui vient de se commettre. Il y a aussi crime ou délit flagrant lorsque, dans un temps très voisin de l'action, la personne soupçonnée est poursuivie par la clameur publique, ou est trouvée en possession d'objets, ou présente des traces ou indices, laissant penser qu'elle a participé au crime ou au délit.

[…]

Cas pratique

Action en flagrant délit ou crime...

... qui se commet actuellement :

Nous constatons que l'individu précité brise la vitre du déflecteur arrière gauche du véhicule [précisez] à l'aide d'un marteau « brise vitre ». L'individu prend la fuite à notre vue.

... qui vient de se commettre :

Notre attention est attirée par un individu qui sort de l'angle de la rue [précisez] en courant. Il est surpris de notre présence et, à notre vue, fait instantanément demi-tour. Nous constatons alors qu'il tient un marteau dans sa main droite, un sac de sport de couleur sombre et de marque « [précisez] » dans sa main gauche.

Immédiatement, nous effectuons une reconnaissance dans la rue [précisez] d'où l'individu venait et nous voyons que la vitre arrière droite d'un véhicule brisée [Marque, type, couleur et immatriculation].

... dans un temps très voisin de l'action, la personne est poursuivie par la clameur publique :

Nous entendons des cris aigus provenant de la rue [précisez], perpendiculaire à celle où nous patrouillons.

Nous nous rendons immédiatement sur les lieux où nous découvrons une personne de sexe féminin allongée au sol entre deux véhicules stationnés.

Nous prenons contact avec Madame [précisez] qui nous déclare qu'elle vient d'être agressée par un homme de grande taille, vêtu de sombre et portant une capuche qui lui aurait dérobé son sac de sport. Du doigt, elle nous désigne la direction de fuite.

Nous informons notre PC afin de solliciter l'intervention des sapeurs-pompiers. Dans le même temps, l'agent [précisez] reste avec la victime présumée tandis que l'agent [précisez] et nous-même partons en courant dans la direction indiquée.

Durant notre course, plusieurs personnes nous guident en nous indiquant la direction de fuite, certaines criant « Il est parti par-là, choppez-le ».

... dans un temps très voisin de l'action, la personne est trouvée en possession d'objets :

Arrivant au square [précisez], nous repérons un individu correspondant à la description vestimentaire fournie par la victime présumée.

Ses mains sont plongées dans un sac de sport de marque [précisez] à l'intérieur duquel nous le voyons distinctement extraire une combinaison de danse de couleur fuchsia.

Nous prenons contact avec l'individu et [...].

... dans un temps très voisin de l'action, la personne présente des traces et indices :

[...]

La victime nous précise qu'elle a griffé son agresseur au visage.

[...]

Arrivant au square [précisez], nous repérons un individu correspondant à la description vestimentaire fournie par la victime présumée.

Nous prenons contact avec l'individu et voyons que son visage présente trois traces flagrantes de griffure fraiches sur la joue gauche.

3 Usage de la force

L'usage de la force doit être proportionnel au but poursuivi et à la gravité de l'atteinte en application du principe de légitime défense (article 122-5 du Code pénal).

En aucun cas la notion d'« usage de la force strictement nécessaire » ne peut suffire dans un écrit à argumenter l'emploi de la coercition.

Il convient donc de décrire les conditions d'agression permettant l'usage de la force : atteinte injustifiée envers soi-même ou autrui, réelle et actuelle pour une riposte immédiate, nécessaire et proportionnée.

a. « Description d'une action de dégagement et de neutralisation »

Cas pratique

L'individu effectue un large mouvement du bras [gauche ou droit], d'avant en arrière, ce qui a pour effet de nous déséquilibrer. Par ce mouvement ample et rapide, il parvient à se dégager de notre saisie. Au moment de notre déséquilibre, il nous percute à l'aide de ses deux mains, bras tendus au niveau de notre thorax.

Nous lui saisissons simultanément le bras droit (main droite sur son poignet, main gauche sur son coude), ce qui nous permet de nous rétablir.

Nous agissons fermement par une pression sur le coude en extension, de haut en bas, ce qui a pour effet de lui faire poser un genou à terre.

[Pour la suite, voir ci-après la section b. : « Le menottage ».]

b. « Le menottage »

Le menottage répond à un cadre juridique particulier (article 803 du Code de procédure pénale).

Le fonctionnaire doit être en mesure d'argumenter qu'il se trouve juridiquement dans le cas où le mis en cause est susceptible de prendre la fuite ou d'être dangereux pour lui-même ou pour autrui. De même, il doit prendre toutes les mesures, dans les conditions compatibles avec les exigences de sécurité pour éviter qu'une personne menottée ou entravée soit photographiée ou fasse l'objet d'un enregistrement audiovisuel.

Cas pratique

Après avoir parcouru, en courant, une centaine de mètres derrière le mis en cause sans jamais le perdre de vue, nous le rattrapons et l'interpellons physiquement. Il ne se débat pas mais afin qu'il ne reprenne pas la fuite, nous le menottons conformément aux dispositions de l'article 803 du Code de procédure pénale.

Ou

En application des dispositions de l'article 803 du Code de procédure pénale, nous menottons l'individu.

4 La palpation de sécurité

Définition

PALPATION DE SÉCURITÉ : Se dit d'une action de vérification qu'un agent dépositaire de l'autorité publique doit effectuer dans le but de s'assurer qu'une personne n'est porteuse d'aucun objet susceptible d'être dangereux pour elle-même ou pour autrui.

La palpation de sécurité est une action « parajudiciaire » et « para-administrative ».

Cas pratique

Nous effectuons une palpation de sécurité qui ne révèle aucun objet évident susceptible d'être dangereux pour lui-même ou pour autrui.

Ou

Palpé, le mis en cause n'est trouvé porteur d'aucun objet évident susceptible d'être dangereux pour lui-même ou pour autrui.

À retenir

Exemples de sémantique à éviter :

- « Nous palpons l'individu, la réponse est négative. »
- « Nous procédons à une palpation de l'individu qui s'avère négative. »

5 L'interpellation, l'appréhension, l'arrestation

a. « Interpellé »

Définition

Se dit d'une personne que le policier sollicite, par geste ou par parole, afin de lui demander de s'arrêter ou pour répondre à une question.

Cas pratique

Au moyen des gestes réglementaires et du sifflet, nous interpellons le conducteur du véhicule à qui nous faisons signe de stopper sur le bas-côté de la chaussée. Celui-ci s'arrête au niveau de la boulangerie « Au bon pain ».

b. « Appréhendé »

Définition

Se dit d'une personne que le policier maintient sous contrainte de manière effective et constante jusqu'à être présentée à devant un OPJ (ou jusqu'aux instructions de l'OPJ) dès lors qu'il n'est pas soumis au port des menottes.

Cas pratique

Nous rattrapons la personne signalée et l'appréhendons en la maintenant physiquement par le bras gauche au niveau du coude.

c. « Arrêté »

Définition

Se dit d'une personne que le policier maintient sous contrainte de manière effective et constante jusqu'à être présentée à devant un OPJ (ou jusqu'aux instructions de l'OPJ) dès lors qu'il est soumis au port des menottes.

Cas pratique

Nous appréhendons l'individu correspondant au signalement qui, maintenu physiquement par le bras gauche au niveau du coude, refuse de coopérer : il effectue brusquement un mouvement circulaire du bras, d'avant en arrière, ce qui a pour effet de nous faire lâcher prise. Nous l'appréhendons à nouveau, le maintenons fermement dans la position et procédons à son menottage.

6 La découverte d'objet ou d'arme

Définition

ÉCARTER : se dit d'un objet ou d'une arme que vous devez mettre hors d'atteinte du mis en cause. Il est délicat d'écrire qu'une arme ou un objet s'appréhende car, juridiquement, cette notion revêt une connotation d'appropriation d'un bien.

Cas pratique

Nous écartons l'objet aux fins de remise ultérieure à monsieur l'officier de police judiciaire.

7 L'arme

Typologie des armes

Arme par nature	**Tout objet conçu pour tuer ou blesser.**
Arme par destination	**Tout autre objet non conçu pour tuer ou blesser, qui est destiné ou utilisé pour tuer, blesser ou menacer.** Les deux éléments objectifs pour déterminer si un objet rentre dans cette catégorie sont les suivants : • l'objet doit revêtir un caractère potentiellement dangereux. Par exemple, un stylo qui est utilisé pour tuer, blesser ou menacer ; • il faut prendre en compte les circonstances de temps, de faits ou de lieux. Par exemple, un cutter caché dans la chaussette trouvée lors de la palpation de sécurité, alors qu'à la question « Monsieur, êtes-vous porteur d'un objet dangereux ? », celui-ci a répondu par la négative. Il s'agit d'une « circonstance de fait ».
Arme simulée	**Par ressemblance** : tout objet non dangereux qui présente une ressemblance de nature à prêter une confusion avec une vraie arme et qui est utilisé ou destiné à menacer de tuer ou de blesser.
Arme par assimilation	**Animaux :** tout animal qui est utilisé pour tuer ou blesser est considéré comme l'usage d'une arme.

Cas pratique

Nous notons la présence d'une arme de poing sur le siège passager avant du véhicule.

Ou

Sur notre interpellation verbale, le mis en cause déclare qu'il n'est pas porteur d'un éventuel objet dangereux. Nous effectuons une palpation de sécurité au cours de laquelle nous découvrons un cutter dans sa chaussette droite.

Ou

Au cours de notre patrouille pédestre dans le parc public « Saint-Exupéry », nous constatons la présence d'un homme qui promène en laisse un chien de type molossoïde. L'animal n'est pas muselé. Nous prenons contact avec le détenteur du chien pour l'informer de l'infraction commise. L'individu, [description du mis en cause], agite la laisse et ordonne à son chien « Choppe, choppe ». À cet ordre, l'animal répond en bondissant énergiquement vers nous mais la laisse tenue par son gardien le retient, ce qui a pour effet d'élever le chien sur ses deux pattes arrière, en traction permanente sur la laisse.

8 La description d'objet

a. « Cigarette artisanale »

Définition

CIGARETTE ARTISANALE : se dit d'une cigarette qui a été confectionnée artisanalement. Elle est irrégulière et souvent de forme conique. L'agent de police municipale n'étant pas un professionnel de laboratoire, il convient alors de décrire la forme de l'objet, sa couleur et, surtout, son odeur caractéristique de cannabis (si tel est le cas) plutôt que de porter un jugement de valeur.

Cas pratique

Le mis en cause nous présente une cigarette artisanale grossièrement roulée de forme conique dont la fumée dégage une forte odeur caractéristique de cannabis.

b. « Bijou doré »

Définition

Se dit d'un bijou dont la composition laisse supposer qu'elle est en or ou plaqué or. Il peut aussi s'agir de bijou fantaisie. L'agent de police municipale n'étant pas un professionnel de la joaillerie, il convient alors de décrire la forme de l'objet et sa couleur plutôt que de porter un jugement de valeur.

Cas pratique

Au cours de sa palpation, le mis en cause est trouvé porteur, dans sa main droite, d'un bijou de couleur dorée. Il s'agit d'une chaîne à maillons en grains de café sur laquelle est pendu un cœur, lui aussi de couleur dorée. Sur ce cœur est fixée une pierre de couleur rouge de taille [préciser] ainsi qu'une gravure : « Plus qu'hier et bien moins que demain – Gertrude »

9 Descriptions autres

a. « Description d'un véhicule »

- Une citadine (petite voiture).
- Une berline (voiture moyenne).
- Un break (voiture rallongée).
- Une camionnette.
- Une fourgonnette.
- Une sportive.
- Un cabriolet.
- Un bus (intra-urbain – places assises et debout)/un car (extra-urbain – uniquement places assises).

b. « Description d'un individu »

La description d'un individu répond au termes suivant :

- **Sexe :** masculin/féminin.
- **Âge** : vingtaine (environ 20/25 ans), trentaine (environ 30/35 ans), etc.
- **Taille :** petite (environ 1,50 m), moyenne (environ 1,70 m), grande (environ 1,90 m), très grande (plus de 2,00 m).
- **Corpulence :** mince, forte, musclée.
- **Type :** européen ou caucasien (pour blond), asiatique, nord-africain ou maghrébin, africain, etc.
- **Tenue vestimentaire :**

Sportive	**Short**	• Cuissard ou large. • Court ou long. • Couleur. • Signes distinctifs.
	Survêtement	• Couleur. • Signes distinctifs. • Haut – bas. • Manches (courtes, longues).
	Chaussettes	• Couleur. • Marque. • Type (montantes, basses).
	Baskets	• Marque. • Type (casquette, bob, chapeau, bandana, etc.).
	Couvre-chef	• Couleur. • Signes distinctifs.

Décontractée	Short	• Couleur. • Signes distinctifs. • Haut – bas.
	Survêtement	• Cuissard ou large. • Court ou long. • Couleur. • Signes distinctifs.
Ville, sélecte	Short	• Jeans (couleur, marque). • Pince. • Slim (très serré). • Troué.
	Pantalon	• Couleur. • Rayures.
	Costume	• Cuissard ou large. • Court ou long. • Couleur. • Signes distinctifs.

- **Autres renseignements :**

Claudication (personne qui boîte)	Préciser de quel côté.
Tatouages	Préciser où, quoi, type.
Cicatrices	Préciser où, forme, longueur.
Accent	Préciser quel type.

c. « Mise en action du gyrophare et du deux-tons »

Lorsque l'agent de police municipale ou le garde champêtre décide d'intercepter un véhicule ou de se rendre rapidement sur le lieu d'une intervention urgente, il utilise des moyens lumineux et sonores communément appelés « gyrophares et deux-tons ».

Cas pratique

Nous actionnons nos moyens sonores et lumineux, ce qui a pour effet d'attirer l'attention de l'automobiliste qui s'arrête sur le bas-côté de la voie de circulation à hauteur du n° X de la rue X.

10 Le transport d'un individu

a. « Transport *proprio motu* »

Définition

Se dit si la personne est transportée avec son consentement, c'est-à-dire qu'elle n'est pas embarquée par la contrainte (menottée).

Cas pratique

Invité à nous suivre pour être pour être présenté à l'officier de police judiciaire territorialement compétent, Monsieur LEFUMEUR accepte de bon gré d'embarquer à bord de notre véhicule de service.

Ou

Sur notre invitation, Monsieur LEFUMEUR accepte de bon gré de nous suivre à bord de notre véhicule de service pour être pour être présenté à l'Officier de police judiciaire territorialement compétent.

b. « Embarquement pour placement à bord »

Définition

Se dit de la personne qui doit être transportée à bord d'un véhicule de police.

Cas pratique

Conformément aux instructions de l'Officier de Police Judiciaire [précisez], le mis en cause est embarqué à bord du véhicule de police n° [précisez]. Il est placé sur la banquette arrière, derrière le siège passager et conformément aux exigences du Code de la route, nous bouclons sa ceinture de sécurité.

Ou

Agissant dans le cadre du flagrant délit en application de l'article 73 du Code de procédure pénale, nous embarquons le mis en cause à bord du véhicule de police n° [précisez] aux fins de présentation devant un Officier de Police Judiciaire.

Monsieur [précisez] est placé sur la banquette arrière, derrière le siège passager et conformément aux exigences du Code de la route, nous bouclons sa ceinture de sécurité.

c. « Visite de sécurité du véhicule de service »

Définition

Se dit de l'action de contrôle que les agents de police municipale doivent effectuer avant et après embarquement d'un individu à bord d'un véhicule de service.

Attention

Il n'est pas nécessaire de renseigner sur le rapport une visite de sécurité si celle-ci ne révèle aucun objet ou substance découverte.

Cas pratique

À 02 heures 05, nous arrivons au commissariat/gendarmerie. En présence effective et constante du [contrevenant/mis en cause] que nous avons extrait du véhicule, nous effectuons une nouvelle visite de sécurité au cours de laquelle nous découvrons [préciser] entre le dossier et l'assise du siège où se trouvait le mis en cause durant son transport.

11 Le compte rendu à l'officier de police judiciaire

Il est indispensable de différencier la demande d'autorisation du compte rendu à l'officier de police judiciaire.

La procédure pénale ne prévoit AUCUNE demande d'autorisation à l'OPJ.

Pendant longtemps, les policiers s'exprimaient ainsi : « J'avise l'OPJ ». Le terme exact aurait été : « Je rends compte à l'OPJ ». Cette formulation s'est transformée pour devenir aujourd'hui : « Je demande l'avis à l'OPJ ».

En réalité, le Code de procédure pénale **impose** à l'agent de police judiciaire adjoint de rendre compte à l'OPJ et d'attendre un ordre ou une instruction en retour (articles 21, 21-2, 78-6 du Code de procédure pénale et articles L. 234-1 et L. 235-2 du Code de la route).

Toutefois, certaines situations requièrent une conduite à tenir auprès de l'OPJ. C'est le cas, par exemple, pour l'ivresse publique et manifeste. Bien que l'agent de police judiciaire (APJ 20 du CPP) soit compétent pour traiter cette situation, l'agent de police judiciaire adjoint (APJ 21-2 du CPP) a l'obligation d'en rendre compte à l'OPJ.

Cas pratique

Au regard des faits constatés, nous rendons compte à [heure], Monsieur/Madame [grade] [NOM].

Puis rajouter

… qui nous donne pour instructions /nous ordonne/nous prescrit de…

12 Les synonymes

Personne

- L'individu
- Le contrevenant
- Le mis en cause
- L'auteur présumé
- Le responsable
- Le témoin
- La victime supposée
- L'homme/la femme
- Le particulier
- Le paroissien
- L'usager
- Le quidam

Habitation

- Demeure
- Habitat (horizontal/vertical)
- Maison
- Villa
- Gîte
- Abri
- Logement
- Appartement
- Hutte
- Domicile
- Résidence mobile (caravane et camping-car)

Protéger

- Abriter
- Aider
- Blinder
- Défendre
- Fortifier
- Garantir
- Préserver
- Sauvegarder
- Secourir

Véhicule

- Engin terrestre à moteur
- Voiture
- Automobile
- Van
- Camionnette
- Résidence mobile (caravane et camping-car)
- Poids lourds
- Camion
- Ensemble routier
- Semi-remorque
- Transport en commun
- Car/autocar
- Bus/autobus
- Deux-roues motorisé
- Motocyclette
- Bicyclette
- Engin nautique à moteur
- Embarcation

Animaux

- Chien : canidé, molosse, animal canin, chiot
- Chat : félin
- Cheval/âne : équidé
- Mouton : bovidé, bélier (mâle), brebis (femelle), agneau (bébé)

Entraînements

L'environnement juridique des métiers de policier municipal et de garde champêtre

Répondez en quelques lignes aux questions suivantes

1. Comment la procédure pénale définit-elle le menottage ?
2. Comment la procédure pénale définit-elle le flagrant délit ?
3. Selon la procédure pénale, qui peut procéder à l'arrestation d'auteurs de crime ou de délit flagrant puni d'une peine d'emprisonnement ?
4. Dans quel cadre et sous quelles conditions le policier municipal ou le garde champêtre peut-il relever l'identité d'une personne ?
5. Quel est le rôle du procureur de la République dans la chaîne pénale ?
6. Comment la loi définit-elle l'obligation de rendre compte, s'appliquant à tout fonctionnaire ?
7. Qui est responsable de l'ordre public dans le département ?
8. Quelle est la différence entre police administrative et police judiciaire ?
9. En dehors de la constatation des infractions, quelles sont les missions générales de la police municipale ?
10. Quelles sont les attributions judiciaires du policier municipal au titre de l'article 21 du CPP ?
11. Citez les types de contraventions principales entrant dans le champ de compétence du policier municipal.
12. Citez les moyens juridiques mis à la disposition du policier municipal pour effectuer ses missions judiciaires.
13. De quoi est chargée la police judiciaire ?

Corrigés

1. Conformément aux dispositions de l'article 803 du CPP « nul ne peut être soumis au port des menottes ou des entraves que s'il est considéré comme dangereux pour lui-même ou pour autrui ou s'il est susceptible de prendre la fuite. Dans ces deux hypothèses, toutes mesures utiles doivent être prises, dans les conditions compatibles avec les exigences de sécurité, pour éviter qu'une personne menottée ou entravée soit photographiée ou fasse l'objet d'un enregistrement audiovisuel »
2. Conformément aux dispositions de l'article 53 du CPP « Est qualifié crime ou délit flagrant le crime ou le délit qui se commet actuellement, ou qui vient de se commettre. Il y a aussi crime ou délit flagrant lorsque, dans un temps très voisin de l'action, la personne soupçonnée est poursuivie par la clameur publique, ou est trouvée en possession d'objets, ou présente des traces ou indices, laissant penser qu'elle a participé au crime ou au délit »

Rédaction d'un rapport

3. Conformément aux dispositions de l'article 73 du CPP « Dans les cas de crime flagrant ou de délit flagrant puni d'une peine d'emprisonnement, toute personne a qualité pour en appréhender l'auteur et le conduire devant l'officier de police judiciaire le plus proche ». Les agents de police judiciaire adjoints sont habilités à relever l'identité des contrevenants pour dresser les procès-verbaux concernant des contraventions qu'ils sont habilités à constater.

4. Si le contrevenant refuse ou se trouve dans l'impossibilité de justifier de son identité, l'agent de police judiciaire adjoint en rend compte immédiatement à tout officier de police judiciaire de la police nationale ou de la gendarmerie nationale territorialement compétent, qui peut alors lui ordonner sans délai de lui présenter sur-le-champ le contrevenant ou de retenir celui-ci pendant le temps nécessaire à son arrivée ou à celle d'un agent de police judiciaire agissant sous son contrôle. À défaut de cet ordre, l'agent de police judiciaire adjoint mentionné au premier alinéa ne peut retenir le contrevenant. Pendant le temps nécessaire à l'information et à la décision de l'officier de police judiciaire, le contrevenant est tenu de demeurer à la disposition d'un agent mentionné au même premier alinéa. La violation de cette obligation est punie de deux mois d'emprisonnement et de 7 500 € d'amende. Lorsque l'officier de police judiciaire décide de procéder à une vérification d'identité dans les conditions prévues à l'article 78-3, le délai prévu (4 heures) court à compter du relevé d'identité.

5. Selon l'article 40 (1er paragraphe) du Code de procédure pénale (CPP), le procureur de la République reçoit les plaintes et les dénonciations et apprécie la suite à leur donner.

6. Selon l'article 40 (2e paragraphe) du CPP : « Toute autorité constituée, tout officier public ou fonctionnaire qui, dans l'exercice de ses fonctions, acquiert la connaissance d'un crime ou d'un délit est tenu d'en donner avis sans délai au procureur de la République et de transmettre à ce magistrat tous les renseignements, procès-verbaux et actes qui y sont relatifs. »

7. C'est le préfet qui est responsable de l'ordre public dans le département en sa qualité de « dépositaire de l'autorité de l'État dans le département ».

8. La police administrative est d'ordre préventif en permettant d'éviter que naissent des atteintes à l'ordre public. Elle s'exerce sous l'autorité du Préfet ou du maire. La police judiciaire est plutôt d'ordre répressif. Elle vise à rechercher les auteurs des infractions et les sanctionner. Elle s'exerce sous l'autorité du procureur de la République.

9. Au regard des dispositions de l'article L. 511-1 du Code de la sécurité intérieure, les agents de police municipale exécutent, dans la limite de leurs attributions et sous l'autorité du maire, les tâches que ce dernier leur confie en matière de prévention et de surveillance du bon ordre, de la tranquillité, de la sécurité et de la salubrité publiques. Ils exercent leurs fonctions sur le territoire communal, dans les conditions prévues au 2° de l'article 21 du Code de procédure pénale. Affectés sur décision du maire à la sécurité d'une manifestation sportive, récréative ou culturelle ou à la surveillance de l'accès à un bâtiment communal, ils peuvent procéder à l'inspection visuelle des bagages et, avec le consentement de leur propriétaire, à leur fouille. Ils peuvent également procéder, avec le consentement exprès des personnes, à des palpations de sécurité. Dans ce cas, la palpation de sécurité doit être effectuée par une personne de même sexe que la personne qui en fait l'objet. Affectés par le maire à des missions de maintien du bon ordre au sein des transports publics de voyageurs, les agents de police municipale peuvent constater par procès-verbaux les infractions mentionnées à l'article L. 2241-1 du Code des transports.

10. L'article 21 du CPP définit la qualité d'agent de police judiciaire adjoint des policiers municipaux ainsi que leurs missions :

- Seconder, dans l'exercice de leurs fonctions, les officiers de police judiciaire ;
- Rendre compte à leurs chefs hiérarchiques de tous crimes, délits ou contraventions dont ils ont connaissance ;
- Constater, en se conformant aux ordres de leurs chefs, les infractions à la loi pénale et de recueillir tous les renseignements en vue de découvrir les auteurs de ces infractions, le tout dans le cadre et dans les formes prévues par les lois organiques ou spéciales qui leur sont propres ;
- Constater par procès-verbal les contraventions aux dispositions du Code de la route dont la liste est fixée par décret en Conseil d'État ainsi que les contraventions prévues à l'article 621-1 du Code pénal (outrage sexiste).

Lorsqu'ils constatent une infraction par procès-verbal, les agents de police judiciaire adjoints peuvent recueillir les éventuelles observations du contrevenant.

11. Les policiers municipaux sont chargés de verbaliser plusieurs catégories de contraventions et notamment :

- aux arrêtés de police du maire ;
- au Code de la route dont la liste est fixée par le décret n° 2000-277 du 24 mars 2000 ;
- au livre VI du Code pénal dès lors qu'elles ne nécessitent pas, de leur part, d'actes d'enquête et l'exclusion de celles réprimant des atteintes à l'intégrité des personnes ;
- à la législation sur les chiens dangereux ;
- à l'interdiction de fumer dans les locaux publics.

12. Les policiers municipaux disposent de plusieurs moyens juridiques pour assurer leurs missions tels que :

- le relevé d'identité (article 78-6 du Code de procédure pénale) ;
- le dépistage d'alcoolémie, la rétention du permis de conduire (articles L. 234-3 et L. 234-4 du Code de la route) ;
- l'immobilisation et la mise en fourrière de véhicules (articles R. 325-3, L. 325-1 et L. 325-12 Code de la route) ;
- la consultation des fichiers des immatriculations et des permis de conduire (L. 330-2 et R. 330-3 du Code de la route) ;
- Les palpations de sécurité dans le cadre des missions confiées par le maire (article L. 511-1 du Code de la sécurité intérieure) ;
- Le menottage (article 803 du Code de procédure pénale).

13. La police judiciaire est chargée de constater les infractions à la loi pénale, d'en rassembler les preuves et d'en rechercher les auteurs.

Exercices de reformulation

Consignes

L'épreuve du rapport permet aux correcteurs d'évaluer le niveau d'expression « professionnelle » du candidat.

Les exercices suivants visent à permettre au candidat de faire la différence avec les autres candidats lors de la rédaction du rapport le jour du concours.

Reformulez ou corrigez les phrases et expressions suivantes

1. Le mise en cause.
2. Le voleur/l'agresseur.
3. Nous voyons un véhicule qui, zigzagant lentement sur cent mètres, et roule sur la ligne blanche trois fois.
4. Le chauffeur sent fortement l'alcool et parle pas bien.
5. Le gardien DUPONT éloigne le tournevis avec son pied. Il le ramassera plus tard pour le remettre à l'OPJ.
6. Nous constatons un individu en train de dégrader un distributeur de préservatifs avec un tournevis.
7. Nous constatons des marques sur le distributeur
8. Nous demandons l'avis de l'OPJ qui nous demande de rester sur place pour que rien ne soit touché jusqu'à ce que ses agents arrivent.
9. À dix heures quinze, nous palpons l'individu ce qui ne permet pas de trouver la présence d'objets susceptibles d'être dangereux pour lui-même ou autrui.
10. Nous interpellons ce véhicule de marque Peugeot, type 306, de couleur vert foncé en déclenchant notre gyrophare et notre deux-tons.
11. Nous menottons l'auteur du délit conformément aux articles 803 du Code de procédure pénale.
12. La victime nous explique qu'elle se promenait le long du chemin communal n° 2580 lorsqu'un homme est brusquement sorti d'un arbuste, son sexe à la main, après l'avoir sifflé et interpellé à deux reprises.
13. Nous confions l'auteur à l'Officier de Police Judiciaire.
14. À dix heures et trente minutes, nous prenons l'identité du témoin, nous nous lançons à la poursuite de l'homme qui a agressé la victime.
15. Nous le voyons quelques mètres plus loin. Nous pressons le pas et nous l'interpellons verbalement.
16. À dix heures quarante minutes, l'individu nous dit spontanément ce qu'il vient de faire, et que c'est pas grave puisqu'il est malade.
17. Nous prenons contact avec l'Officier de Police Judiciaire qui nous demande de garder l'homme arrêté en attendant l'arrivée de la patrouille de gendarmerie.

18. Nous informons l'auteur des faits dont il est accusé.

19. Sur place, nous apercevons une personne qui correspond à l'individu. Nous prenons contact avec lui.

20. Nous demandons à la personne si les déchets lui appartiennent. Ce dernier nous répond par l'affirmative et qu'il sait pourquoi nous sommes là.

21. Nous invitons l'auteur à nous suivre jusqu'à notre véhicule de service, effectuons une palpation de sécurité qui s'avère négative.

22. Cette personne nous donne spontanément son identité que nous relevons à l'aide de son permis de conduire, il s'agit de Madame « NOM Prénom ».

23. Nous nous dirigeons sur site et, arrivés sur place, nous constatons un homme derrière un bosquet. L'individu correspond en tout point à la description donnée par Madame XX.

24. Ce dernier s'exécute et nous rejoint, nous lui indiquons qu'il correspond à un signalement, l'individu nous déclare spontanément s'être adonné à des pratiques d'exhibition à plusieurs reprises sur le chemin.

25. Nous lui demandons s'il n'a rien de dangereux sur lui, ce dernier nous répond que non, nous effectuons une palpation de sécurité qui s'avère négative.

Corrigés

1. Le mis en cause.

2. L'auteur présumé.

3. Notre attention est attirée par un véhicule circulant dans la rue XX en ne tenant pas sa trajectoire rectiligne. Tout en circulant à faible allure, il chevauche la ligne médiane de la chaussée à trois reprises, le tout sur une distance d'environ cent mètres, faits constitutifs de l'infraction prévue et réprimée par l'article XX du Code de la route.

4. Le conducteur a du mal à s'exprimer (locution lente et difficilement audible) et son haleine sent fortement l'alcool.

5. Le temps de maîtriser l'individu, le tournevis est laissé à terre par le gardien DUPONT qui l'écarte du pied aux fins de remise ultérieure à l'Officier de Police Judiciaire.

6. Notre attention est attirée par la présence d'un individu qui s'affaire sur un distributeur de préservatifs. Il manipule un tournevis, inséré dans la serrure du monnayeur, en exerçant une pression sur le manche ainsi que de larges mouvements horizontaux.

7. Nous remarquons une déformation de la porte du monnayeur (traces de pesée) ainsi que des déformations sur la serrure de la porte où apparaît l'empreinte de la pointe du tournevis.

8. Nous rendons compte des faits à Monsieur l'Officier de Police Judiciaire qui nous ordonne de rester sur les lieux afin de préserver les traces et indices jusqu'à l'arrivée d'une patrouille de la police nationale. *Attention : L'OPJ ne demande rien, il ordonne et l'APJA exécute !*

9. À dix heures quinze, nous effectuons sur l'individu une palpation de sécurité qui ne permet pas de déceler la présence d'objet susceptible d'être dangereux pour lui-même ou autrui.

10. Nous actionnons nos avertisseurs sonores et lumineux, ce qui a pour effet d'attirer l'attention du conducteur qui se range sur le bas-côté, sans gêne pour la circulation.

11. Nous menottons le mis en cause en application des dispositions de l'article 803 du Code de procédure pénale.

12. *Attention : il faut utiliser un temps au conditionnel pour les déclarations car vous ne les avez pas constatées.*

La victime nous déclare que, lors de son passage sur le chemin 2580, elle aurait entendu quelqu'un la siffler. Alors qu'elle n'y aurait pas prêté attention, quelqu'un l'aurait interpellée verbalement. Elle se serait alors retournée et aurait vu un homme sortir brusquement de derrière un arbuste, ajoutant qu'elle avait vu distinctement que l'homme tenait son sexe à la main.

13. Nous présentons [l'auteur présumé/le mis en cause] devant l'Officier de Police Judiciaire.

14. À dix heures et trente minutes, après avoir recueilli l'identité du témoin, nous partons à la recherche de l'individu auteur présumé de l'agression décrit par la victime.

15. À dix heures et trente minutes, nous apercevons le mis en cause que nous interpellons verbalement quelques mètres plus loin.

16. À dix heures quarante minutes, l'individu nous déclare spontanément en ces termes, nous citons : « Je sais ce que je viens de faire, c'est pas grave puisque je suis malade ».

17. Nous prenons contact avec Monsieur l'Officier de Police Judiciaire qui nous prescrit de maintenir le mis en cause sur place en attendant l'arrivée de la patrouille de gendarmerie.

18. Nous signalons les faits constatés au contrevenant / [ou] Nous informons l'individu des faits pour lesquels il est mis en cause.

19. *Attention : une personne (féminin) ne peut pas être « lui » (masculin).* Sur place, nous prenons contact avec une personne correspondant en tout point au signalement de l'individu.

20. Sur notre interpellation verbale, le mis en cause déclare en ces termes, nous citons : « Je sais pourquoi vous êtes là, c'est parce que je jette mes déchets à cet endroit. »

21. Après avoir effectué une palpation de sécurité ne révélant aucun objet susceptible d'être dangereux pour lui-même ou pour autrui, nous invitons l'individu à nous suivre jusqu'à notre véhicule de service.

22. Nous relevons son identité par l'examen de son permis de conduire qu'elle nous présente spontanément et qui révèle qu'il s'agit de [NOM Prénom].

23. Sur place, nous constatons la présence d'un homme derrière un bosquet, correspondant en tout point à la description donnée par Madame XX.

24. Nous appréhendons le mis en cause qui nous déclare spontanément s'être masturbé sur le chemin, à la vue des passants et à plusieurs reprises.

25. Palpé, le mis en cause n'est trouvé porteur d'aucun objet évident susceptible d'être dangereux pour lui-même ou pour autrui.

Sujet de rapport n° 1

Difficulté : ★ 1 heure 30 minutes

Énoncé

Vous êtes en fonction dans la ville de « X-Ville », dans le département Y, en qualité de gardien de police municipale/Garde champêtre principal, dûment agréé et assermenté.

En compagnie de [*vos collègues le brigadier XX et le gardien YY/votre collègue Garde champêtre principal XX*], vous êtes affecté à la surveillance générale et vous circulez dans la rue « des Gueules cassées ».

Il fait beau, le soleil brille.

Un véhicule se trouve devant vous et franchit le STOP (intersection avec la rue de « la Tête en biais »). Aucune gêne n'est occasionnée aux autres usagers.

Vous actionnez vos gyrophares et votre deux-tons. Le conducteur vous regarde dans son rétroviseur intérieur et actionne son clignotant.

Il s'arrête sur la chaussée et, après lui avoir déclaré l'infraction qu'il a commise, vous lui demandez ses papiers.

Il vous présente son permis de conduire et le certificat d'immatriculation.

Vous agissez selon vos compétences et rendez compte à l'OPJ qui vous demande la rédaction d'un rapport sur les conditions de l'intervention.

Remarque

Il n'y a pas de piège, agissez selon les textes en vigueur.

À retenir

Les indications de type météorologique sont importantes pour le tribunal judiciaire qui pourrait avoir à juger cette infraction en cas de contestation par le contrevenant.

Annexes

Document 1

Indications complémentaires

Identité de l'individu

Alain QUIET, né le 12 juin 1980 à BOURDE-VILLE

Véhicule

PEUGEOT 208

Couleur : rouge

Immatriculation : KK-123-QQ

Permis de conduire

Délivré le : 23 mai 1999

À : BOURDE-VILLE
Par : Préfecture
N° : 1989123456
Carte nationale d'identité
Délivrée le : 29 février 1998
À : X-VILLE
Par : Préfecture
N° : 1975123456
Officier de police judiciaire
Lieutenant Paul HISSIER

Document 2

Textes juridiques

Policier municipal

Code de la sécurité intérieure : article L. 511-1

Code de procédure pénale :

- Article 21(2°)
- Article 21-2

Code de la route : article R. 130-2

Garde champêtre

Code de la sécurité intérieure : article L. 521-1

Code de procédure pénale : article 21(3°)

Code de la route : article R. 130-3

Policier municipal et Garde champêtre

Code de procédure pénale : Article 78-6

Code pénal : article 131-13

Code de la route :

- Article R. 415-6
- Article R. 233-1

Corrigé du rapport n° 1

Décryptage de l'intervention

CONSTAT

En circulant, un véhicule franchit un STOP.

ANALYSE

S'agit-il d'une infraction ?
Oui, le franchissement d'un STOP sans marquer un temps d'arrêt est prévu et réprimé par l'article R. 415-16 du Code de la route d'une amende de 4e classe et d'un retrait de 4 points sur le permis de conduire).

Dans quel cadre le policier/garde-champêtre agit-il ?
C'est une contravention pour laquelle la Loi lui a donné compétence de constater par procès-verbal.

Que peut (ou doit) faire le policier municipal/garde-champêtre pour agir selon ses compétences ?
Il doit tenter d'intercepter le véhicule en sécurité (sans mettre les usagers, le conducteur et les policiers en danger) et verbaliser le conducteur.

Article R. 415 -6 du Code de la route
À certaines intersections indiquées par [un] stop, tout conducteur doit marquer un temps d'arrêt à la limite de la chaussée abordée.

DÉCISION

Vous actionnez vos avertisseurs sonores et lumineux, ce qui aura pour effet d'attirer l'attention du conducteur qui s'arrêtera sur le bas-côté de la chaussée. Vous rééquerrerez de lui la présentation de son permis de conduire et de son certificat d'immatriculation.

Article L. 233-1 du Code de la route
I. Lorsque les dispositions du présent code l'exigent, tout conducteur ou, le cas échéant, tout accompagnateur d'un apprenti conducteur, est tenu de présenter à toute réquisition des agents de l'autorité compétente
1° Tout titre justifiant de son autorisation de conduire
2° Le certificat d'immatriculation du véhicule […].

Corrigé rédigé

République française
Département Y
Ville de X-Ville

RAPPORT

Objet : Infraction au Code de la route (franchissement d'un STOP)

Incipit PM	Incipit GC
Nous, soussigné gardien-brigadier *[nom-prénom du candidat]*, assisté du brigadier XX et du gardien YY, agents de police judiciaire adjoints, dûment agréés et assermentés en résidence administrative à la police municipale de X-Ville, Vu les articles L. 511-1 à L. 515-1 du Code de la sécurité intérieure Vu les articles D. 15, 21 et 21-2 du Code de procédure pénale	Nous, soussigné Garde champêtre principal *[nom-prénom du candidat]*, agents de police judiciaire adjoints, dûment agréés et assermentés en résidence administrative à la police municipale de X-Ville, Vu les articles L. 521-1 à L. 523-2 du Code de la sécurité intérieure Vu les articles D. 15 et 21 du Code de procédure pénale

Rapportons les faits suivants agissant revêtus de nos uniformes réglementaires et conformément aux ordres reçus de nos chefs :

Ce jour, à *[indiquez l'heure à laquelle vous commencez la rédaction]*, nous nous trouvons en surveillance générale dans la rue « des Gueules cassées » où nous circulons à bord de notre véhicule de service lorsque le véhicule qui nous précède, une PEUGEOT 208 de couleur rouge immatriculée KK-123-QQ, attire notre attention en franchissant le STOP sans marquer un temps d'arrêt à la limite de la rue de Lorraine qu'il aborde.

La signalisation verticale et horizontale sont parfaitement implantées et visible.

Ces faits constituent une infraction prévue et réprimé par l'article R. 415-16 du Code de la route donnant lieu de plein droit à la réduction de quatre points du permis de conduire.

Le véhicule poursuit sa route sans occasionner de gène aux usagers. Il roule à allure normale. Les conditions météorologiques sont bonnes (soleil).

Devant les faits, nous actionnons nos avertisseurs sonores et lumineux, ce qui a pour effet d'attirer l'attention du conducteur qui s'arrête sur le bas-côté de la voie de circulation.

Nous prenons contact avec ce dernier et, après lui avoir indiqué l'infraction constatée, nous requérons son permis de conduire ainsi que le certificat d'immatriculation du véhicule, conformément aux dispositions de l'article R. 233-1 du Code de la route.

À retenir

Nous rédigerons « le » certificat et non « son » certificat car le véhicule ne lui appartient peut-être pas.

À la lecture du permis de conduire correspondant à la catégorie du véhicule ainsi que du certificat d'immatriculation, nous relevons que le conducteur se nomme Alain QUIET et que le véhicule lui appartient.

Remarque

Pour ce premier entraînement, nous éviterons d'ajouter l'obligation de rendre compte à l'OPJ des faits mais dans la logique, cette infraction étant susceptible de la peine complémentaire de suspension du permis de conduire, le dépistage de l'imprégnation alcoolique devrait être effectué sur ordre et sous la responsabilité de l'OPJ (L. 234-3 du Code de la route).

Nous verbalisons le contrevenant au moyen de l'amende forfaitaire n° XXXXX et après lui avoir rendu son permis de conduire et son certificat d'immatriculation, nous le remettons en circulation.

Nous regagnons notre poste de police où nous rédigeons le présent rapport pour être transmis simultanément au maire de la commune et, par l'intermédiaire de l'Officier de Police Judiciaire territorialement compétent, à Monsieur le Procureur de la République.

Identité de l'individu :
Alain QUIET
Né le : 12 juin 1980 à BOURDE-VILLE
Adresse : 123, rue du Croisement
01111 X-ville

Permis de conduire :
Délivré le : 23 mai 1989
À : BOURDE-VILLE
Par : Préfecture
N° : 1989123456

Véhicule :
PEUGEOT 208
Couleur : rouge
Immatriculation : KK-123-QQ

Carte nationale d'identité :
Délivrée le : 29 février 1998
À : X-VILLE
Par : Préfecture
N° : 1975123456

Signature du rédacteur

Sujet de rapport n° 2

Difficulté : ★★ 1 heure 30 minutes

Énoncé

Vous êtes en fonction dans la ville de « X-Ville », dans le département Y, en qualité de gardien de police municipale/Garde champêtre principal, dûment agréé et assermenté.

En compagnie de *[vos collègues le brigadier XX et le gardien YY/votre collègue garde champêtre principal XX]*, vous êtes affecté à la surveillance générale et vous circulez dans la rue « Franche-Comté ».

Il fait beau, le soleil brille.

Un véhicule se trouve devant vous et franchit le feu rouge (intersection avec la rue « de Lorraine »).

Aucune gêne n'est occasionnée aux autres usagers.

Vous actionnez vos gyrophares et votre deux-tons. Le conducteur vous regarde dans son rétroviseur intérieur et actionne son clignotant.

Il s'arrête sur la chaussée et, après lui avoir déclaré l'infraction qu'il a commise, vous lui demandez ses papiers.

Il vous présente le certificat d'immatriculation mais vous déclare ne pas avoir pris son permis de conduire sur lui.

Vous agissez selon vos compétences et rendez compte à l'OPJ qui vous donne des instructions et vous demande la rédaction d'un rapport sur les conditions de l'intervention.

Remarque

Le dépistage de l'imprégnation alcoolique est négatif.

Annexes

Document 1

Indications complémentaires

Identité de l'individu

Jay FAIHUNEFOTE, né le 1er janvier 1969 à CONTREDANSE-VILLE

Véhicule

RENAULT Twingo

Couleur : Bleu gris

Immatriculation : QG-123-JC

Permis de conduire

Délivré le : 12 mai 1989

À : CONTRED'ANSE-VILLE
Par : Préfecture
N° : 1989123456
Carte nationale d'identité
Délivrée le : 29 février 1975
À : X-VILLE
Par : Préfecture
N° : 1975123456
Officier de police judiciaire
Lieutenant Paul HISSIER
Major Jean D'AREMEURY

Document 2

Textes juridiques

Policier municipal

Code de la sécurité intérieure : article L. 511-1

Code de procédure pénale :

- article 21(2°)
- article 21-2

Code de la route : article R. 130-2

Garde champêtre

Code de la sécurité intérieure : article L. 521-1

Code de procédure pénale : article 21(3°)

Code de la route : article R. 130-3

Policier municipal et garde champêtre

Code pénal : article 131-13

Code de procédure pénale : article 78-6

Code de la route :

- article L. 225-5(5°bis)
- article L. 234-3
- article R. 412-30
- article R233-1

Corrigé du rapport n° 2

Décryptage de l'intervention

1

CONSTAT

En circulant, un véhicule franchit un feu rouge.

ANALYSE

S'agit-il d'une infraction ?
Oui, le franchissement d'un feu de signalisation rouge fixe est prévu et réprimé par l'article R. 412-30 du Code de la route d'une amende de 4ème classe et d'un retrait de 4 points sur le permis de conduire).

Dans quel cadre le policier/garde-champêtre agit-il ?
C'est une contravention pour laquelle la Loi lui a donné compétence de constater par procès-verbal.

Que peut (ou doit) faire le policier municipal/garde-champêtre pour agir selon ses compétences ?
Il doit tenter d'intercepter le véhicule en sécurité (sans mettre les usagers, le conducteur et les policiers en danger) et verbaliser le conducteur.

Article R. 412-30 du Code de la route
Tout conducteur doit marquer l'arrêt absolu devant un feu de signalisation rouge, fixe ou clignotant.

DÉCISION

Vous actionnez vos avertisseurs sonores et lumineux, ce qui aura pour effet d'attirer l'attention du conducteur qui s'arrêtera sur le bas-côté de la chaussée. Vous rééquerrerez de lui la présentation de son permis de conduire et de son certificat d'immatriculation.

2

2e CONSTAT

Après avoir requis du conducteur la présentation de ses papiers, celui-ci ne vous présente que le certificat d'immatriculation et vous déclare qu'il a oublié son permis de conduire chez lui.

2e ANALYSE

S'agit-il d'une infraction ?
Oui, le fait de ne pas présenter immédiatement aux agents de l'autorité compétente les éléments exigés par l'article R. 412-30 du Code de la route est prévu et réprimé d'une amende de1re classe.

Article L 225-5 du Code de la route
Les informations relatives à l'existence, la catégorie et la validité du permis de conduire sont communiquées :
5° bis. Aux agents de police judiciaire adjoints et aux gardes champêtres, aux seules fins d'identifier les auteurs des infractions au présent code qu'ils sont habilités à constater ;

Dans quel cadre le policier/garde-champêtre agit-il ?
C'est une contravention pour laquelle la Loi lui a donné compétence de constater par procès-verbal.

Que peut (ou doit) faire le policier municipal/garde-champêtre pour agir selon ses compétences ?
Le policier/garde-champêtre peut solliciter l'interrogation du Système national des permis de conduire (SNPC).

2e DÉCISION

Vous contactez l'OPJ afin de solliciter le passage du contrevenant au SNPC. Il ressort de l'interrogation de ce fichier que le contrevenant est bien détenteur du permis de conduire. Vous pouvez donc le verbaliser.

Corrigé rédigé

République française

Département Y

Ville de X-Ville

RAPPORT

Objet : Interrogation de fichier aux fins d'identifier un contrevenant au Code de la route

L'an deux mille *[année]* et le *[date du jour de l'épreuve en toutes lettres]*,

Incipit PM	Incipit GC
Nous, soussigné gardien-brigadier *[nom-prénom du candidat]*, assisté du brigadier XX et du gardien YY, agents de police judiciaire adjoints, dûment agréés et assermentés en résidence administrative à la police municipale de X-Ville, Vu les articles L. 511-1 à L. 515-1 du Code de la sécurité intérieure Vu les articles D. 15, 21 et 21-2 du Code de procédure pénale	Nous, soussigné Garde champêtre principal *[nom-prénom du candidat]*, agents de police judiciaire adjoints, dûment agréés et assermentés en résidence administrative à la police municipale de X-Ville, Vu les articles L. 521-1 à L. 523-2 du Code de la sécurité intérieure Vu les articles D. 15 et 21 du Code de procédure pénale

Rapportons les faits suivants agissant revêtus de nos uniformes réglementaires et conformément aux ordres reçus de nos chefs :

Ce jour, à *[indiquez l'heure à laquelle vous commencez la rédaction]*, nous nous trouvons en surveillance générale dans la rue « Franche-Comté » où nous circulons à bord de notre véhicule de service lorsque le véhicule qui nous précède, une RENAULT Twingo bleu-gris immatriculé QG-123-JC, attire notre attention en franchissant, sans marquer l'arrêt absolu, le feu tricolore au rouge fixe qui lui est destiné à l'intersection avec la rue de Lorraine.

Ces faits constituent une infraction prévue et réprimé par l'article R. 412-30 du Code de la route donnant lieu de plein droit à la réduction de quatre points du permis de conduire.

Il poursuit sa route sans occasionner de gène aux usagers. Il roule à allure normale. Les conditions météorologiques sont bonnes (soleil).

Devant les faits, nous actionnons nos avertisseurs sonores et lumineux, ce qui a pour effet d'attirer l'attention du conducteur qui s'arrête sur le bas-côté de la voie de circulation.

Nous prenons contact avec ce dernier et, après lui avoir indiqué l'infraction constatée, nous requérons son permis de conduire ainsi que le certificat d'immatriculation du véhicule, conformément aux dispositions de l'article R. 233-1 du Code de la route.

Le conducteur nous déclare avoir oublié son permis de conduire chez lui mais nous présente le certificat d'immatriculation correspondant au véhicule.

Invité à justifier de son identité en application de l'article 78-6 du Code de procédure pénale, le contrevenant nous présente sa carte nationale d'identité à *[heure initiale + 5 minutes]* par l'examen de laquelle nous relevons qu'il se nomme Jay FAIHUNEFOTE.

Important

Il est indispensable à cet endroit de notifier l'heure de relevé d'identité car c'est l'heure à laquelle commence, le cas échéant, la vérification d'identité ➔ Art. 78-6 du CPP.

Cette infraction étant susceptible de la peine complémentaire de suspension du permis de conduire, et dans le but de nous assurer que Monsieur FAIHUNEFOTE est bien titulaire du permis de conduire, nous rendons compte des faits au [Lieutenant Paul HISSIER/Major Jean D'AREMEURY], Officier de Police Judiciaire territorialement compétent de permanence [du commissariat/de la gendarmerie] de X-Ville.

Dans un premier temps, celui nous ordonne, sous sa responsabilité, d'effectuer un dépistage de l'imprégnation alcoolique conformément aux dispositions de l'article L. 234-3 du Code de la route et, dans un second temps, nous informe, conformément aux dispositions de l'article L. 225-5/5°bis, que l'interrogation du Système National des Permis de Conduire indique que le mis en cause est bien détenteur du permis de conduire correspondant à la catégorie du véhicule utilisé.

Il nous donne pour instruction de rédiger un rapport sur les faits après avoir verbalisé le contrevenant.

Nous regagnons notre poste de police où nous rédigeons le présent rapport pour être transmis simultanément au maire de la commune et, par l'intermédiaire de l'Officier de Police Judiciaire territorialement compétent, à Monsieur le Procureur de la République.

Identité de l'individu :

Jay FAIHUNEFOTE

Né le : 1er janvier 1969

à CONTREDANSE-VILLE

Permis de conduire :

Délivré le : 12 mai 1989

À : CONTRED'ANSE-VILLE

Par : Préfecture

N° : 1989123456

Véhicule :

RENAULT Twingo

Couleur : Bleu gris

Immatriculation : QG-123-JC

Carte nationale d'identité :

Délivrée le : 29 février 1975

À : X-VILLE

Par : Préfecture

N° : 1975123456

Signature du rédacteur

Sujet de rapport n° 3

Difficulté : ★★★ 1 heure 30 minutes

Vous êtes en fonction dans la ville de « X-Ville », dans le département de Y, en qualité de *[gardien de police municipale/garde champêtre principal]*, dûment agréé et assermenté.

En compagnie de *[vos collègues le brigadier XX et le gardien YY/votre collègue Garde champêtre principal XX]*, vous êtes affecté en patrouille pédestre à la surveillance des commerces du centre-ville.

Vous marchez dans la rue dans le secteur du centre-ville rue « Bouha-Senssoife », au droit du numéro 432, lorsque vous voyez une personne qui se tient au milieu de la chaussée et agite les bras dans tous les sens.

Vous vous approchez et prenez contact avec cette personne qui déclare, parmi différents propos incohérents, être à la recherche de son chemin mais ne plus trouver sa fusée. Il ajoute que la roue de secours est derrière la porte de la salle de bain.

Son regard est vitreux et son haleine semble imprégnée d'une odeur pouvant être due à la consommation de boissons alcoolisées.

Il tient à la main une bouteille.

Le trafic étant dense à cette heure, vous avez au préalable pris toutes les mesures qui s'imposent.

Après avoir rendu compte de la situation à Monsieur l'Officier de Police Judiciaire, il vous demande de conduire cette personne au commissariat/à la gendarmerie.

Dans un premier temps, le mis en cause résiste violemment en vous poussant des deux mains sur le thorax. Vous reculez d'un pas pour ne pas chuter.

Vous appréhendez l'individu et prenez les dispositions pour le maîtriser.

À la demande de l'OPJ et après transmission des éléments relatifs à l'identité, vous regagnez votre service afin de rédiger l'écrit adapté.

Vous agissez selon vos compétences et rendez compte à l'OPJ qui vous demande la rédaction d'un rapport sur les conditions de l'intervention.

Remarque

Il convient de bien décrire les éléments constitutifs de la résistance violente à l'interpellation.

Annexes

Document 1

Indications complémentaires

Identité de l'individu

Jay TREAUBUE, né le 1er janvier 1969 à LACUVÉE-VILLE

Bouteille

Couleur : foncée

Étiquette : Ballantine's « HARD FIERD » – Blended scotch whisky

Contenance : 70 cL – Liquide translucide marron

Officier de police judiciaire

Brigadier Serge HANGARCIA (pour le policier municipal)

Adjudant Serge ANDARM (pour le garde champêtre)

Document 2

Textes juridiques

Policier municipal

Code de la sécurité intérieure : article L. 511-1

Code de procédure pénale :

- article 21(2°)
- article 21-2

Garde champêtre

Code de la sécurité intérieure : article L. 521-1

Code de procédure pénale : article 21(3°)

Policier municipal et garde champêtre

Code pénal :

- article 433-6
- article 433-7

Code de procédure pénale :

- article 53
- article 73
- article 803

Code de la santé publique :

- article L. 3341-1
- article R. 3353-1

Code général des collectivités territoriales : article L. 2212-2

Cassation et Conseil d'État :

Le Conseil d'État a jugé que lorsqu'elle est mise en œuvre pour un motif relevant de la police municipale (commodité de passage, tranquillité publique…) et non pour la seule répression de la contravention, la conduite au poste de police d'une personne en état d'ivresse s'effectue, sur le fondement de l'article L. 2212-2 du CGCT, sous l'autorité du maire et sous la responsabilité administrative de la commune où l'individu a été trouvé en état d'ivresse.

Dans la continuité de cette jurisprudence, la Cour de cassation a estimé que la mise en œuvre de cette mesure « s'analyse en une simple mesure de police ne justifiant pas d'instruction de la part de l'officier de police judiciaire territorialement compétent ». Ces jurisprudences ont été confortées par le Tribunal des conflits dans son arrêt du 18 juin 2007.

Corrigé du rapport n° 3

Décryptage de l'intervention

1

CONSTAT

Un individu est en état d'ébriété. Il se trouve sur la voie publique.

ANALYSE

S'agit-il d'une infraction ?

Oui, le fait de se trouver en état d'ivresse manifeste dans les lieux mentionnés à l'article L.. 3341-1 est puni de l'amende prévue pour les contraventions de la 2e classe.

Dans quel cadre le policier/garde-champêtre agit-il ?

C'est une contravention pour laquelle la Loi ne lui a pas donné compétence de constater par procès-verbal.

Que peut (ou doit) faire le policier municipal/garde-champêtre pour agir selon ses compétences ?

Il doit conduire le mis en cause dans le local de police ou de gendarmerie le plus proche pour y être retenu jusqu'à ce que la personne ait recouvré la raison.

DÉCISION

Vous appréhendez l'individu afin de le conduire au commis-sariat-/à la gendarmerie le/la plus proche.

Article R. 3353-1 du Code de la santé publique

Le fait de se trouver en état d'ivresse manifeste dans les lieux mentionnés à l'article L. 3341-1 est puni de l'amende prévue pour les contraventions de la 2e classe.

Article R. 3341-1 du Code de la santé publique

Une personne trouvée en état d'ivresse dans les lieux publics est, par mesure de police, conduite à ses frais dans le local de police ou de gendarmerie le plus voisin ou dans une chambre de sûreté, pour y être retenue jusqu'à ce qu'elle ait recouvré la raison.

2

2e CONSTAT

L'individu se dégage de votre saisie et vous repousse violement, les deux bras tendus en avant avec lesquels il vous percute au niveau du plexus.

2e ANALYSE

S'agit-il d'une infraction ?

Oui, le fait d'opposer une résistance violente à une arrestation est une rébellion. *N. B. : il convient de bien caractériser la rébellion.*

Dans quel cadre le policier/garde-champêtre agit-il ?

C'est un délit puni d'une peine d'emprisonnement.

Que peut (ou doit) faire le policier municipal/garde-champêtre pour agir selon ses compétences ?

Le policier/garde-champêtre doit maîtriser et appréhender, au besoin soumettre au port des menottes, l'individu afin de le présenter devant un Officier de Police Judiciaire territorialement compétent.

2e DÉCISION

Vous appréhendez l'individu, le menottez et le transportez au commissariat/gendarmerie pour le présenter devant un Officier de Police Judiciaire.

Article 433-6 du Code pénal

Constitue une rébellion le fait d'opposer une résistance violente à une personne dépositaire de l'autorité publique […] agissant, dans l'exercice de ses fonctions, pour l'exécution des lois, des ordres de l'autorité publique […].

Article 433-7 du Code pénal

La rébellion est punie de deux ans d'emprisonnement et de 30 000 euros d'amende.

Corrigé rédigé

République française

Département Y

Ville de X-Ville

RAPPORT

Objet : Ivresse publique et manifeste

L'an deux mille *[année]* et le *[date du jour de l'*épreuve *en toutes lettres]*,

Incipit PM	Incipit GC
Nous, soussigné gardien-brigadier *[nom-prénom du candidat]*, assisté du brigadier XX et du gardien YY, agents de police judiciaire adjoints, dûment agréés et assermentés en résidence administrative à la police municipale de X-Ville, Vu les articles L. 511-1 à L. 515-1 du Code de la sécurité intérieure Vu les articles D. 15, 21 et 21-2 du Code de procédure pénale	Nous, soussigné Garde champêtre principal *[nom-prénom du candidat]*, agents de police judiciaire adjoints, dûment agréés et assermentés en résidence administrative à la police municipale de X-Ville, Vu les articles L. 521-1 à L. 523-2 du Code de la sécurité intérieure Vu les articles D. 15 et 21 du Code de procédure pénale

Rapportons les faits suivants agissant revêtus de nos uniformes réglementaires et conformément aux ordres reçus de nos chefs :

·Ce jour, à *[indiquez l'heure à laquelle vous commencez la rédaction]*, nous sommes affectés en patrouille pédestre à la surveillance des commerces du centre-ville

lorsque notre attention est attirée par un individu titubant au milieu de la chaussée face au n° 14 de la rue Jules Ferry.

Il tient, dans sa main droite, une bouteille contenant un liquide translucide marron qui s'avérera ultérieurement être une bouteille de « Whisky Ballantine's « HARD FIERD » - Blended scotch whisky » d'une contenance de 70 centilitres.

Ses habits sont désordonnés : sa chemise, ouverte sur le torse, est à moitié rentrée dans son pantalon dont la braguette est ouverte et laisse apparaître son sous-vêtement.

Phase du 1er constat (infraction initiale)

Par sa présence constante et effective, il empêche les véhicules engagés sur la rue précitée de circuler en se positionnant devant et en agitant les bras de manière incohérente, créant ainsi un trouble à l'ordre public.

Phase de la 1re analyse

Devant les faits, le [gardien/garde champêtre principal] XX arrête la circulation tandis que nous nous portons à la hauteur de l'individu, prenons contact avec lui et l'invitons à remonter sur le trottoir où il nous accompagne sans difficulté.

Phase de la 1re décision

Il nous déclare spontanément en ces termes, nous citons : « Je cherche mon chemin, j'ai perdu ma fusée pour monter sur l'éléphant. La roue de secours est derrière la porte de la salle de bains ».

Son regard est vitreux et une forte odeur d'alcool s'échappe de son haleine.

Nous l'invitons à nous suivre au commissariat/à la gendarmerie mais d'un mouvement circulaire du bras droit, de haut en bas et d'avant en arrière, il dégage notre main placée dans son dos pour le guider.

Dans la continuité, il se retourne soudainement face à nous et nous percute violemment en nous poussant des deux mains sur le thorax, ce qui a pour effet de nous faire reculer d'un pas pour ne pas chuter.

Phase du 2e constat

Remarque

Il s'agit d'une rébellion, infraction prévue par l'article 433-6 et réprimée par l'article 433-7 du Code pénal.

Dans le cas des délits et des crimes, le [policier municipal/garde champêtre] ne peut pas qualifier l'infraction comme il peut le faire en matière contraventionnelle (infraction prévue et réprimée par…).

Dès lors, à *[heure initiale + 10 minutes]*, agissant dans le cadre du flagrant délit en application des article 53 et 73 du Code de procédure pénale

Phase de la 2e analyse

le gardien/ le garde champêtre principal] XX ceinture instantanément le mis en cause et parvient à lui immobiliser les bras.

Nous menottons ce dernier aussitôt conformément aux dispositions de l'article 803 du Code de procédure pénale.

Palpé, il n'est trouvé porteur d'aucun objet dangereux pour lui-même ou pour autrui.

Phase de la 2e décision

Nous embarquons l'individu à bord de notre véhicule de service stationné à proximité afin de nous rendre [au commissariat/à la gendarmerie] où arrivant à *[heure initiale + 15 minutes]*, nous présentons l'individu devant l'Officier de Police Judiciaire [Serge HANGARCIA/Serge ANDARM] qui, après nous avoir transmis l'identité du mis en cause, nous prescrit la rédaction du présent rapport.

Nous regagnons notre poste de police où nous rédigeons le présent rapport pour être transmis simultanément au maire de la commune et, par l'intermédiaire de l'Officier de Police Judiciaire territorialement compétent, à Monsieur le Procureur de la République.

Identité de l'individu :

Jay TREAUBUE, né le 1er janvier 1969 à LACUVÉE-VILLE

Adresse : 123, rue du Cubi 01111 X-ville

Signature du rédacteur

LES + EN LIGNE

Connectez-vous à la page de l'ouvrage sur le site www.dunod.com pour télécharger un quatrième sujet d'entraînement (niveau « expert »).

Épreuve d'admissibilité n° 2

Questions sur un texte

- L'épreuve de questions sur un texte
- Conseils pour réussir

1 Présentation de l'épreuve
L'épreuve de questions sur un texte

Intitulé réglementaire de l'épreuve

La ***réponse****, à partir d'un texte remis aux candidats,* ***à des questions*** *sur la compréhension de ce texte et l'explication d'une ou plusieurs expressions figurant dans ce texte.*
Durée : 1 heure ; coefficient 2.

Nous avons souvent un mauvais souvenir des épreuves du brevet des collèges, du baccalauréat ou de tout autre examen déterminant pour la suite de nos études, voire de notre carrière professionnelle. Aussi simple que cela puisse paraître, le premier conseil que nous pouvons vous donner est d'être confiant(e). Soyez rassuré(e), en suivant les instructions de cet ouvrage, vous aurez les clés pour réussir votre concours.

Tout d'abord, prenez conscience que le but de cette épreuve n'est pas de vous piéger mais, simplement, de vous permettre de montrer à votre correcteur vos compétences en français. Les textes proposés comportent une structure cohérente et des propos clairs. Vous serez donc en mesure d'en comprendre le contenu. Nous vous invitons pour cela à vous entraîner, autant que possible, en lisant des articles d'actualité (journaux, magazines de société, sites Internet).

À retenir

Le principal objectif de cette épreuve est d'évaluer votre capacité à comprendre un texte (vocabulaire et idée générale). Il s'agit souvent d'un article portant sur **un sujet d'actualité** (presse généraliste, presse spécialisée).

Voici les thèmes souvent abordés :

- la sécurité (lutte contre le terrorisme, les incivilités, le Code de la route, les lois votées au Parlement, etc.) ;
- les personnes (les retraités, les étudiants, les chômeurs, les entrepreneurs, etc.) ;
- la justice (les procès en cours, les faits divers, les décisions de justice, etc.) ;
- les tendances (consommation de drogues, sports, nouvelles technologies, phénomènes de mode, etc.).

Le texte qui est donné compte généralement entre 500 et 1 000 mots. Il faudra donc vous organiser au mieux afin d'éviter les mauvaises surprises de gestion de temps.

L'épreuve dure **1 heure** et a un **coefficient 2** sur votre note finale. Vous devrez répondre à plusieurs questions (10 maximum).

2 Méthodologie
Conseils pour réussir

1 Aborder sereinement l'épreuve

À retenir

Évitons les mauvaises surprises le jour J :

- l'usage du dictionnaire ou de tout ouvrage est interdit ;
- un barème étant attribué, vous pourrez voir la répartition des points et, en conséquence, faire le choix de traiter en priorité certaines questions.

Ne butez pas trop longtemps sur un mot que vous ne comprenez pas. Privilégiez une compréhension globale du texte. Il y a en effet de fortes chances que vous compreniez les mots inconnus en prenant le temps de cerner le contexte global. Vous devez par conséquent cerner le **thème** (de quoi le texte parle-t-il ?) et la **thèse** (quelles sont les idées du texte ?). Lors de vos entraînements, prenez l'habitude de répondre aux questions suivantes dans votre tête avant de formuler vos réponses :

- Qui a écrit ce texte ?
- Dans quel but ?
- Quels sont ses arguments ?
- Quels exemples viennent illustrer ses propos ?

2 Comprendre et respecter une consigne

a. Qu'est-ce qu'une consigne ?

Prenez quelques minutes pour répondre pertinemment à cette question puis pensez à quelques exemples de consignes. Prenez des notes.

Jean-Michel Zakhartchouk définit la consigne comme : « toute injonction donnée à des élèves [...] pour effectuer telle ou telle tâche ». Pour lui, la consigne est un « discours d'incitation à l'action ». De là, vous comprendrez que vous devez être **actif** tout au long de votre épreuve.

Exercice

Voici quelques verbes fréquemment utilisés dans les consignes, mais nous avons mis leurs définitions dans le désordre. Reliez chaque verbe à sa définition.

Verbe	Consigne
Associer, relier	Donner un certain nombre de détails sur un point.
Argumenter, expliquer	Donner des raisons, des preuves à ce que vous dites.
Décrire, présenter	Mettre ensemble des éléments (grâce à une flèche par exemple).
Citer, relever	Ranger, ordonner des éléments de la manière demandée.
Classer, trier	Recopier certains éléments (en mettant des guillemets).
Compléter	Faire une liste en rédigeant une phrase correcte.
Comparer	Remplir des espaces vides.
Distinguer	Faire la différence entre plusieurs éléments.
Employer	Utiliser un élément indiqué dans la consigne.
Énumérer	Donner les différences et les similitudes entre des éléments.
Identifier	Donner le nom de quelque chose.
Illustrer	Réécrire dans un texte des éléments indiqués dans la consigne.
Justifier	Prouver (idée personnelle, citations…).
Reformuler	Donner un exemple.
Rédiger	Écrire.

Corrigé

Associer, relier : mettre ensemble des éléments (grâce à une flèche par exemple).

Argumenter, expliquer : donner des raisons, des preuves à ce que vous dites.

Décrire, présenter : donner un certain nombre de détails sur un point.

Citer, relever : recopier certains éléments (en mettant des guillemets).

Classer, trier : ranger, ordonner des éléments de la manière demandée.

Compléter : remplir des espaces vides.

Comparer : donner les différences et les similitudes entre des éléments.

Distinguer : faire la différence entre plusieurs éléments.

Employer : utiliser un élément indiqué dans la consigne.

Énumérer : faire une liste en rédigeant une phrase correcte.

Identifier : donner le nom de quelque chose.

Illustrer : donner un exemple.

Justifier : prouver (idée personnelle, citations…).

Reformuler : réécrire dans un texte des éléments indiqués dans la consigne.

Rédiger : écrire.

À retenir

Lors de votre examen, vous devrez définir quelques mots relevés dans le texte étudié.

- Pour définir correctement un mot, il faut d'abord identifier sa catégorie grammaticale (nom, adjectif, verbe, adverbe…). Ensuite, il faut le remplacer par un mot de même nature : un verbe par un autre verbe, un nom par un autre nom, etc.
- Pour définir un adjectif, commencez votre définition par « se dit d'une personne/d'une chose qui… ».
- Pour définir un nom, commencez votre définition par « objet/qualité/personne/lieu/discipline… ».
- Pour définir un verbe, commencez votre définition par un verbe synonyme.
- Pour définir un adverbe, commencez votre définition par un adverbe synonyme ou par « fait d'une façon… ».

Voici quelques exemples de consignes plus précises que nous avons prélevées dans les derniers examens de la fonction publique :

- Relevez dans ce texte deux synonymes du mot « infidélité ».
- Donnez la définition du mot « partial ».
- Expliquez l'expression « coup de filet ».
- Donnez un antonyme de « suspicieux ».
- Relevez le champ lexical de la justice dans le texte.

b. Une lecture attentive des consignes

- Ne donnez pas plusieurs exemples si un seul vous est demandé.
- Ne donnez pas un exemple si la question porte sur l'idée de l'auteur.
- Inutile de citer le texte si vous devez reformuler.
- Ne cherchez pas à aller trop loin dans votre réponse au risque de vous répéter.
- Contentez-vous de l'essentiel.

Consignes faisant appel à vos acquis	Consignes appelant à utiliser le texte	Consignes appelant à exprimer un jugement
Définir	Classer	Selon vous… ?
Énumérer	Comparer	D'après vous… ?
Nommer	Déduire	En quoi… ?
Complétez	Distinguer	Pensez-vous… ?
Rappeler	Illustrer	Justifier
Repérer	Interpréter	Argumenter
Réécrire	Reformuler	Donner un exemple
Conjuguer	Présenter	Considérez-vous que… ?
Compléter	Réfuter	Êtes-vous d'accord avec… ?
(etc.)	(etc.)	(etc.)

3 Enrichir son vocabulaire

Un **champ lexical** est un groupement de mots qui expriment une même idée, un même thème, une même notion. Dans un même champ lexical, il peut y avoir des noms, des adjectifs, des verbes, etc.

Exemples

- Le champ lexical de la lumière : briller, éclairer, luisant, soleil, éclat, scintiller, etc.
- Le champ lexical de la mort : décès, paradis, ténèbres, défunt, périr, cadavre, etc.

Lors de l'épreuve de questions sur la compréhension d'un texte, il peut vous être demandé de relever un champ lexical. Il s'agit d'un bon exercice à pratiquer chez vous, car cela vous aidera à saisir la cohésion lexicale du texte et à en dégager les thèmes importants.

Le vocabulaire français est riche et, bienheureusement, il n'est jamais trop tard pour l'étoffer et l'approfondir. Pour ce faire, vous devez créer des habitudes d'apprentissage, vous creuser les méninges et toujours vous demander quel mot serait le plus approprié pour exprimer l'idée que vous avez en tête.

Prenons l'exemple de « président de la République » : demandez-vous s'il existe d'autres termes pour y faire référence, par exemple « chef de l'État », « chef des armées » ou « Emmanuel Macron ».

Vous devez prendre l'habitude d'effectuer cet exercice, car c'est en provoquant cette gymnastique cérébrale que vous enrichirez votre vocabulaire. Il existe d'ailleurs de très bons dictionnaires de synonymes en ligne dont vous pouvez abuser.

Essayez de lire au moins un livre par mois pour commencer, puis accélérez progressivement le rythme. Observez les mots, interrogez-vous sur leur orthographe. Soyez persévérant, car on n'acquiert pas du vocabulaire en un jour. Lisez des essais et des blogs sur des sujets qui vous intéressent puis sur des sujets plus larges, par exemple :

- critique de cinéma ;
- agenda des sorties culturelles (concerts, théâtre, etc.) ;
- sites consacrés à la mode, au sport, à l'alimentation, etc. ;
- sites consacrés à la politique, à l'économie, etc. ;
- journaux quotidiens ;
- magazines hebdomadaires.

Si vous apercevez un mot dont vous ignorez le sens, passez un peu de temps dessus. Essayez, par exemple, de comprendre sa signification en étudiant le contexte de la phrase puis, si nécessaire, recherchez sa définition dans le dictionnaire.

Avoir un petit carnet de notes est un bon moyen de rester rigoureux. Vous pouvez y noter les mots inconnus de vos lectures afin de les rechercher plus tard. Chaque fois que vous voyez (publicité, journaux, Internet) ou entendez (vidéos en ligne, télévision, radio) un mot que vous ne connaissez pas, assurez-vous d'en rechercher la signification.

4 Synonymes, antonymes, homonymes et paronymes

a. Synonymes

Deux mots sont synonymes lorsque leurs significations sont très proches. Ils sont parfaits pour éviter les répétitions dans un texte. Le synonyme d'un nom est toujours un nom (copain, camarade), celui d'un adjectif est toujours un adjectif (inconvenant, déplacé), celui d'un verbe est toujours un verbe (époustoufler, estomaquer), celui d'un adverbe est toujours un adverbe (aisément, facilement), etc.

- L'adjectif « **gros** » compte un grand nombre de synonymes selon son emploi.

> **Exemples**
>
> Un homme gros : corpulent, fort, bedonnant.
>
> Une grosse erreur : grave, lourde, sérieuse.
>
> Un gros appétit : solide, grand, énorme.
>
> Une grosse pluie : torrentielle, abondante, battante.

- Veillez à ne pas abuser du verbe « faire » qui est souvent trop utilisé. Privilégiez d'autres verbes selon l'idée que vous cherchez à exprimer.

> **Exemples**
>
> Accomplir, agir, causer, chercher, commettre, composer, confectionner, constituer, construire, créer, édifier, effectuer, élaborer, établir, exécuter, fabriquer, façonner, instituer, intenter, opérer, parfaire, pratiquer, préparer, produire, réaliser, réussir, s'adonner à, s'affairer, s'occuper, s'employer à, etc.

- Même chose pour le verbe « voir ».

> **Exemples**
>
> Analyser, apercevoir, assister, comprendre, concevoir, connaître, considérer, constater, contempler, croiser un regard, déceler, découvrir, dénicher, dépister, détecter, deviner, différencier, discerner, distinguer, embrasser une scène du regard, entrapercevoir, entrevoir, envisager, examiner, juger, noter, observer, réaliser, etc.

- Et pour le verbe « dire ».

> **Exemples**
>
> Raconter, expliquer, s'écrier, s'exclamer, rétorquer, relater, exposer, préconiser, prêcher, émettre, dévoiler, débiter, confirmer, contredire, protester, riposter, répliquer, réfuter, promettre, certifier, témoigner, etc.

Conseil

Vous pouvez enrichir votre vocabulaire et vous entraîner sur les synonymes en utilisant des sites Internet. Tapez « dictionnaire des synonymes » dans un moteur de recherche.

Exercice

Voici quelques mots (hors contexte) : prenez quelques minutes pour trouver des synonymes.

Abondance	Stupidement	Diminution
Affirmer	Établir	Incapacité
Agriculteur	Augmenter	Préjudice

Corrigé

Abondance : aisance, richesse, opulence.

Affirmer : assurer, confirmer, attester, certifier.

Agriculteur : cultivateur, paysan, exploitant agricole.

Stupidement : imbécilement, idiotement, sottement, niaisement.

Établir : instituer, fonder, ériger.

Augmenter : croître, exacerber, étendre.

Diminution : baisse, chute, dégringolade.

Incapacité : impuissance, maladresse, inhabilité.

Préjudice : tort, dommage, détriment.

Reproduisez cette activité régulièrement !

b. Antonymes

Les antonymes sont des mots de sens contraires. L'antonyme d'un nom est toujours un nom (copain, ennemi), celui d'un adjectif est toujours un adjectif (inconvenant, approprié), celui d'un verbe est toujours un verbe (adorer, détester), celui d'un adverbe est toujours un adverbe (facilement, difficilement), etc.

- L'adjectif « frais » compte un grand nombre d'antonymes selon son utilisation.

Exemples

- (air) frais : moite, vicié.
- (pain) frais : rassis, passé.
- (poisson) frais : avarié, pourri.
- (légumes) frais : secs.

- Les antonymes peuvent être des mots construits avec des préfixes différents.

Exemples

- Monocoque, multicoque.
- Logique, illogique.
- Prudence, imprudence.
- Estimer, mésestimer.
- Constitutionnel, anticonstitutionnel.
- Heureusement, malheureusement.

- Ils sont également construits avec des suffixes de sens contraires.

Exemples

- Francophile (qui aime les Français), francophobe (qui les déteste).
- Centrifuge (qui s'éloigne du centre), centripète (qui s'en rapproche).

Conseil

Vous pouvez enrichir votre vocabulaire et vous entraîner sur les antonymes en utilisant des sites Internet. Tapez « dictionnaire des antonymes » dans un moteur de recherche.

Exercice

Voici quelques mots (hors contexte) : prenez quelques minutes pour trouver des antonymes.

Gentiment	Agilité	Vendre
Franc	Vert (fruit)	Rigoureusement
Généreux	Divulguer	Renoncer

Corrigé

Gentiment : méchamment, rudement, agressivement, désagréablement.

Franc : hypocrite, malhonnête, fourbe, fallacieux, menteur.

Généreux : radin, avare, pingre, grippe-sou, égoïste.

Agilité : mollesse, gaucherie, inhabilité, lourdeur.

Vert (fruit) : mûr, passé, blet.

Divulguer : cacher, taire, dissimuler, garder.

Vendre : acheter, acquérir, conserver, payer.

Rigoureusement : approximativement, à peu près.

Renoncer : persister, continuer, s'efforcer, maintenir.

c. Homonymes et paronymes

Homonymes

On appelle homonymes des mots qui se prononcent de la même façon mais qui ont un sens différent.

Exemple

vers (la préposition indiquant une direction, une orientation, un point, une approximation) / ver (l'animal) / vert (la couleur) / verre (la matière ou le récipient).

Afin d'éviter les erreurs écrites les plus communes, il est important de distinguer les homonymes grammaticaux suivants :

- on / ont : si vous pouvez remplacer par « avaient », vous devez écrire « ont » ;
- a / à : si vous pouvez remplacer par « avait », vous devez écrire « a » ;
- est / et : si vous pouvez remplacer par « était », vous devez écrire « est » ;
- sont / son : si vous pouvez remplacer par « étaient », vous devez écrire « sont » ;
- l'a / la : si vous pouvez remplacer par « l'avait », vous devez écrire « l'a » ;
- m'a / ma : si vous pouvez remplacer par « m'avait », vous devez écrire « m'a » ;
- peut / peu : si vous pouvez remplacer par « pouvait », vous devez écrire « peut » ;
- mes / mais : « mes » est un article possessif, « mais » exprime une exception ;
- s'y / si : « s'y » est un verbe pronominal et un complément de lieu : « *Elle* **s'y** *rend à pied* » ; *« si » est une conjonction qui exprime une condition, une supposition ou une possibilité* ;
- ou / où : si vous pouvez remplacer par « ou bien », vous devez écrire « ou ». Le mot « où » est un adverbe ou un pronom qui fait référence à un lieu, un temps, un état, une origine ou une cause.

Homonymes courants

- Une **amende** pour excès de vitesse / j'ai mangé une **amande**.
- Un **bon** d'achat / il est **bon** (délicieux) / il a fait un **bond** (bondir).
- Le **bout** de la route / l'eau **bout** (bouillir) / ses souliers sont pleins de **boue**.
- Un **camp** de vacances (camper) / **Quand** pars-tu ? / **Quant** à lui (concernant) / **Qu'en** penses-tu ?
- Un **conte** de Noël (raconter) / le **comte** et la comtesse / le **compte** (le calcul).
- Il y a **davantage** de vent (plus de vent) / il a beaucoup **d'avantages** (des avantages).
- Le **foie** (l'organe) / une **fois**, deux fois / ma **foi** ! – avoir la **foi** – être de bonne **foi**.

Paronymes

On appelle paronymes des mots de sens différents mais de formes relativement proches.

Paronymes courants

- **Affleurer** : Sortir, dépasser légèrement de la surface (de l'eau ou du sol) / **Effleurer** : Toucher légèrement quelque chose, frôler.
- **Affliger** : Causer une grande douleur morale (comme une mauvaise nouvelle) / **Infliger** : Faire subir quelque chose de pénible à quelqu'un.
- Une **collision** : Un choc provoqué par deux choses qui se rencontrent / Une **collusion** : Une entente entre plusieurs personnes pour causer du tort à quelqu'un.
- **Consommer** : Accomplir, absorber, prendre / **Consumer** : Brûler.
- **Dénudé** : Mis à nu, dévêtu / **Dénué** : Privé, démuni, dépouillé, exempt.
- Une **effraction** : Le fait de forcer une clôture, une serrure, une porte (casser) / Une **infraction** : Le fait de ne pas respecter le règlement.
- **Un émigré** : Une personne qui quitte son pays / **Un immigré** : Une personne qui arrive dans un pays (un étranger).
- **Induire** : Causer, engendrer, entraîner / **Enduire** : Recouvrir une surface avec une autre matière.
- **Une affectation** : Un poste, une fonction, une destination / **Une affection** : Un attachement, une tendresse.
- **Désaffecter** : Retirer à un lieu sa fonction, son caractère premier / **Désinfecter** : Retirer une infection, assainir.

5 Rédiger correctement ses réponses

a. Organiser son temps

Organisez votre temps pour réussir votre épreuve. Surveillez votre montre bien sûr, mais sans que cela devienne une obsession.

Voici les étapes à suivre. N'en sautez aucune et respectez-en l'ordre.

Étape 1 : Lecture du texte

Lisez une première fois le texte dans son ensemble, sans vous arrêter sur les mots inconnus. Vous serez plus à même de les comprendre par la suite, en saisissant l'idée générale du texte.

Étape 2 : Lecture des questions

Nous vous conseillons de lire une fois les questions avant de relire votre texte. Cette étape vous aidera incontestablement à vous fixer un objectif de lecture, nécessaire pour gagner en rapidité et en pertinence.

Étape 3 : Relecture du texte

Lisez une deuxième fois le texte, mais cette fois de manière structurée et attentive afin de retenir les idées et de repérer les articulations. Pas question en effet de lire sans retenir : il ne s'agit pas d'une épreuve de vitesse mais avant tout d'une épreuve d'efficacité. Soyez actif pendant la lecture : soulignez, surlignez, notez des mots clés dans la marge (première synthèse). Ces notes et commentaires vous permettront de répondre plus facilement aux questions.

Étape 4 : Phase de concentration

Demandez-vous, après la lecture de votre texte, quelle en est l'idée principale. Vous serez ainsi en mesure de cerner l'idée majeure en hiérarchisant ses niveaux : le thème général, les exemples ou arguments, les objections, la conclusion. Pour bien mémoriser, il faut aller à l'essentiel et ne pas encombrer votre mémoire avec des éléments inutiles.

Il n'est pas nécessaire de rédiger immédiatement vos réponses. Prenez un bref instant pour assimiler les informations de votre lecture. Une astuce qui fonctionne bien est d'essayer d'expliquer dans votre tête (comme si vous le faisiez à un ami) ce que vous venez de lire. Reformuler ne signifie pas paraphraser ou recopier toutes les idées clés les unes à la suite des autres. Il s'agit d'expliquer ce que vous avez retenu du texte **avec vos propres mots**.

Étape 5 : Rédaction des réponses

À présent, vous pouvez commencer la rédaction de vos réponses (ne faites pas de brouillon, car vous disposez d'un temps limité). Normalement, vous saurez où chercher les informations dont vous avez besoin puisque vous les aurez annotées vous-même auparavant. Prêtez une attention particulière à la langue et vous éviterez de perdre des points.

Bien sûr, accordez du temps à la relecture de l'ensemble de votre travail.

b. Structurer ses idées

Généralités

Avec l'utilisation massive des SMS, le langage n'est pas toujours respecté. Le but étant d'envoyer un message rapidement, nous ne nous relisons pas systématiquement et nous ne cherchons pas toujours à être clair et pertinent. Il n'est pourtant pas difficile de concevoir une phrase simple et bien construite. N'oubliez pas que votre travail écrit est destiné à être lu et que cela implique de vous conformer à certaines règles basiques afin de faire preuve de respect envers votre lecteur.

Exercice

Prenez quelques minutes pour penser à ce qu'est une **phrase** bien construite, puis notez les mots clés qui vous sont venus à l'esprit.

Reproduisez ensuite l'exercice pour définir avec vos mots ce qu'est un **texte** bien construit.

Après ce travail, comparez les mots que vous avez notés avec la liste suivante :

Majuscule	Ponctuation	Paragraphe	Connecteurs logiques
Verbe	Complément	Grammaire	Conjugaison
Règles	Alinéa	Formel	Orthographe
Se relire	Accorder	Virgule	Accord Sujet/Verbe

Pour faire une phrase correcte, vous devez la commencer par une lettre majuscule et la finir par un point.

- Faites des phrases plutôt courtes, car elles sont plus faciles à comprendre (15 à 20 mots par phrase) et respectez la logique **Sujet/Verbe/ Complément**.
- Développez une seule idée par phrase pour obtenir des phrases claires.
- Liez deux parties de phrase par un lien logique. Utilisez un signe de ponctuation (point-virgule, deux-points, etc.) ou une conjonction de coordination (mais, ou, et, donc, car, ni, or).

Exemples

- Il n'a pas pu se rendre au travail : il n'y avait aucun métro.
- J'aurais pu m'y rendre à pied mais ma cheville était douloureuse.
- Elle assiste aux réunions en vue de rédiger les procès-verbaux.

Préciser les informations **Où/Quand/Comment/Pourquoi** est également important. L'ordre des mots pourra parfois être différent.

Exemples

- Jeudi dernier, le président de la République a rencontré son homologue américain dans le but de parvenir à un accord.
- Le chancelier allemand a confirmé la signature de cet accord lors de cette réunion.
- En décembre 2011, le roi Carl Gustav de Suède a remis le prix Nobel de la paix à Ellen Johnson-Sirleaf, présidente du Liberia, à Leymah Gbowee, militante pacifiste libérienne, ainsi qu'*à* Tawakkul Karmanla, journaliste yéménite et figure emblématique du Printemps arabe, pour leur lutte non violente en faveur de la sécurité des femmes et de leurs droits à participer au processus de paix.

Conseils

- Ne cherchez pas à faire des phrases trop longues ou trop complexes. Pour le rédacteur comme pour le lecteur, il est préférable de faire des phrases courtes. En effet, si votre phrase est trop longue, votre lecteur en oubliera le début avant même d'arriver à la fin. Il sera difficile d'en repérer les éléments clés et donc de la comprendre.
- Privilégiez les phrases d'une quinzaine de mots ne comprenant qu'une idée.

Savoir repérer les différents **connecteurs logiques** dans un texte est important pour en comprendre l'organisation logique, la cohérence et pour y trouver les idées essentielles. Ils créent une fluidité dans un texte et ils permettent aux lecteurs de suivre plus facilement les propos.

Les connecteurs logiques sont des mots ou des expressions qui établissent un lien entre deux phrases ou entre deux paragraphes. Ils relient également souvent deux idées dans une même phrase.

Habituez-vous à les reconnaître dans un texte pour en cerner les idées clés. Utilisez-les aussi pour structurer vos réponses.

Exprimer l'opposition

Il y a opposition lorsque deux faits sont rapprochés de façon à mettre en évidence leurs différences :

Bien qu'il pleuve des cordes, je suis sortie acheter des croissants.

Malgré mon retard, j'ai été reçue dans de bonnes conditions.

Personne n'a acheté son livre, pourtant il est excellent.

Connecteurs pour opposer deux idées

- Par contre
- En revanche
- Au contraire
- Or
- Malgré
- Quand bien même
- Quand même
- Tout de même
- Néanmoins
- Cependant
- Toutefois
- Pourtant
- Pour autant
- Sans
- Sinon
- Seulement
- Avoir beau
- Mais
- Alors que
- Tandis que
- Même si
- Bien que
- Encore que
- Quoique
- Qui que
- Où que
- Au lieu que/de
- Tout + adjectif + que
- Sans que
- Par opposition à
- Sauf que
- Contrairement à
- Loin de
- En dépit de
- Quitte à
- À l'inverse de
- Toutefois
- Cela dit

Il existe d'autres procédés syntaxiques pour exprimer l'opposition, comme l'utilisation d'un mot (ou groupe de mots) isolé par une virgule :

Madame Chuto, qui est sourde d'une oreille, entend le rire des enfants d'ici.

Stéphane a beau crier, l'enfant ne réagit pas.

Exprimer l'addition

Pour présenter une suite d'idées dans un texte, il est important d'organiser son discours en choisissant de bons connecteurs logiques. Ces mots aideront votre lecteur à y voir plus clair. En effet, il est agaçant de lire un texte écrit de la sorte :

Je suis allé à l'aéroport et j'ai pris l'avion et après nous sommes arrivés et nous avons posé les affaires à l'hôtel et nous avons mangé au restaurant et après on a dormi.

N'est-ce pas plus clair ainsi ?

Tout d'abord, je suis allé à l'aéroport puis j'ai pris l'avion. Peu de temps après, nous sommes arrivés et avons posé les affaires à l'hôtel. Nous avons ensuite mangé au restaurant et, enfin, nous avons dormi.

Connecteurs pour ordonner ses idées

- D'abord
- Dans un premier temps
- En premier lieu
- Ensuite
- Puis/et
- Alors
- De plus
- Mais encore
- En outre
- Par ailleurs
- Mais aussi
- Enfin
- Pour terminer
- En conclusion

Essayez de repérer les paragraphes du texte qui vous sera proposé le jour de l'examen. Chacun contient un thème, le développement d'une idée. Un paragraphe est un bloc de texte qui commence par un alinéa et qui se termine par un retour à la ligne.

Exprimer la conséquence

Connecteurs pour exprimer la conséquence

- En conséquence
- Par conséquent
- De ce fait
- Donc
- C'est la raison pour laquelle
- C'est pourquoi
- Ainsi
- Aussi
- Alors
- Dès lors
- De là
- D'où
- Tant et si bien que
- De telle sorte que

Ces hommes ont triché lors de l'examen. De ce fait, ils n'auront pas la possibilité de se représenter l'année prochaine.

Elle a passé la semaine à faire la fête. Par conséquent, elle est extrêmement fatiguée aujourd'hui.

Exprimer la cause

Connecteurs pour exprimer la cause

- Parce que
- Du moment que
- Comme
- Étant donné que
- Pour la simple et bonne raison que
- Vu que
- Dès lors que
- Car
- En effet
- Puisque
- Considérant que
- Vu que
- Du fait que/de
- Sous prétexte que
- D'autant plus que
- Ce n'est pas que
- Non que
- Pour + nom
- Faute de + nom
- À cause de + nom
- À raison de + nom
- Grâce à + nom
- À force de

À cause de son manque de rigueur et de persévérance, elle n'a pas obtenu la note suffisante à son examen.

Le candidat à la présidentielle voit son score dans les sondages baisser du fait des révélations du Canard enchaîné.

Exprimer le but

Connecteurs pour exprimer le but

- Pour que
- Afin que
- De peur que
- De façon à ce que
- De sorte que
- Pour
- Afin de
- Dans l'intention de
- Dans le souci de
- En vue de
- Dans l'espoir de

La vedette porte des lunettes noires afin que personne ne la reconnaisse.

Afin de ne pas être reconnue, elle porte des lunettes noires.

c. Respecter la ponctuation

La ponctuation structure un texte et en facilite la compréhension. Elle permet notamment de faire des pauses rythmiques lors d'une lecture à haute voix, ce qui est important pour la compréhension. Vous devez maîtriser les règles de ponctuation pour respecter les standards du bien-écrire.

La virgule

- Dans une énumération, elle permet de séparer les mots en faisant une courte pause.

Je voudrais visiter le Louvre, le musée Rodin, le musée d'Orsay et le château de Versailles.

- Elle sert aussi à mettre en relief une information en début de phrase.

Ville culturelle par excellence, Paris recense des millions de visiteurs chaque année.

Du haut de la Tour Eiffel, nous avons une vue imprenable sur la ville.

- On l'emploie pour isoler une idée qui donne des informations complémentaires.

Il partit de chez ses parents, retraités de longue date, ce jour-ci.

Apolline, fatiguée de sa journée, se jeta dans les bras de sa mère.

Le point

- Il est impératif à la fin d'une phrase. À l'oral, on l'accompagne d'une intonation descendante et d'une pause nettement marquée.

Je n'ai jamais visité Bruges. Je rêve de visiter cette ville.

Les points de suspension

- Plus connus sous le nom des « trois petits points », on les emploie à la fin d'une phrase pour insinuer une suite.

J'ai découvert de nombreuses villes européennes : Madrid, Vienne, Berlin, Paris...

- Ils peuvent aussi être placés en fin de phrase pour exprimer une interruption.

Attends que je... Tu verras de quel bois je me chauffe !

Non mais... allo... ?

Les deux points

- On les utilise pour annoncer quelque chose dans la phrase.

Les gagnants sont : Sébastien, Michel et Patrick.

- On les emploie également pour donner une précision, ajouter un commentaire.

J'ai trouvé ce film nul : les acteurs étaient mauvais et les dialogues ridicules.

Tu n'as pas mangé tes haricots : tu n'auras pas de dessert !

- On les place avant une citation.

Hobbes a dit : « L'homme est un loup pour l'homme. »

Sartre a dit : « Dans la vie, on ne fait pas ce que l'on veut mais on est responsable de ce que l'on est. »

Les guillemets

- Lorsque vous citez l'auteur du texte, vous devez placer ses mots entre guillemets.

Le journaliste présente ici un argument en faveur du mariage homosexuel. Il soutient son propos en faisant référence à « une avancée logique » de la société.

Épreuve d’admissiblité n° 3

Tests psychotechniques

Cours & méthode
Tests psychotechniques

Les candidats au concours gardien de police municipale passent, dans des conditions garantissant leur anonymat, des tests psychotechniques non éliminatoires, élaborés et interprétés par des psychologues et destinés à permettre une évaluation de leur profil psychologique. Les membres du jury disposent lors de la première épreuve d'admission, pour aide à la décision, des résultats des tests passés par chaque candidat admissible.

En effet, le choix d'une profession orientée vers la sécurité des biens et des personnes ainsi que la prévention requiert de fortes qualités personnelles : sens du service public, éthique, capacités d'écoute et de dialogue, capacité à travailler en équipe, sens des responsabilités, sens de la discipline et du respect des consignes, aptitude à la réserve, à la discrétion, maîtrise de soi, etc.

En outre, la police municipale ne peut se permettre de recruter des personnes susceptibles de présenter des comportements à risque pour eux-mêmes, leurs collègues de travail et la population.

Enfin, c'est un métier éprouvant tant physiquement que psychologiquement. Le gardien de police municipale doit savoir faire preuve de discernement, de sang-froid et de courage dans des situations de violence et de détresse.

Ces tests sont confidentiels. Il n'est donc pas possible de se les procurer. Nous proposons en conséquence des exemples de questions afin de vous préparer à celles susceptibles d'être posées lors de cette épreuve.

Les recruteurs ont déterminé une liste des comportements attendus chez les futurs policiers municipaux, comportements qui s'expliquent par des aptitudes et des traits de personnalité indispensables pour exercer la fonction. Ceux-ci vont être évalués par le test de personnalité. **Son objet est moins de rechercher le profil souhaité que d'éviter des personnalités incompatibles avec l'exercice de la fonction.**

Voici quelques-unes des dimensions psychologiques vraisemblablement évaluées lors des concours, leur définition et des exemples d'affirmations ou de questions permettant leur évaluation.

1 La conscience professionnelle

Elle traduit le sens du devoir et de l'ordre, le respect des obligations et l'autodiscipline.

Exemples

- Notez l'affirmation suivante sur une échelle de 1 à 5. Cochez la note la plus élevée si l'affirmation vous correspond parfaitement et la note la plus basse si elle ne vous correspond pas du tout : « Je pense que les supérieurs sont souvent éloignés des problèmes de terrain. »

  ❐ 5 ❐ 4 ☒ 3 ❐ 2 ❐ 1

- Choisissez entre les deux adjectifs proposés, celui qui vous correspond le mieux :

  ❐ Impulsif ☒ Ponctuel

2 La discrétion professionnelle

Un policier municipal ou garde-champêtre ne peut pas divulguer les informations, les faits ou les documents dont il a eu connaissance dans l'exercice de sa fonction.

Exemples

- Répondez par oui ou non à cette question : « Avez-vous déjà rapporté des documents professionnels à votre domicile ? »

  ❒ Oui ☒ Non

- Choisissez l'affirmation qui vous correspond le mieux :

  ❒ J'aime partager mon vécu professionnel avec mon entourage.

  ☒ Je préfère être discret(e) au risque d'être moins apprécié(e) de mes collègues.

3 L'honnêteté

C'est la droiture et l'intégrité, deux qualités indispensables dans l'exercice de la fonction de gardien-brigadier de police municipale.

Exemples

- Répondez à la question suivante par oui ou non : « Si vous voyez un collègue agir de façon malhonnête, le diriez-vous à votre hiérarchie ? »

  ☒ Oui ❒ Non

- Répondez à la question suivante par oui ou non : « Avez-vous commis une infraction au Code de la route au cours de ces deux dernières années ? »

  ☒ Oui ❒ Non

4 L'esprit d'équipe

L'esprit d'équipe traduit une implication dans la réussite collective plutôt qu'individuelle. Il participe, de façon indéniable, à l'efficacité professionnelle.

Exemples

- Cochez l'une des trois cases correspondant à votre réponse : « J'aime partager mes idées avec mes collègues de travail. »

  ☒ Vrai ❒ Ne sait pas ❒ Faux

- Notez l'affirmation suivante sur une échelle de 1 à 5 : « J'ai de l'ambition et je suis prêt(e) à tout faire pour devenir chef d'équipe à moyen terme. »

  ❒ 5 ☒ 4 ❒ 3 ❒ 2 ❒ 1

5 La maîtrise de soi

C'est le sang-froid indispensable au gardien de police municipale qui lui permettra de garder son calme en toutes circonstances.

Exemples

- Répondez par oui ou non à cette affirmation : « J'ai du mal à maîtriser mes émotions devant la détresse d'une personne »

  ❒ Oui ☒ Non

- Choisissez entre les deux adjectifs proposés, celui qui vous correspond le mieux :

  ❒ Nerveux ☒ Ambitieux

- Choisissez l'affirmation qui vous correspond le mieux : « Vous êtes dans la file d'attente d'un cinéma et un groupe de personnes arrive et passe devant vous ».

  ❒ Vous les interpellez pour qu'ils fassent la queue comme tout le monde.

  ❒ Vous fulminez sans rien dire.

  ☒ Pour vous, ce n'est pas grave. Vous n'y prêtez pas attention.

6 Le sens des responsabilités

C'est la capacité à prendre une décision et à agir de façon adaptée et raisonnée.

Exemples

- Cochez l'une des trois cases correspondant à votre réponse : « Je tiens à respecter mes engagements. »

  ☒ Vrai ❒ Ne sait pas ❒ Faux

- Notez l'affirmation suivante sur une échelle de 1 à 5 : « Je parle de mes difficultés si cela me permet de résoudre une situation. »

  ❒ 5 ❒ 4 ☒ 3 ❒ 2 ❒ 1

7 La sociabilité

C'est la tendance à rechercher les contacts sociaux et les relations interpersonnelles.

Exemples

- Notez l'affirmation suivante sur une échelle de 1 à 5 : « Je préfère les sports individuels aux sports collectifs. »

  ❒ 5 ❒ 4 ❒ 3 ❒ 2 ☒ 1

- Cochez l'une des trois cases correspondant à votre réponse : « Vous faites-vous facilement des amis ? »

  ☒ Vrai ❒ Ne sait pas ❒ Faux

- Cochez parmi cette paire d'adjectifs, celui qui vous décrit mieux que l'autre :

  ❒ Structuré ☒ Sociable

8 La stabilité émotionnelle

C'est la facilité avec laquelle l'individu s'adapte aux circonstances de la vie, fait face aux événements avec calme, se remet de ses échecs. La personne équilibrée a une perception positive et optimiste de la vie.

Exemples

- Notez l'affirmation suivante sur une échelle de 1 à 5 : « Lorsque l'on me démontre que j'ai fait une erreur, cela ne m'affecte pas longtemps. »

  ❒ 5 ☒ 4 ❒ 3 ❒ 2 ❒ 1

- Cochez l'une des trois cases correspondant à votre réponse : « À votre avis, est-il préférable de ne pas trop attendre de la vie, pour éviter les déceptions ? »

  ❒ Vrai ❒ Ne sait pas ☒ Faux

- Cochez parmi cette paire d'adjectifs, celui qui vous décrit mieux que l'autre :

  ☒ Rêveur ❒ Positif

- Cochez l'une des trois cases correspondant à votre réponse : « Mon entourage dit de moi que je suis facilement préoccupé(e) ? »

  ❒ Vrai ❒ Ne sait pas ☒ Faux

Remarque

Généralement, les réponses aux questions des tests de personnalité sont notées et l'ensemble des notes pour chacune des dimensions évaluées est additionné.

Les résultats globaux prendront la forme d'un graphique ou d'un tableau de scores.

Ils seront interprétés par le psychologue, qui s'attachera à cerner la personnalité globale du candidat. Des hypothèses seront faites sur les comportements de ce dernier dans certaines situations professionnelles qui seront ensuite confrontés aux attendus pour un gardien de la police municipale dans l'exercice de sa fonction.

9 Conseils pour vous guider face à des questionnaires de personnalité

Cette épreuve n'est pas systématiquement annoncée dans les épreuves du concours. Elle n'est pas notée mais elle peut s'avérer déterminante dans la décision du jury d'admission de retenir ou non un candidat.

Pour vous aider, nous vous recommandons de suivre les quatre conseils suivants.

a. L'attention

Lisez attentivement les énoncés des tests, de façon à ne pas vous méprendre sur le sens de la question posée ou de l'affirmation proposée.

Si vous répondez « NON » à la phrase : « Vous n'avez jamais consommé de substance stupéfiante ? », ***cela signifie que vous avez déjà fait usage de drogue.***

Remarque

Soyez également très attentif aux consignes et aux exemples donnés afin de comprendre ce que l'on attend de vous.

b. La préparation

Même s'il n'est pas possible de se préparer aux questionnaires de personnalité, il est en revanche recommandé de se familiariser à leur forme et à leur contenu, afin d'éviter l'effet de surprise et de mieux gérer son éventuelle appréhension face à ce type d'épreuve.

Il est nécessaire de rappeler que les tests sont un préalable à l'entretien avec un jury que vous aurez également préparé et au cours duquel vous pourrez argumenter et illustrer vos choix de réponse aux tests de personnalité.

c. La sincérité

Il est facile d'orienter ses réponses de façon à donner une bonne image de soi. Mais il est préférable d'être honnête car ces tests prévoient des moyens de détection du mensonge.

Ainsi, ils peuvent contenir des affirmations ou des questions auxquelles la majorité des personnes interrogées devraient répondre de façon défavorable.

Exemples

« Vous êtes toujours ponctuel(le) à vos rendez-vous » : ❒ OUI ❒ NON

« Vous n'avez jamais proféré de jurons » : ❒ OUI ❒ NON

Répondre OUI à ce type d'affirmations, démontre une tendance chez le candidat à « tricher » et rend suspectes toutes ses autres réponses au test.

Par ailleurs, l'introduction dans le test de plusieurs questions ou affirmations très proches, permet de vérifier la cohérence des réponses. Si ces dernières ne sont pas sensiblement les mêmes, la fiabilité des résultats obtenus sera remise en cause.

Certaines questions peuvent paraître incongrues ou anodines. Pour autant, ne remettez pas en question la pertinence du test, conçu par des experts de la psychométrie, et répondez toujours avec sérieux et sincérité.

d. La spontanéité

Il n'est pas nécessaire de parcourir l'ensemble des questions avant de commencer le test. Répondez de façon intuitive, sans trop réfléchir. Il n'existe pas de bonnes ou de mauvaises réponses. L'objectif est, rappelons-le, de vérifier l'adéquation entre le profil du candidat et les exigences de la fonction de gardien de police municipale.

Même si vous n'avez pas de contrainte de temps, une lenteur excessive pour ce type d'épreuve ferait s'interroger l'examinateur présent sur la nature de vos difficultés.

Répondez à toutes les questions et évitez de donner trop de réponses indécises du style « je ne sais pas », « peut-être », « ça dépend » ou mitigées « 3 » sur une échelle de 1 à 5. Vous pourriez être considéré(e) comme réfractaire au test ou comme quelqu'un d'indécis.

Entraînements

Exercice 1

Difficulté : ★

Répondez par OUI ou NON aux questions suivantes en mettant une croix dans la case correspondant à votre réponse.

QUESTIONS	OUI	NON
1. Je propose mon aide sans que l'on ait besoin de me le demander.	☒	☐
2. J'ai déjà pensé au suicide.	☐	☒
3. Je m'énerve dans les embouteillages.	☒	☐
4. Je n'aime pas que l'on me donne des ordres.	☐	☒
5. J'aime rendre service.	☒	☐
6. Je souffre souvent d'insomnies.	☐	☒
7. Je ne suis pas très patient(e).	☐	☒
8. J'aime faire ce qui me plaît.	☒	☐
9. Si deux de mes amis se disputent, j'interviens pour les calmer.	☒	☐
10. Mon entourage dit de moi que je suis plutôt pessimiste.	☐	☒
11. Si une personne au téléphone me fait attendre, je raccroche.	☐	☒
12. J'aime prendre mes propres décisions.	☒	☐
13. J'accepte de prendre les auto-stoppeurs dans ma voiture.	☒	☐
14. Je suis facilement inquiet(e).	☐	☒
15. La patience n'est pas une de mes qualités.	☐	☒
16. Je n'étais pas un(e) enfant obéissant(e).	☒	☐
17. Je déteste choisir des cadeaux passe-partout.	☒	☐
18. Il m'est arrivé d'être déprimé(e).	☒	☐
19. Je perds parfois mon calme.	☒	☐
20. Je supporte difficilement l'autorité.	☐	☒

Ce mini-test est organisé autour de quatre séries de questions :

Série 1 : questions 1, 5, 9, 13 et 17 mesurent l'altruisme, le sens du service, la bienveillance.
Série 2 : questions 2, 6, 10, 14 et 18 mesurent la stabilité émotionnelle.
Série 3 : questions 3, 7, 11, 15 et 19 mesurent la maîtrise de soi, la patience.
Série 4 : questions 4, 8, 12, 16 et 20 mesurent le rapport à l'autorité.

Exercice 2

Difficulté : ★★

Cochez les trois qualificatifs qui vous correspondent le plus dans la liste suivante :

- ☐ Sportif(ve)
- ☐ Organisé(e)
- ☐ Adroit(e)
- ☒ Respectueux(se)
- ☐ Ponctuel(le)
- ☐ Meneur(se)
- ☒ Discipliné(e)
- ☐ Solitaire
- ☐ Hyperactif(ve)
- ☐ Curieux(se)
- ☐ Joyeux(se)
- ☐ Courageux(se)
- ☐ Fiable
- ☐ Dynamique
- ☒ Persévérant(e)
- ☐ Honnête
- ☐ Patient(e)
- ☐ Diplomate

Pour chacun des trois qualificatifs, décrivez une situation qui illustre cette facette de votre personnalité :

1. ______________________________

2. ______________________________

3. ______________________________

Conseils

Le gardien-brigadier de police municipale ou le garde-champêtre doit avoir une bonne condition physique. Il fait preuve d'autorité, de sang-froid et de patience dans la réalisation de ses missions. L'honnêteté, la discipline ainsi que la diplomatie sont des qualités indispensables pour ce métier. Les qualificatifs « meneur » et « solitaire » sont à éviter.

Épreuve d'admission n° 1

Entretien avec le jury

- L'épreuve d'entretien avec le jury
- Conseils pour l'épreuve

1 Présentation de l'épreuve
L'épreuve d'entretien avec le jury

Intitulé réglementaire de l'épreuve gardien-brigadier de police municipale

Un entretien avec le jury *permettant à ce dernier d'apprécier la personnalité du candidat et sa motivation pour occuper un emploi d'agent de police municipale, ainsi que ses connaissances sur le fonctionnement général des institutions publiques.*

Durée : 20 minutes ; coefficient : 3.

Intitulé réglementaire de l'épreuve garde champêtre

Entretien avec le jury *portant sur le fonctionnement général des institutions publiques et sur la motivation du candidat pour occuper un emploi de garde champêtre.*

Durée : 20 minutes ; coefficient : 2.

1 L'épreuve d'entretien avec le jury

a. L'entretien

- Il s'agit d'un échange entre le jury et le candidat fondé sur des questions auxquelles doit répondre le candidat, destinées à apprécier tant la personnalité et la motivation du candidat que ses connaissances des institutions publiques.
- Le libellé réglementaire de l'épreuve ne prévoyant ni sujet tiré au sort ni temps de préparation, les questions posées par le jury, choisies par celui-ci au sein d'une palette de questions et de mises en situation qu'il a préalablement élaborées, appellent des réponses en temps réel, sans préparation.
- Le candidat ne peut recourir à aucun document (ni CV, ni document présentant son expérience professionnelle, etc.) pendant l'épreuve.
- Le candidat doit se présenter à l'épreuve en tenue civile uniquement.
- L'entretien commence généralement, hors temps réglementaire, par une brève présentation des membres du jury, qui prennent le soin de n'indiquer que leur qualité sans préciser l'établissement ou la collectivité où ils exercent. La présentation peut être suivie par un bref rappel par le jury des modalités de déroulement de l'épreuve.

- Au terme de ce bref temps de présentation, le jury déclenche le minuteur, garant du respect du temps réglementaire de l'épreuve, soit 20 minutes.
- Si l'intitulé réglementaire ne prévoit pas d'exposé, le jury peut néanmoins demander au candidat une présentation sommaire de son parcours, dont le contenu peut déterminer, pour une part, les questions du jury.
- Tout candidat dispose de la totalité du temps réglementaire de l'épreuve qui ne peut éventuellement être interrompue qu'à sa demande expresse. Le jury s'efforcera, le cas échéant, d'aider un candidat en difficulté et ne le laissera partir avant le terme que contre une déclaration écrite de sa volonté de ne pas utiliser tout le temps qui lui est imparti.

b. Le jury

Le jury plénier comprend réglementairement trois collèges égaux (élus locaux, fonctionnaires territoriaux, personnalités qualifiées) et obligatoirement en son sein, parmi les personnalités qualifiées, un magistrat de l'ordre judiciaire et un psychologue agréé auprès des tribunaux. Il peut se scinder en groupes d'examinateurs, composés d'un nombre égal de représentant(s) de chacun des collèges.

Un groupe d'examinateurs peut, par exemple, être composé d'un adjoint au maire en charge de la sécurité, d'un directeur de police municipale, d'une directrice générale des services.

Important

Le candidat doit bien mesurer la retenue que lui impose sa qualité de candidat face à un jury souverain. La familiarité et l'agressivité sont évidemment proscrites.

Le jury, pour sa part, accueillera la plupart du temps les réponses du candidat avec une empathie qui ne préjuge en rien de la note qu'il attribuera.

c. L'évaluation précise de la prestation du candidat

Les jurys conduisent, pour une session donnée, tous les entretiens de la même manière avec l'ensemble des candidats. Le jury conduit l'entretien autour des trois axes suivants, conformément au libellé réglementaire de l'épreuve :

- la personnalité du candidat ;
- les connaissances relatives au fonctionnement général des institutions publiques ;
- la motivation tout au long de l'entretien.

2 Le déroulement de l'entretien avec le jury

a. L'appréciation de la personnalité du candidat

Compte tenu du caractère particulier des missions qui lui sont confiées, la personnalité du candidat joue un rôle important dans la réussite du concours.

À cet égard, à partir de questions et/ou de mises en situation professionnelle, le jury cherche à évaluer chez le candidat :

- ses qualités de communication : capacité à écouter, à reformuler, à transmettre l'information, à rendre compte, etc. ;
- ses qualités relationnelles ;
- sa capacité d'adaptation ;

- sa capacité à faire preuve de discrétion ;
- sa capacité à appréhender une situation donnée ;
- sa capacité à respecter les règles déontologiques (honnêteté, intégrité, etc.) ;
- son aptitude au travail en équipe ;
- etc.

b. Les connaissances sur le fonctionnement général des institutions publiques

L'arrêté du 25 octobre 1994 fixant le programme des matières des épreuves du concours pour le recrutement des agents de police municipale dispose que l'entretien avec le jury a pour objet de vérifier la maîtrise par le candidat des notions sommaires sur l'organisation de l'État et des collectivités locales (désignation et compétences des organes délibérants et exécutifs, organisation générale des services, etc.).

À titre indicatif, et sans que cela constitue un programme réglementaire dont le candidat pourrait se prévaloir, voici une liste de thèmes sur lesquels peuvent notamment porter les questions du jury.

L'organisation de l'État

- Le président de la République
- Le Parlement, l'Assemblée nationale, le Sénat
- Le Gouvernement
- Le Premier ministre
- Les ministres
- Le préfet
- La police et la justice

L'organisation des collectivités territoriales

- La décentralisation
- Les collectivités territoriales
- L'organe exécutif de la commune
- Le maire et les adjoints
- Les pouvoirs de police du maire
- Le département
- La région
- L'intercommunalité

Les questions du jury cherchent à mesurer les connaissances que tout citoyen, et a fortiori tout fonctionnaire, devrait maîtriser pour être à même de se repérer au sein d'institutions dont le fonctionnement et les décisions déterminent la vie de la cité.

c. La motivation, appréciée tout au long de l'entretien

Tout au long de l'entretien, le jury cherche à évaluer si le candidat est réellement motivé et prêt à exercer les responsabilités confiées à un gardien de police municipale, s'il a un intérêt pour le monde qui l'entoure, par exemple à travers des qualités de comportement telles que le dynamisme, la curiosité intellectuelle et l'ouverture d'esprit.

Cette épreuve orale peut, d'une certaine manière, même si sa finalité n'est pas de recruter un gardien de police municipale dans un poste déterminé mais de s'assurer que le candidat est apte à en assumer les missions, s'apparenter à un entretien d'embauche, les membres du jury se plaçant souvent dans une position d'employeur : s'il s'agissait d'un entretien de recrutement en vue de pourvoir un poste confié à un gardien de police municipale, ce que dit ce candidat et sa manière de se comporter conduiraient-ils à le recruter ?

Au-delà de ses connaissances, fait-il la preuve des aptitudes et des qualités humaines et intellectuelles indispensables pour exercer les fonctions de gardien de police municipale et répondre au mieux aux attentes des décideurs et des usagers du service public ?

Cette épreuve orale permet ainsi au candidat de faire la preuve des capacités suivantes.

Gérer son temps...	• en étant capable de ne pas se perdre dans les détails, de distinguer l'essentiel de l'accessoire. • en étant à même d'adapter le type de réponse (brève, développée) à une question.
Être cohérent...	• en se montrant capable d'organiser, même sommairement, ses réponses. • en veillant à ne pas dire une chose puis son contraire. • en sachant défendre ses idées et ne pas donner systématiquement raison à un contradicteur. • en sachant convenir d'une absurdité.
Gérer son stress...	• en apportant des réponses sans précipitation excessive, sans hésitations préoccupantes. • en sachant garder, même s'il se trouve en difficulté sur une question, une confiance en soi suffisante pour la suite de l'entretien.
Communiquer...	• en ayant réellement le souci d'être compris, grâce à une expression claire. • en s'exprimant à haute et intelligible voix. • en adoptant une élocution ni trop rapide, ni trop lente. • en s'adressant à l'ensemble du jury sans privilégier abusivement un seul interlocuteur.
Apprécier justement sa hiérarchie...	• en adoptant un comportement adapté à sa «condition» de candidat face à un jury. • en sachant ne pas être péremptoire, excessivement sûr de soi ni contester les questions posées. • en sachant argumenter en cas de désaccord avec le jury.
Mettre en œuvre curiosité intellectuelle et esprit critique...	• en sachant opposer des arguments fondés à ceux du jury. • en sachant profiter d'une question pour valoriser des connaissances pertinentes. • en manifestant un intérêt pour l'actualité.

2 Méthodologie
Conseils pour l'épreuve

Cette épreuve dure réglementairement 20 minutes au cours desquelles vous serez seul face à un jury.

Attention, vous devez vous préparer psychologiquement car le jury est composé d'au moins six personnes :

- deux fonctionnaires de catégorie A ou B ;
- un magistrat de l'ordre judiciaire appartenant au siège ou au parquet ;
- un psychologue agréé auprès des tribunaux ;
- deux élus locaux.

Entrer dans une salle face à un jury est toujours étouffant, surprenant. Et c'est normal car vous pénétrez à l'intérieur d'une pièce dont vous ignorez la configuration.

Vous n'êtes pas dans votre élément alors qu'à l'inverse, le jury est dans le sien et, de surcroît, il est en nombre.

Vous avez l'impression d'être seul face à tous.

Rassurez-vous, le stress est naturel dans ce genre de circonstances. Cependant, pour pouvoir le maîtriser au mieux, il vous faut préparer cette épreuve orale longtemps à l'avance – notamment la phase « isolement et respiration » (voir plus bas).

1 Conseil pour maîtriser l'impression faite au jury

La première impression du jury est importante.

Aussi, vous aurez fait l'effort de vous présenter devant vos hôtes avec des habits soignés. C'est le minimum de respect que vous devez au jury.

Le style « mal rasé, mal coiffé », jeans troué, baskets sales et tee-shirt estampillé d'une feuille de cannabis est proscrit. Mâcher un chewing-gum est aussi à bannir pendant tout entretien oral.

a. La phase « isolement et respiration »

1. Durant les minutes d'attente avant votre tour, isolez-vous. Faites le vide dans votre tête et surtout, ne révisez pas (ni vos cours, ni votre présentation), c'est trop tard. Ce que vous ne saviez pas hier ne sera pas plus appris aujourd'hui et cela n'aurait qu'un seul effet : risquer de parasiter encore plus vos connaissances.
2. Apprenez à respirer : tant que vous êtes isolé, travaillez votre respiration. Obligez-la à vous obéir, c'est-à-dire à ventiler au rythme que vous lui imposez. Ne laissez pas votre respiration vous contrôler. Cette phase est essentielle pour vous libérer de ce qui vous oppresse. Fermez les yeux et visualisez chaque partie de votre corps que vous relâchez, en commençant par la tête (mâchoire, palmettes, paupières, front), puis le cou, les épaules les bras, les avant-bras et enfin le dos et les jambes.

b. La phase « entrer dans la salle du jury »

1. Si vous avez trop chaud au moment d'entrer dans la salle, n'attendez pas de transpirer. Cela trahit votre état. Découvrez-vous et portez votre veste pliée en deux sur votre bras. Vous donnerez l'impression d'être soigné.
2. Lorsque vous entrez dans la salle, la première des choses à faire est de dire « bonjour ». Cela peut vous sembler évident, donc ridicule de le préciser, mais bon nombre de candidats oublient cette marque d'éducation.
3. En vous avançant vers votre chaise, votre démarche doit être sûre. Vous marcherez donc fièrement, assurément, le buste droit (surtout pas le dos voûté, ce qui donnerait une allure victimisante).
4. En effet, vous ne venez pas subir un combat mais partager vos valeurs et votre savoir avec des personnalités qui n'attendent que de vous découvrir. À vous de leur apporter l'intérêt qu'ils attendent.
5. Lorsque vous êtes face au jury, attendez que le (la) président(e) vous invite à vous asseoir.
6. Une fois assis, profitez du temps d'explication du (de la) président(e) du jury pour vous positionner correctement sur votre chaise, bien droit en prenant soin de poser vos mains sur la table.

Important

Attention à ne pas vous stresser encore plus avec toutes les légendes urbaines sur le « langage non verbal ». En effet, bien que ce langage soit réel, il s'agit d'une science que vous ne pourrez jamais apprendre en quelques mois.

c. Pendant l'entretien

1. Soyez vous-même, soyez sincère. Ne cherchez pas à être quelqu'un d'autre, à plaire ou à séduire le jury. Il y est préparé et ce genre de candidat ne fait jamais l'unanimité. Ainsi le fameux « langage non verbal » ne vous trahira pas.
2. Ayez un débit de parole lent. Cela sera interprété par le jury comme une preuve de votre contrôle face à une situation difficile.
3. Lorsque vous adressez au jury, regardez tous les membres, pas seulement celui ou celle qui vous aura posé la question. Vous devez vous adresser à votre auditoire en entier.
4. Ne répondez qu'à une question à la fois.
5. Une technique de déstabilisation consiste à poser plusieurs questions en même temps. Ne vous affolez pas, attendez que tous les membres aient posé leur question et précisez que vous allez essayer de répondre à chacun mais que vous allez commencer par la première question. Cela apporte aussi une indication au jury : le candidat parvient à ordonnancer ses priorités, sans panique.

Important

Voici une liste non exhaustive de comportement à éviter absolument :

- croiser les bras durant l'entretien (il n'est pas nécessaire d'être docteur en sciences pour comprendre que cette posture indique « attitude fermée ») ;
- vouloir répondre à toutes les questions en même temps ;
- s'agacer et/ou essayer de contredire un membre du jury.

Remarque

Si l'un des membres du jury vous attaque ou devient désagréable avec vous, c'est une stratégie pour analyser votre niveau d'acceptation et de soumission.

Dans ce cas, restez poli et calme, mais ferme. Vous pouvez aussi préciser à votre interlocuteur que vous ne souhaitez pas le contredire mais qu'à l'issue de l'entretien, vous vous assurerez de la véracité de ce que vous affirmez. Cela indique une notion de dépersonnalisation des situations et de contrôle a posteriori.

2 Comprendre la motivation du jury

1. Tout d'abord, le jury cherche à savoir qui vous êtes :
   - Quel est votre parcours ?
   - Êtes-vous sincère ? Loyal ? Honorable ?
   - Correspondez-vous au profil ?
   - Pourquoi souhaitez-vous être policier municipal ou garde champêtre ?
2. Dans un second temps, le jury va tester vos connaissances (textes officiels, institutions, veille juridique ou médiatique, etc.). Par ce contrôle, le jury veut s'assurer, d'une part, que vous avez travaillé, que vous vous êtes investi pour ce concours, et, d'autre part, que vous comprenez bien l'environnement dans lequel vous aller pénétrer si vous êtes reçu.
3. Et enfin, le jury veut s'assurer que vous avez réellement envie d'obtenir ce poste. Qu'avez-vous mis en œuvre pour cela ? Que connaissez-vous de ce métier ? L'aimez-vous réellement ? Êtes-vous fait pour ?

3 Déroulement de l'épreuve

En général, les premières minutes vous sont octroyées pour vous présenter.

Ainsi, comme conseillé plus haut, soyez vous-même, soyez sincère. À nouveau, le « langage non verbal » ne vous trahira pas.

a. La présentation

La première partie des questions du jury sera orientée sur la présentation que vous ferez de vous, de votre parcours personnel.

Tout d'abord, déclinez vos nom et prénom, situation familiale (marié(e), enfants, etc.), scolarité ou métiers précédents.

Soyez précis dans vos motivations pour devenir policier municipal.

Cette motivation peut passer par votre besoin d'être au service de la population par exemple.

Attention

- Ne pas jouer la carte « super-héros ». Vous n'êtes pas un justicier et le jury cherche des valeurs simples telles que l'humilité ou la simplicité, par exemple. Vous devez faire preuve de maturité.
- Ne pas « vous vendre » car chaque porte que vous ouvrirez sur votre passé sera l'occasion pour le jury de s'y engouffrer pour contrôler votre honnêteté.

b. Les types de questions

Cette deuxième partie a vocation à tester votre esprit d'analyse, de jugement et de décision.

Rappelez-vous, le jury attend des candidats matures, posés et réfléchis ayant des connaissances précises des institutions.

Exercices

Voici quelques questions qui pourraient vous être posées

- Que pensez-vous de l'armement dans la police municipale ?
- Ne pensez-vous pas que le fait d'autoriser les policiers municipaux à relever l'identité des gens est liberticide ?
- Quels sont les fichiers auxquels les policiers municipaux/gardes champêtres ont accès et que pensez-vous de l'accès direct à ces fichiers ?
- Quelles sont les conditions du menottage ?
- À partir de quand les policiers municipaux/gardes champêtres doivent-ils rendre compte ?
- Vous êtes en train de verbaliser des véhicules en stationnement gênant et vous reconnaissez le véhicule du maire, mal stationné lui aussi. Le verbalisez-vous ?
- Vous êtes avec votre collègue en patrouille lorsque vous êtes appelé sur un cambriolage en cours. Vous êtes armé d'un revolver, d'une matraque et d'une bombe lacrymogène. Que faites-vous ? Comment agissez-vous ?
- Que pouvez-vous nous dire sur le président de la République ?
- Définissez-nous le Parlement ?
- Comment sont élus les députés ?
- Quels sont les pouvoirs de police du maire ?
- Pouvez-vous nous dire ce qu'est un suffrage universel direct ?
- Quelle différence faites-vous entre déconcentration et décentralisation ?
- Pouvez-vous nous dire ce qu'est une collectivité territoriale ?
- Que vous évoque la clause générale de compétence ?
- Pouvez-vous nous dire combien de types de collectivités territoriales vous connaissez ?
- Quels sont les trois pouvoirs de la Ve République ?
- Quelle différence faites-vous entre le pouvoir exécutif et le pouvoir législatif ?

4 Entraînez-vous !

Surtout, n'attendez pas les résultats de l'écrit (admissibilité) pour vous entraîner à l'épreuve orale.

Pour vous permettre de lutter rapidement contre votre timidité, entraînez-vous avec un public : des membres de votre famille, des amis, etc. Sollicitez-les pour vous poser des questions basées sur les éléments de cet ouvrage et invitez-les à vous donner leur impression sur votre attitude.

Vous pouvez aussi vous filmer afin d'évaluer les points forts et les points faibles à travailler.

Épreuve d'admission n° 2

Épreuves physiques

- Les épreuves physiques
- Se préparer aux épreuves

1 Présentation de l'épreuve
Les épreuves physiques

1 Modalités des épreuves

Les épreuves physiques pour les concours de gardien-brigadier de police municipale et de garde champêtre sont les mêmes, seuls les coefficients diffèrent (coefficient 1 pour le concours de gardien-brigadier de police municipale ; coefficient 2 pour le concours de garde champêtre). Les candidat(e)s devront réaliser 2 épreuves :

- épreuve commune obligatoire : course à pied de 100 m ;
- une autre épreuve physique choisie par le candidat au moment de l'inscription au concours parmi les suivantes : saut en hauteur, saut en longueur, lancer de poids (6 kg pour les hommes, 4 kg pour les femmes) et natation 50 m nage libre avec départ plongé.

Remarque

Les candidates enceintes peuvent être dispensées, à leur demande, des épreuves physiques, et sous réserve de la production d'un certificat établissant leur état. Les candidates bénéficiaires de cette dispense sont créditées d'une note égale à la moyenne des notes obtenues par l'ensemble des candidats au concours auquel elles participent.

2 Barèmes

Hommes

Note	100 mètres	Saut en hauteur (cm)	Saut en longueur (m)	Lancer de poids 6 kg (m)	Natation (50 m nage libre)
20	11"7	168	6,00	11,50	33"
19	11"8	165	5,90	11,00	35"
18	11"9	162	5,80	10,50	37"
17	12'1	159	5,60	10,00	39"
16	12"2	155	5,40	9,55	41"
15	12"4	151	5,20	9,10	43"
14	12"6	147	5,00	8,65	45"
13	12"7	143	4,80	8,20	47"5
12	12"9	138	4,60	7,75	50"
11	13"1	133	4,40	7,30	53"
10	13"3	128	4,20	6,90	56"
9	13"4	123	4,00	6,50	1'00"
8	13"6	118	3,80	6,15	1'05"
7	13"8	113	3,60	5,80	1'10"
6	14"	108	3,40	5,45	1'15"
5	14"2	103	3,20	5,15	1'20"
4	14"4	98	3,00	4,85	1'30"

Note	100 mètres	Saut en hauteur (cm)	Saut en longueur (m)	Lancer de poids 6 kg (m)	Natation (50 m nage libre)
3	14"6	93	2,80	4,55	1'50"
2	14"8	88	2,60	4,25	50 mètres (*)
1	15"	83	2,40	4,00	25 mètres (*)

(*) Sans limite de temps

Femmes

Note	100 mètres	Saut en hauteur (cm)	Saut en longueur (m)	Lancer de poids 4 kg (m)	Natation (50 m nage libre)
20	13"3	135	4,20	8	38"
19	13"5	133	4,10	7,75	40"
18	13"7	131	4,00	7,50	42"
17	13"8	129	3,90	7,25	45"
16	14"	127	3,80	7,00	48"
15	14"2	125	3,70	6,75	51"
14	14"4	122	3,60	6,50	54"
13	14"6	119	3,50	6,25	58"
12	14"8	116	3,40	6,00	1'02"
11	15"	113	3,30	5,75	1'06"
10	15"2	110	3,15	5,50	1'10"
9	15"4	107	3,00	5,25	1'15"
8	15"6	103	2,85	5,00	1'20"
7	15"8	99	2,70	4,75	1'26"
6	16"	95	2,55	4,50	1'32"
5	16"3	91	2,40	4,25	1'38"
4	16"6	87	2,20	4,00	1'44"
3	16"8	83	2,00	3,75	1'50"
2	17"	79	1,80	3,50	50 mètres (*)
1	17"3	75	1,60	3,25	25 mètres (*)

(*) Sans limite de temps

Les conditions de déroulement de ces exercices physiques sont définies par les règlements en vigueur dans les fédérations françaises d'athlétisme et de natation. La notation des épreuves est assurée par un groupe de correcteurs nommés à titre d'experts sous l'autorité du président du jury.

Si, par la suite des conditions atmosphériques, les installations sportives sont impraticables, certains des exercices peuvent être reportés à une date ultérieure par décision du président.

La somme des points de cotation obtenus dans les deux exercices est majorée d'un demi-point par année d'âge au-dessus de 28 ans chez les femmes et de 30 ans chez les hommes, dans la limite de 10 points, l'âge des candidats étant apprécié à la date d'ouverture du concours.

Cette somme est divisée par deux pour obtenir la note finale du candidat et ne peut toutefois excéder 20 sur 20.

Toute note inférieure à 5 sur 20 à l'une des épreuves d'admission entraîne l'élimination du candidat.

2 Méthodologie
Se préparer aux épreuves

1 L'épreuve de course

a. Les composantes du 100 m

La technique de départ

Sans starting-blocks

Le départ s'exécute le plus souvent debout, en position semi-fléchie. Le coureur recherche le déséquilibre avant qui lui permet de pousser loin derrière.

Avec starting-blocks

Le réglage des deux blocs se réalise les 2 genoux au sol. Il faut amener ensuite le pied gauche au niveau du genou droit (pour un sprinter ayant un pied d'appel gauche), le premier bloc étant à environ 2 pieds de la ligne de départ, à 1 pied de l'autre et est moins incliné. En position « À vos marques » : les pieds doivent appuyer sur les blocs, la pointe des pieds touche le sol. Dans cette position, les bras sont tendus à largeur des épaules et les mains sont tournées parallèlement à la ligne départ. Le poids du corps est réparti également sur tous les appuis, la tête est relâchée, le regard est dirigé vers l'avant à quelques dizaines de mètres. En position « Prêt » : le genou de la jambe arrière quitte le sol et les fesses montent sensiblement et dépassent légèrement le niveau des épaules. L'angle de l'articulation du genou de la jambe arrière est de 110°-120° environ. Les pieds appuient fortement contre les blocs. Le dos est arrondi et vous êtes prêt à partir.

Au coup de pistolet ou tout autre signal, les mains du coureur quittent le sol. Simultanément, on observe une extension complète et rapide du corps vers l'avant. La jambe arrière revient rapidement et le pied de cette jambe prend appui devant la ligne de départ. Le mouvement des bras est vigoureux et rapide. Le regard reste dirigé vers le sol et le corps ne se redresse progressivement qu'après les 6-7 premières foulées.

Technique de course

Pour être le plus rapide possible, il faut bien comprendre les points clés qui constituent une épreuve de sprint : la mise en action au départ, la foulée et son amplitude, le griffé des pieds au sol, le principe de balancier des bras.

La mise en action

C'est une phase où s'exprime la faculté d'accélération. Au signal de départ, il s'agit de développer la plus grande force explosive : le corps est déséquilibré vers l'avant avec les mains qui s'enlèvent du sol et la poussée sur les starting-blocks et les 6-7 premières foulées permettent d'élever son centre de gravité pour adopter l'attitude de course.

La foulée

La foulée, son amplitude et sa fréquence, est bien évidemment l'élément central de cette épreuve, mais ce n'est pas en focalisant votre attention sur elle lors de la course que vous l'améliorerez. En effet c'est en travaillant la position de votre jambe, l'attaque de votre pied au sol et le balancier de vos bras que vous l'améliorerez directement.

- **Position des jambes :** en fin de poussée, la jambe en appui au sol doit être tendue et la jambe libre doit être portée en avant, la cuisse devant se mettre le plus possible à l'horizontale.

- **L'attaque du pied au sol :** nombreux sont ceux qui utilisent leur talon comme appui au sol et pour se propulser, mais cela a pour conséquence de réduire le temps de réaction à la poussée et augmente le temps de contact du pied au sol. Il faut donc courir sur la pointe des pieds en se penchant légèrement vers l'avant afin d'avoir des appuis dynamiques et de réduire le temps entre chaque foulée. C'est ce que l'on appelle le griffé.
- **Le balancier des bras :** pour augmenter la longueur des foulées, il ne faut pas négliger le puissant effet de balancier dégagé par les bras qui permet de relancer rapidement le mouvement entre chaque foulée. Basculez vos bras d'avant en arrière en cherchant le plus loin et le plus rapidement possible vers l'avant avec une grande explosivité. Attention à veiller à bien rester coordonné avec vos jambes.

b. Planification de l'entraînement

Pour travailler efficacement votre temps au 100 m, il ne s'agit pas de s'entraîner jour après jour à cette même distance, mais de varier les exercices pour travailler ses différentes composantes. Voici une proposition de série d'exercices pour un entraînement :

Le circuit de variations de foulées

Sur terrain plat et sur une distance de 50 m, effectuer des allers-retours en variant les techniques de course :

- 1 aller-retour en talon-fesses : le tronc légèrement penché en avant, les pieds doivent toucher les fesses. La vitesse d'avancement importe peu, c'est la fréquence d'exécution qui compte ;
- 1 aller de récupération active (marche lente à modérée) ;
- 1 aller-retour en montée de genoux : monter les genoux à hauteur du bassin en coordonnant bien les bras. Privilégiez la rapidité d'exécution ;
- 1 aller de récupération active (marche lente à modérée) ;
- 1 aller-retour de foulées bondissantes : réalisez de longues foulées en élevant vos genoux de façon dynamique. Le genou monte pendant que l'autre jambe pousse en restant dans l'axe ;
- 1 aller de récupération active (marche lente à modérée) ;
- 1 aller-retour de multibonds : enchaînez des sauts de longueurs et de hauteurs différentes ;
- 1 aller de récupération active (marche lente à modérée) ;
- 25 m de foulées courtes et rapides : le bassin abaissé, le tronc légèrement penché en avant, avancez en effectuant des appuis rapides et dynamiques sur la pointe des pieds ;
- 1 aller de récupération active (marche lente à modérée) ;
- 25 m de foulées courtes et rapides ;
- 5 minutes de récupération active.

Travail du départ

Selon la description précédente, prendre ses marques aux starting-blocks et réaliser des sprints de 20 m. Le corps doit bien se redresser après les 6-7 premières foulées. Entre 6 et 10 répétitions.

Fractionné de 100 m

Il est possible de fractionner le 100 m en enchaînant des sprints sur des distances plus courtes afin de travailler votre explosivité et sur le principe de surcharge (en imposant une charge de travail plus importante que d'habitude, le corps surcompense en s'adaptant à l'effort).

Réaliser 4 fois 4 sprints de 60 m avec 30''de récupération active entre les sprints et 5' de récupération entre les séries, ou 1 × 80 m, 45'' de récupération active, 1 × 60 m, 30' de récupération active, 2 × 50 m avec 30” de récupération active entre les deux, à répéter sur 3 séries avec 5 minutes de récupération.

Le deuxième exercice proposé ici est en pyramide inversée, mais peut tout aussi bien être travaillé dans l’autre sens.

Avec votre progression, vous pourrez augmenter la distance et le nombre de séries.

Le 100 m

Les muscles sont à ce stade dans de très bonnes conditions pour effectuer un effort sur 60/100 m. Après récupération, entraînez-vous maintenant à réaliser des performances optimales sur cette distance. N’oubliez pas de vous faire chronométrer.

Exercices de musculation

Dans votre programme d’entraînement, il ne faut pas négliger l’importance de la musculation. En effet, elle vous permettra de développer votre puissance explosive et donc votre rapidité. Cette préparation ne requiert pas nécessairement de matériel de musculation, parfois coûteux. Voici quelques exemples.

Les squats

Réalisez 3 × 10 répétitions avec 30 secondes de récupération entre chaque série. Selon votre progression et votre ressenti, il possible d’augmenter la charge de travail en tenant des poids (ou bouteilles d’eau dans un sac par exemple) avec les deux mains contre le torse ou un dans chaque main tenus sur les épaules.

La fente avant

Debout, les pieds écartés environ à la largeur du bassin, le dos bien droit, mains sur les hanches ou le long du corps, faites un pas en avant avec le pied gauche. Fléchissez les deux jambes jusqu’à ce que le genou droit vienne pratiquement toucher le sol. Redressez-vous en poussant sur le pied gauche et ramenez vos pieds parallèles pour revenir en position de départ. Alternez pied gauche pied droit sur 4 séries de 20 répétitions avec 30 secondes de récupération entre chaque. Vous pouvez varier en alternant série de fentes avant avec fentes latérales (même principe mais sur le côté et la jambe qui ne sert pas d’appui doit être tendue en fin de mouvement).

Flexion-saut

Debout, fléchissez les jambes au maximum en «s’asseyant» tout en gardant les pieds posés à plat sur le sol et effectuez un saut le plus haut possible vous servant des bras qui montent eux aussi. Réalisez 6 séries de 3 répétitions pour les filles et 5 séries de 5 répétitions pour les garçons avec 30 à 45 secondes de récupération. Il est possible d’augmenter la charge de travail en remontant les genoux au niveau du bassin lors du saut.

Les *burpees*

Debout en position de squat, posez vos mains au sol devant vous à largeur d’épaule, déplacez vos pieds en même temps en arrière pour vous mettre en position de pompe. Ramenez vos pieds devant en même temps de sorte de vous retrouver en position de squat et sautez enfin le plus haut possible. Possibilité de varier en réalisant une pompe avant de ramener les pieds. Réalisez le plus de *burpees* possible en 2 minutes.

2 L’épreuve de saut en hauteur

a. Les composantes du saut en hauteur

Pour vous préparer à cette épreuve, un matériel adapté est nécessaire. Nous vous conseillons de vous tourner vers les clubs d’athlétisme ou les gymnases de votre région pour en bénéficier.

Concernant la préparation à proprement parler, nous vous proposons un programme d'entraînement progressif en partant du principe que vous n'êtes pas forcément un sauteur aguerri. Ainsi si vous êtes déjà à l'aise avec les premiers exercices, n'hésitez pas à passer aux suivants.

Comme vous devez le savoir, la technique de saut a beaucoup évolué dans l'histoire du saut en hauteur et bien que vous puissiez préférer l'une à l'autre, nous vous proposons ici un entraînement uniquement dédié à la technique du fosbury, technique étant la plus efficace si vous souhaitez sauter le plus haut possible.

Afin de bien débuter votre entraînement, il est nécessaire d'aborder les composantes du saut en hauteur. Elles sont au nombre de trois : la course d'élan, l'impulsion et le franchissement.

La course d'élan

Il est primordial dans un premier temps de déterminer votre point de départ, ceci est un élément individuel fonction de votre «pied fort», de votre amplitude de foulée et de votre taille.

Pour déterminer le pied d'appel, avec un élan réduit et en essayant à gauche et à droite de la fosse de réception, sautez par-dessus une corde et augmentez progressivement la hauteur. Au fur et à mesure que la hauteur augmente, la jambe dominante deviendra de plus en plus évidente et permettra d'identifier le pied d'appel. Si c'est le pied gauche, le point de départ se fera à droite de la fosse de réception, si c'est le pied droit, à gauche.

Pour déterminer le point de départ, mesurez 3 à 5 mètres par rapport au poteau de droite (dans le cas d'un départ à droite) puis mesurez 6 à 9 mètres à la perpendiculaire de ce point. Cela correspondra à peu près à votre point de départ, mais c'est avec la pratique que vous arriverez à le marquer précisément, selon le nombre de foulées que vous faites et votre aisance.

La course d'élan comporte deux parties : une rectiligne de 4 à 6 foulées et une courbe de 3 à 5 foulées. Lorsque vous trouverez la distance et le nombre de foulées qui vous sont optimales, n'en changez pas et faites-en un automatisme que vous devrez absolument reproduire le jour de l'épreuve, car le moindre décalage risquera de modifier votre course, votre pied d'appel et donc votre performance.

L'impulsion

En fin de course, vous devez vous préparer avant l'impulsion en essayant de rester le plus droit et le plus grand possible tout en gardant des appuis stables. Votre pied d'appel en place, balancer votre jambe libre fléchie en direction de l'épaule opposée et balancer les deux bras depuis le bas du dos jusqu'au-dessus de la tête. L'appel du pied d'appel doit être dynamique au moyen d'une forte extension du genou et de la cheville.

Le franchissement

C'est la phase aérienne : une fois le genou parvenu à une hauteur suffisante, il s'agit de terminer le mouvement en se plaçant dos à la barre. Pour cela il faut détourner l'épaule droite (si votre pied d'appel est le gauche) de la barre en effectuant une rotation dans le sens inverse des aiguilles d'une montre tout en se cambrant pour ne pas la toucher. Le temps de genou est primordial, car plus il est maintenu longtemps, plus le saut ira haut.

b. Planification de l'entraînement

Entraînement à la course pré-saut

Exercice 1 : sprinter en courbe

Sprinter en réalisant des 8, effectuer dix 8 complets. En tournant à gauche et à droite, penchez votre corps vers l'intérieur de la courbe en gardant le contrôle du haut du corps.

L'objectif est de développer votre sensation de courbe à l'approche de l'impulsion.

Exercice 2 : sprinter en courbe sur une plus longue distance

Courez 20 m en ligne droite et 10 m en virage (type virage de piste d'athlétisme), revenez en trottinant, 10 répétitions.

L'objectif est toujours de développer votre sensation de courbe, mais plus spécifiquement du côté correspondant à votre pied d'appel (virage vers la gauche ou la droite).

Travail de l'impulsion

Exercice 1 : marcher genoux hauts

Marcher 4 fois 20 m en montant le genou de la jambe d'attaque à hauteur de bassin et en se mettant sur la pointe du pied d'appel. Monter les bras et le genou de manière explosive.

L'objectif est de développer la poussée de la pointe du pied et de la montée de genou.

Exercice 2 : course et impulsion

Sur un parcours avec virage type piste d'athlétisme, réaliser un saut depuis votre pied d'appel avec montée de genou de la jambe d'attaque toutes les 6-8 foulées. 5 séries de 4 sauts en trottinant 20 secondes entre chaque.

L'objectif est toujours de développer la poussée de pointe et de développer l'action ascendante du genou, mais en courant.

Entraînement au fosbury

Exercice 1 : saut sans élan

Dos à la fosse de réception, réalisez 15 sauts en fosbury. Pour cela, fléchir les jambes, se pencher en avant, sauter en levant les bras au-dessus de la tête et plonger en arrière sur le tapis de réception. Tendre les bras et les pieds vers le ciel. Attention à ne pas « s'asseoir » en l'air.

Variante

Utiliser la barre et augmentez progressivement la hauteur.

Exercice 2 : saut avec petit élan

Avec un élan réduit de 3 pas en courbe, effectuer 15 franchissements en respectant scrupuleusement les étapes que nous avons décrites précédemment. À la réception, le corps est bien orienté et tombe sur les épaules et non pas sur les fesses.

Exercice 3 : trouver ses marques

Maintenant, il s'agit de trouver le point de départ qui vous convient : quelle courbe vous va le mieux, quelle distance et combien de foulées. Pour cela rien de tel que la répétition, essayez différentes distances, ni trop près, ni trop loin avec comme critères l'absence de piétinement ou de grands pas avant l'impulsion et surtout l'aisance dans le saut. Lorsque vous trouverez la forme et la longueur de votre course d'élan, prenez vos marques ce qui évitera de les chercher à nouveau et vous permettra d'établir la référence pour vos séances d'entraînements et de recréer les conditions optimales le jour de l'épreuve.

3 L'épreuve de saut en longueur

a. Réglementation

L'appel se fait sur une planche blanche de 20 cm de large. Une bande de plasticine est placée derrière cette planche, elle sert à vérifier si un saut a été mordu ou non. Tout saut mordu n'est pas mesuré. Un saut est invalidé si l'appel s'est fait en dehors de la planche d'appel. Les sauts en culbute ne sont pas autorisés. La mesure se fait de l'extrémité de la planche d'appel à la marque la plus proche de la planche faite dans le sable par le sauteur.

b. Les phases du saut

1. **L'élan :** c'est une course en position redressée (plante des pieds, hanches et genoux hauts) avec accélération progressive et appuis dynamiques pour arriver vite sur la planche d'appel. À l'avant-dernière foulée le centre de gravité s'abaisse très légèrement pour permettre une forte impulsion sur la jambe d'appel au moment du saut.
2. **L'appel :** le regard doit être loin devant soi, la jambe d'appel se met en extension complète. Le genou de la jambe libre monte haut. Le saut se fait à la verticale, l'élan se charge de porter le sauter en avant.
3. **La phase aérienne :** la jambe d'appel rejoint la jambe libre devant. À ce moment, le sauteur peut réaliser des foulées dans les airs, mais quelle que soit la technique de saut, avant l'atterrissage, les jambes se regroupent vers l'avant, ainsi que les bras pour toucher le plus loin possible dans le sable. Le haut du corps est lui maintenu dans une position redressée, tête droite.
4. **L'atterrissage :** pieds et bras sont projetés vers le point de chute. Les jambes sont repliées au moment de l'impact dans le sable. À l'atterrissage, les fesses sont posées à côté des pieds. Les mains ne viennent pas toucher derrière et restent bien devant.

c. Prendre ses marques

Avant de travailler le saut à proprement parler, il est capital de prendre ses marques pour pouvoir déterminer la bonne longueur de votre élan, le nombre de foulées, pour arriver à la bonne vitesse, au bon endroit sur la planche d'appel avec votre pied d'appel.

La course d'élan est différente pour chaque individu, entre 12 et 20 foulées. Dans un premier temps, placez-vous dos à la fosse de saut, votre talon à l'extrémité de la planche d'appel. Réalisez alors une course d'élan sur la piste d'élan, comptez chacune de vos foulées jusqu'à ce que vous estimiez avoir une vitesse optimale pour effectuer un saut. Si vous le pouvez, faites-vous aider pour placer un repère à l'endroit exact de votre dernier appui. Faite plusieurs passages pour vérifier qu'il est au bon endroit.

Une fois posé, placez-vous à ce repère dans le sens de la fosse de sable et réalisez une course d'élan en vérifiant que le nombre de foulées soit toujours le même et que votre pied d'appel soit bien positionné sur la planche (avec aide extérieure c'est encore une fois plus facile). À ce stade, il n'est pas nécessaire de réaliser un long saut, un bondissement suffit. Si votre pied n'est pas bien posé, vous estimez que le nombre de foulées n'était pas suffisant ou trop élevé, ajustez la position de votre repère de départ. Lorsque vous estimerez qu'il est bien positionné, mesurez la distance depuis l'extrémité de la planche d'appel.

Cette mesure n'est pas définitive, vous pourrez revenir régulièrement dessus au fil de vos entraînements, avec l'optimisation de vos foulées, l'augmentation de votre vitesse, etc.

d. Planification de l'entraînement

Nous vous proposons une séance avec des exercices type permettant de travailler les différentes composantes du saut en longueur que vous pourrez modifier, adapter selon votre progression.

1. Foulées bondissantes : trottiner d'abord à foulées normales avec une foulée bondissante (haute et plus longue) toutes les 5-6 foulées. Le genou libre monte haut. Ensuite, trottiner en foulées bondissantes courtes avec foulées plus longue et haute toutes les 5-6 foulées. 3 minutes.

2. Course sur place : courir sur place, lentement 5 secondes puis augmenter progressivement le rythme pendant 10 secondes. Finir en réalisant 2 pas vers l'avant puis saut haut et long avec montée haute du genou libre.
3. Saut sur banc : face à un banc, pied d'appel en avant de l'autre, sauter sur le banc avec montée de genou haute. La jambe d'appel se fléchie et effectue une extension complète. Réception sur les deux pieds. 4 séries de 5 répétitions avec 30 secondes de repos entre les séries.
4. Travail de la course d'élan : réaliser des courses de vitesse 25 mètres départ debout. Placer des repères sur les 8 derniers mètres avec des plots. Les derniers appuis doivent se placer entre les plots. Observer une légère baisse du centre de gravité sur l'avant dernier appui. 5 passages, marcher pour revenir au point de départ.
5. Face à la fosse de sable, placer son pied d'appel sur la planche d'appel, l'autre pied se met en retrait. Le haut du corps penche en arrière, la pointe du pied d'appel est relevée vers le haut. Faire balancier avec les bras et sauter en avant. En l'air, réaliser des foulées et se réceptionner pieds joints.
6. Même exercice, mais la réception se fait sur les fesses, jambes repliées à côté des fesses. Sauter loin et bien décomposer les différentes phases.
7. Course avec saut en hauteur : au repère de départ, réaliser une course d'élan. À l'impulsion, il ne s'agit pas de sauter loin, mais plutôt de penser à sauter haut. Le regard est porté loin devant et le genou libre monte haut.
8. Saut en longueur classique : réaliser des passages de sauts en longueur en ayant bien en tête l'ensemble des éléments des différentes phases. Si vous n'êtes pas accompagné d'un professionnel, l'idéal serait de vous filmer pour analyser vos différents passages et mieux saisir les éléments que vous devez plus travailler.
9. Renforcement musculaire spécifique : complétez vos entraînements par des exercices de renforcement musculaires portant sur les muscles extenseurs des membres inférieurs (fessiers, quadriceps et mollets) et visant à développer la détente verticale et la force explosive. Cela permettra également d'éviter les blessures.

4 L'épreuve de lancer de poids

Tout comme l'épreuve de saut en hauteur, pour vous entraîner au lancer de poids dans de bonnes conditions (poids, zone de lancer, filets de protection et balisage) nous vous conseillons de vous tourner vers un club d'athlétisme. Si ce n'est pas possible, un terrain dégagé où vous pourrez assurer votre sécurité et celle des autres, tracer une zone de lancer, mesurer vos lancers et l'achat d'un poids pour 20-30 € peuvent convenir.

a. Réglementation

Lors de l'élan, il ne faut pas sortir de la zone de lancer (cercle de 2 m). Le poids doit être lancé avec une main et par-dessus l'épaule avec un mouvement de poussée et non par en dessous. Le poids doit tomber à l'intérieur de la zone d'atterrissage prédéterminée. La distance est relevée à partir de l'endroit où le poids touche le sol en premier. Le participant ne peut quitter la zone de lancer qu'après que le poids ait touché le sol.

b. Techniques de lancer

Prise et maintien du poids

Placer le poids dans la main lanceuse et écarter les doigts autour du poids. Le poids ne doit pas être contre la paume de la main. Le pouce doit pointer vers le bas et les autres doigts à l'horizontal. Placer le poids contre le cou au-dessus de l'épaule, le poignet tourné vers l'extérieur. Le coude est levé à hauteur et dans l'alignement des épaules.

Le lancer

Il existe de nombreuses techniques de lancer, nous vous en présentons ici 3, celles qui nous semblent les plus efficaces et accessibles. Nous les décrivons ici en détail mais, pour mieux les visualiser, nous vous conseillons de trouver des vidéos correspondantes sur Internet.

Le lancer avec élan latéral

De profil à la zone de lancer, épaules perpendiculaires à la zone, jambes écartées, le bras libre est tendu vers la zone de lancer. D'abord droit, fléchir sur la jambe côté poids tout en tournant les hanches et la poitrine vers l'intérieur. Le bras libre suit le même mouvement. Pousser sur la jambe fléchie et effectuer une translation des appuis (comme un pas chassé). Pendant cette phase, le bras libre pointe progressivement vers la zone de lancer. Sur le dernier appui, le poids du corps se porte sur la jambe avant. Tourner les hanches et les épaules, le bras lanceur se tend au maximum et le bras libre continue le mouvement de rotation des épaules pour se retrouver en arrière. Pour ne pas perdre en force, au moment du lancer, le corps ne s'arrête pas, mais poursuit sa rotation. Veiller à ce que le lancer soit, lui, droit.

Le lancer en translation (méthode O'Brien)

Se tenir à l'arrière du cercle, dos face à la zone de lancer. Se tenir debout, pied droit en avant (si droitier) du gauche. La jambe droite se fléchit, la gauche se tend en arrière sans appui, le corps reste bien aligné à cette jambe libre et le bras libre est lui aussi tendu dans cet alignement. Au maximum de la flexion, la jambe libre se plie pour faire un balancier d'avant en arrière. En allant en arrière, le corps se redresse progressivement, la jambe droite se redresse et profite de l'élan donné par la gauche pour faire un petit saut déplaçant légèrement l'appui vers la zone de lancer. Hanches, épaules et bras libre se tournent vers la zone de lancer, le corps prend appui sur la jambe gauche, le bras se tend pour lancer et le corps poursuit son mouvement de rotation pour ne pas perdre en vitesse et force.

Le lancer en rotation

Se tenir debout à l'arrière du cercle, dos face à la zone de lancer, jambes légèrement fléchies. Le haut du corps prend de l'élan (un quart de tour) en se tournant dans le sens opposé à la rotation. Au moment de la rotation, le pied droit se lève du sol, le corps tourne en appui sur le pied gauche qui sert de pivot sur un demi-tour. Le pied droit vient chercher un appui plus en avant de la zone de lancer, il se pose dos à la zone. La rotation se poursuit avec le pied gauche qui vient se poser contre la butée de la zone de lancer, ce qui va permettre au haut du corps de se retourner pour permettre le lancer. Tout au long de ces étapes, le bras libre est droit sur le côté pour faire balancier.

c. Programme d'entraînement

Deux dimensions sont importantes dans la préparation à cette épreuve : le développement de la force explosive et l'appropriation des techniques de lancer.

Entraînement musculaire

Circuit training

1. Squats, 8 répétitions avec descente d'allure moyenne et remontée la plus rapide. 15 secondes de repos.
2. Sauts verticaux sans élan : 4 sauts jambes tendues (travail des mollets), 4 avec flexion des jambes. Enchaînements et réalisations la plus rapide possible. 15 secondes de repos.
3. Lever de terre : sac lesté, poids du lancer ou autre, fléchir pour ramasser du sol et lever tendu au-dessus de soi le plus rapidement possible. 4 répétitions. 15 secondes de repos.
4. Pompes sautées sur un élément : les mains posées sur un banc ou tout autre élément surélevé, se mettre en position de pompe et réaliser des pompes sautées (les mains plus en appui). 5 répétitions. 1 minute de repos.

5. Gainage ventral et latéral : 30 secondes chacun.
6. Pompes : 5 séries d'autant de pompes que vous maintenir sur l'ensemble des séries. Varier séries d'exécution lente et rapide. 45 secondes à 1 minute de repos entre les séries.
7. Abdominaux : idem.

Important

Réalisez ce parcours 3 à 4 fois.

Entraînement au lancer

Pas de secret ici, seul l'entraînement au lancer en tant que tel permet de s'approprier et intégrer les bonnes techniques. Nous vous conseillons tout d'abord de travailler le lancer sans, puis avec élan. Ensuite, abordez la technique avec élan latéral. Cette technique est une bonne entrée en matière, car elle n'est pas trop technique et permet de travailler l'explosivité des membres supérieurs. Pour de meilleures performances le jour de l'épreuve, nous vous conseillons d'opter sur un entraînement ciblé soit sur le lancer en rotation soit sur le lancer en translation. Elles sont certes plus compliquées, mais aussi plus efficaces.

Sans poids dans un premier temps, entrainez-vous à réaliser les différentes techniques, vous approprier d'abord celle qui vous convient le mieux et essayez de décomposer le plus possible ses composantes. Tout au long de vos entraînements, il peut être intéressant de vous filmer pour analyser vos points forts et vos faiblesses pour mieux progresser.

5 L'épreuve de 50 m nage libre

Bien qu'il s'agisse de nage libre, il est très rare de voir dans ce type d'épreuve une autre technique de nage que le crawl. C'est en effet la technique la plus rapide. Nous n'aborderons donc ici que cette technique. Après, libre à vous d'opter pour la brasse ou le papillon si vous vous sentez plus à l'aise et efficace avec celles-ci.

Nous vous proposons un programme simple en partant du niveau débutant vers des méthodes plus ciblées. Ces méthodes sont des modèles de base que vous pourrez modifier et adapter au fil de votre progression. À vous de vous les approprier.

a. Le plongeon

Le plongeon est un élément qui a de grandes conséquences sur votre performance finale. Un plongeon bien réalisé peut vous faire gagner de précieuses secondes. Les exercices de plongeon n'apparaissent pas dans le programme que nous vous proposons mais devront être travaillés à chaque séance.

Le plongeon est composé de 4 phases :

1. **La position de départ :** doit permettre de se mettre en action rapidement et être stable pour être réactif. Il existe 2 manières de plonger. Soit un pied accroché à l'avant du plot (orteils en crochet) et l'autre en arrière, le poids du corps repose sur la jambe arrière et les mains sont accrochées à l'avant du plot, c'est le **track start**. Soit les 2 pieds sont accrochés à l'avant du plot, le poids repose sur l'avant des pieds et les mains sont accrochées à l'avant du plot, c'est le **grab start**.
2. **La poussée :** en position **track start**, les bras doivent participer à la poussée en exerçant une forte traction sur le plot, les bras s'élèvent ensuite vers l'avant et la tête se redresse dans le même temps. En position **grab start**, la traction des bras est moins importante, les jambes réalisant l'essentiel de l'impulsion, les bras s'élèvent vers le haut et la tête se redresse avec le regard vers l'horizon.

3. **La phase aérienne :** dès que les pieds quittent le plot, la tête se rentre, menton collé contre la poitrine. La position est la plus profilée possible avec les mains les unes sur les autres et le corps en extension.
4. **L'entrée dans l'eau et la coulée :** en entrant dans l'eau, tout le corps doit passer par le même point. Les bras s'inclinent immédiatement vers la surface pour redresser le corps afin d'éviter une coulée trop profonde. Le corps doit conserver une position hydrodynamique. Pendant la coulée, les bras sont en hyperextension, les mains restent les unes sur les autres, la tête entre les bras, les jambes restent groupées et réalisent des mouvements d'ondulations. La nage débute lorsque la vitesse en coulée est la même que la vitesse de nage.

Si le plongeon est quelque chose de nouveau pour vous voici quelques exercices progressifs pour bien l'aborder :

Exercice 1 : bascule en faible profondeur

Debout sur les marches de la piscine, l'eau arrivant à vos mollets, placez vos mains au-dessus de la tête, bras tendus. Laissez-vous basculer en avant en conservant cette position, puis glissez à la surface le plus longtemps possible.

Exercice 2 : bascule depuis le bord

Même exercice, mais depuis le bord de la piscine. La coulée sera plus profonde. Travaillez sur l'entrée dans l'eau en un seul point, sur le redressement du corps et la coulée. Une fois cela acquis, plutôt que de vous laisser basculer tout du long, basculez dans un premier temps puis effectuez une impulsion sur vos jambes au moment où vous n'êtes plus en équilibre sur vos appuis.

Exercice 3 : plongeon depuis le bord

Toujours depuis le bord, placez cette fois un pied en grip sur le bord et un pied en arrière. Tenez-vous d'abord droit, puis penchez-vous de façon à visez la surface de l'eau avec vos mains. Levez la jambe arrière pour basculer vers l'avant et effectuez une poussée avec la jambe avant. Laissez-vous glisser le plus longtemps possible en veillant à garder une position profilée.

Exercice 4 : plongeon depuis le plot

Réalisez le même exercice que précédemment en veillant à effectuer une poussée plus importante vers l'avant et laissez-vous glisser. Travaillez les mouvements d'ondulation des jambes durant la coulée.

Exercice 5 : track start ou grab start

Vous pouvez maintenant travailler l'une ou l'autre des techniques de départ décrites précédemment.

b. Planification de l'entraînement

Étape 1 : développer l'endurance

Avant de songer à travailler le 50 m directement, il est indispensable de travailler sur la longue durée. C'est sur ce type d'entraînement que vous pourrez développer une bonne technique de nage ainsi que vos capacités cardio-respiratoires. Vous veillerez aussi à bien acquérir la bonne méthode de respiration : expiration complète sous l'eau, inspiration au raz de l'eau à la montée d'un bras, cycles respiratoires en cohérence avec votre essoufflement (par exemple expiration pendant 4 mouvements de bras, puis 1 inspiration), etc.

Échauffement : 2 répétitions rythme lent	Corps de séance	Récupération
50 m crawl rattrapé (les mains doivent se toucher à chaque mouvement).	100 m nage lente.	50-100 m nage lente.

Échauffement : 2 répétitions rythme lent	Corps de séance	Récupération
50 m crawl normal.	4 × 50 m rythme modéré, 20-30 secondes de repos entre chaque 50 m.	50 m dos nage lente.
50 m dos.	4 × 50 m rythme modéré + 20-30 s entre chaque 50 m.	
50 m crawl.	2 × 50 m avec 25 m nage de récupération et 25 m en sprint.	

Après quelques semaines, si vous vous sentez à l'aise avec ce type d'entraînement, augmentez les distances, puis passer à l'étape 2.

Étape 2 : développer l'endurance et la vitesse

L'endurance constitue toujours l'élément central de vos entraînements, mais nous y ajoutons la notion de vitesse.

Échauffement	Corps de séance	Récupération
100 m crawl.	200 m nage intensité modérée.	100 m nage lente.
50 m dos.	2 × 50 m rythme rapide, 20-30 secondes de repos entre chaque 50 m, finir par 25 m en sprint.	50 m dos nage lente.
3 × 50 m travail du battement de jambes avec bras tendus sur une planche.	200 m nage intensité modérée.	
3 × 50 m travail des bras avec pull-buoy entre les jambes.	2 × 50 rythme rapide, finir par 25 m en sprint.	

Une fois à l'aise avec ce type séance, vous pourrez augmenter d'abord les distances, puis l'intensité. Suite à cela, vous pouvez revenir à des séances à distances plus courtes avec forte intensité.

Étape 3 : Endurance, vitesse et contre la montre

À présent, vous avez gagné en endurance et en vitesse, vous pouvez plus cibler vos entraînements sur le 50 m nage libre.

Échauffement	Corps de séance	Récupération
100 m crawl.	3 × 100 m rythme rapide, départ plongé, 2 minutes de repos entre chaque 100 m.	100 m nage lente.
3 × 50 m travail modéré puis en vitesse du battement de jambes avec bras tendus sur une planche.	2 × 50 m en vitesse avec pull-buoy, 30 secondes de repos entre les 2 séries.	50 m dos nage lente.
3 × 50 m travail modéré puis en vitesse des bras avec pull-buoy entre les jambes.	2 × 50 m en vitesse avec planche, 30 secondes de repos entre les 2 séries.	
	4 × 50 m départ plongé vitesse maximale, 2 minutes de repos entre chaque série.	

Sujets corrigés

- Sujet 1 : Rédaction d'un rapport (2022, externe)
- Sujet 2 : Rédaction d'un rapport (2022, interne)
- Sujet 3 : Rédaction d'un rapport (inédit)
- Sujet 4 : Rédaction d'un rapport (2018)
- Sujet 5 : Questions sur un texte (2022)
- Sujet 6 : Questions sur un texte (2018)
- Sujet 7 : Questions sur un texte (2016)
- Sujet 8 : Questions sur un texte (2014)
- Sujet 9 : Questions sur un texte (2011)
- Sujet 10 : Questions sur un texte (2006)

Sujet 1
Épreuve d'admissibilité n° 1
Rédaction d'un rapport

Difficulté : ★★★ 1 heure 30 • **Coefficient : 3**

Concours externe de gardien-brigadier de police municipale
Session 2022

Intitulé de l'épreuve

Rédaction d'un rapport établi à partir d'un dossier relatif à un événement survenu dans un lieu public. Cette épreuve a pour objet de vérifier la capacité du candidat à rédiger un rapport circonstancié à partir dudit évènement.

Consignes

À LIRE ATTENTIVEMENT AVANT DE TRAITER LE SUJET :

- Vous ne devez faire apparaître aucun signe distinctif dans votre copie, ni votre nom ou un nom fictif, ni initiales, ni votre numéro de convocation, ni le nom de votre collectivité employeur, de la commune où vous résidez ou du lieu de la salle d'examen où vous composez, ni nom de collectivité fictif non indiqué dans le sujet, ni signature ou paraphe.
- Sauf consignes particulières figurant dans le sujet, vous devez impérativement utiliser une seule et même couleur non effaçable et non thermosensible pour écrire et/ou souligner. Seule l'encre noire ou l'encre bleue est autorisée. L'utilisation de plus d'une couleur, d'une couleur non autorisée, d'un surligneur pourra être considérée comme un signe distinctif.
- Le non-respect des règles ci-dessus peut entraîner l'annulation de la copie par le jury.
- Les feuilles de brouillon ne seront en aucun cas prises en compte.

Énoncé

Vous êtes le gardien-brigadier de police municipale Alpha BRAVO, matricule 000 en poste dans la police municipale de XVILLE, dans le département DÉPARTEMENTY. Vous êtes en tenue de travail réglementaire et équipé dans l'exercice de vos missions d'une caméra piéton, d'un pistolet semi-automatique, d'une paire de menottes et des moyens d'interopérabilité radio.

Le 3 mai 2022, vous êtes de service accompagné du gardien-brigadier Charlie DELTA qui est le conducteur du véhicule de service. Pour cette patrouille, vous avez été désigné chef de bord par votre supérieur hiérarchique.

À 10 h 00, vous trouvant en patrouille à bord de votre véhicule de service sérigraphié « POLICE MUNICIPALE » sur la commune de XVILLE, plus précisément au niveau du n° 1 rue de la Mairie, vous constatez qu'un véhicule utilitaire immatriculé AB-123-BC est stationné sur un trottoir.

Dès lors, vous demandez à l'agent Charlie DELTA de saisir les informations sur l'appareil électronique de verbalisation, celui-ci indique que le véhicule en infraction est signalé volé et vous invite à vous rapprocher des services de police nationale ou de gendarmerie.

Vous les contactez et le fichier des objets et véhicules signalés (FOVeS) confirme que le véhicule est signalé volé.

Un témoin vous indique qu'un individu est sorti du véhicule qu'il avait stationné précédemment. Ce même témoin vous désigne, sur le trottoir d'en face, cet individu. Il est de sexe masculin âgé d'une trentaine d'années environ, de corpulence mince, vêtu d'un pantalon bleu et d'une veste en jean. Vous remarquant, ce dernier prend la fuite.

Vous intervenez et vous établissez le rapport que vous adressez aux autorités compétentes dans lequel vous rendez compte de vos diligences et des mesures prises en vous aidant des pièces jointes.

Renseignements complémentaires

- **Identité du contrevenant :** Golf HOTEL, né le 01/01/1992 à XVILLE, demeurant au 13 rue du Garage à XVILLE.
- **Officier de Police Judiciaire :** Commandant de Police Juliet KILO du commissariat de XVILLE.

Liste des documents

- **Document 1 :** Extraits du Code de procédure pénale.
- **Document 2 :** Extraits du Code de la route.
- **Document 3 :** Extrait du Code pénal.
- **Document 4 :** Extraits du Code de la sécurité intérieure.

Certains documents peuvent comporter des renvois à des notes ou à des documents non fournis car non indispensables à la compréhension du sujet.

Document 1

Extraits du Code de procédure pénale

Article 21 du Code de procédure pénale

Version en vigueur depuis le 26 janvier 2022
Modifié par LOI n°2022-52 du 24 janvier 2022 - art. 12

Sont agents de police judiciaire adjoints :

1° Les fonctionnaires des services actifs de police nationale ne remplissant pas les conditions prévues par l'article 20 ;

1° bis Les volontaires servant en qualité de militaire dans la gendarmerie et les militaires servant au titre de la réserve opérationnelle de la gendarmerie nationale ne remplissant pas les conditions prévues par l'article 20-1 ;

1° ter Les policiers adjoints mentionnés à l'article L. 411-5 du code de la sécurité intérieure et les membres de la réserve opérationnelle de la police nationale qui ne remplissent pas les conditions prévues aux articles 16-1 A ou 20-1 du présent code ;

1° quater Les contrôleurs relevant du statut des administrations parisiennes exerçant leurs fonctions dans la spécialité voie publique et les agents de surveillance de Paris ;

1° quinquies (Abrogé) ;

1° sexies (Abrogé) ;

2° Les agents de police municipale ;

3° Les gardes champêtres, lorsqu'ils agissent pour l'exercice des attributions fixées au dernier alinéa de l'article L. 521-1 du code de la sécurité intérieure.

Ils ont pour mission :

De seconder, dans l'exercice de leurs fonctions, les officiers de police judiciaire ;

De rendre compte à leurs chefs hiérarchiques de tous crimes, délits ou contraventions dont ils ont connaissance ;

De constater, en se conformant aux ordres de leurs chefs, les infractions à la loi pénale et de recueillir tous les renseignements en vue de découvrir les auteurs de ces infractions, le tout dans le cadre et dans les formes prévues par les lois organiques ou spéciales qui leur sont propres ;

De constater par procès-verbal les contraventions aux dispositions du code de la route dont la liste est fixée par décret en Conseil d'État ainsi que les contraventions prévues à l'article 621¬1 du code pénal.

Lorsqu'ils constatent une infraction par procès-verbal, les agents de police judiciaire adjoints peuvent recueillir les éventuelles observations du contrevenant.

Article 21-2 du Code de procédure pénale

Version en vigueur depuis le 16 avril 1999
Création Loi n°99-291 du 15 avril 1999 - art. 13 () JORF 16 avril 1999

Sans préjudice de l'obligation de rendre compte au maire qu'ils tiennent de l'article 21, les agents de police municipale rendent compte immédiatement à tout officier de police judiciaire de la police nationale ou de la gendarmerie nationale territorialement compétent de tous crimes, délits ou contraventions dont ils ont connaissance.

Ils adressent sans délai leurs rapports et procès-verbaux simultanément au maire et, par l'intermédiaire des officiers de police judiciaire mentionnés à l'alinéa précédent, au procureur de la République.

Article 53 du Code de procédure pénale

Version en vigueur depuis le 10 mars 2004
Modifié par Loi n°2004-204 du 9 mars 2004 - art. 77 () JORF 10 mars 2004

Est qualifié crime ou délit flagrant le crime ou le délit qui se commet actuellement, ou qui vient de se commettre. Il y a aussi crime ou délit flagrant lorsque, dans un temps très voisin de l'action, la personne soupçonnée est poursuivie par la clameur publique, ou est trouvée en possession d'objets, ou présente des traces ou indices, laissant penser qu'elle a participé au crime ou au délit.

À la suite de la constatation d'un crime ou d'un délit flagrant, l'enquête menée sous le contrôle du procureur de la République dans les conditions prévues par le présent chapitre peut se poursuivre sans discontinuer pendant une durée de huit jours.

Lorsque des investigations nécessaires à la manifestation de la vérité pour un crime ou un délit puni d'une peine supérieure ou égale à cinq ans d'emprisonnement ne peuvent être différées, le procureur de la République peut décider la prolongation, dans les mêmes conditions, de l'enquête pour une durée maximale de huit jours.

Article 73 du Code de procédure pénale

Modifié par LOI n°2014-535 du 27 mai 2014 - art. 1
Version en vigueur depuis le 02 juin 2014

Dans les cas de crime flagrant ou de délit flagrant puni d'une peine d'emprisonnement, toute personne a qualité pour en appréhender l'auteur et le conduire devant l'officier de police judiciaire le plus proche.

Lorsque la personne est présentée devant l'officier de police judiciaire, son placement en garde à vue, lorsque les conditions de cette mesure prévues par le présent code sont réunies, n'est pas obligatoire dès lors qu'elle n'est pas tenue sous la contrainte de demeurer à la disposition des enquêteurs et qu'elle a été informée qu'elle peut à tout moment quitter les locaux de police ou de gendarmerie. Le présent alinéa n'est toutefois pas applicable si la personne a été conduite, sous contrainte, par la force publique devant l'officier de police judiciaire.

Article 78-6 du Code de procédure pénale

Version en vigueur depuis le 02 mars 2017
Modifié par LOI n°2017-258 du 28 février 2017 - art. 17

Les agents de police judiciaire adjoints mentionnés aux 1° bis, 1° ter, 1 ° quater et 2° de l'article 21 sont habilités à relever l'identité des contrevenants pour dresser les procès-verbaux concernant des contraventions aux arrêtés de police du maire, des contraventions au code de la route que la loi et les règlements les autorisent à verbaliser ou des contraventions qu'ils peuvent constater en vertu d'une disposition législative expresse.

Si le contrevenant refuse ou se trouve dans l'impossibilité de justifier de son identité, l'agent de police judiciaire adjoint mentionné au premier alinéa en rend compte immédiatement à tout officier de police judiciaire de la police nationale ou de la gendarmerie nationale territorialement compétent, qui peut alors lui ordonner sans délai de lui présenter sur-le-champ le contrevenant ou de retenir celui-ci pendant le temps nécessaire à son arrivée ou à celle d'un agent de police judiciaire agissant sous son contrôle. A défaut de cet ordre, l'agent de police judiciaire adjoint mentionné au premier alinéa ne peut retenir le contrevenant. Pendant le temps nécessaire à l'information et à la décision de l'officier de police judiciaire, le contrevenant est tenu de demeurer à la disposition d'un agent mentionné au même premier alinéa. La violation de cette obligation est punie de deux mois d'emprisonnement et de 7 500 € d'amende. Lorsque l'officier de police judiciaire décide de procéder à une vérification d'identité, dans les conditions prévues à l'article 78-3, le délai prévu au troisième alinéa de cet article court à compter du relevé d'identité.

Article 803 du Code de procédure pénale

Version en vigueur depuis le 16 juin 2000
Modifié par Loi n°2000-516 du 15 juin 2000 - art. 93 () JORF 16 juin 2000

Nul ne peut être soumis au port des menottes ou des entraves que s'il est considéré soit comme dangereux pour autrui ou pour lui-même, soit comme susceptible de tenter de prendre la fuite.

Dans ces deux hypothèses, toutes mesures utiles doivent être prises, dans les conditions compatibles avec les exigences de sécurité, pour éviter qu'une personne menottée ou entravée soit photographiée ou fasse l'objet d'un enregistrement audiovisuel.

Document 2

Extraits du Code de la route

Article R130-2 du Code de la route

Version en vigueur depuis le 03 décembre 2020
Modifié par Décret n°2020-1494 du 30 novembre 2020 - art. 1

Les agents de police judiciaire adjoints mentionnés au 2° de 21 du code de procédure pénale peuvent constater par procès-verbal, lorsqu'elles sont commises à l'intérieur du territoire communal sur les voies autres que les autoroutes, les contraventions aux articles R. 644-2 et R. 653-1 du code pénal commises à l'occasion de la conduite d'un véhicule, les contraventions aux dispositions du présent code à l'exception de celles prévues aux articles R. 121-1 à R. 121-5, R. 221-18, R. 222- 2, R. 234-1, R. 314¬2, R. 411-32, R. 419-1, R. 412-51, R. 412-52, R. 413-15.

Article R417-11 du Code de la route

Version en vigueur depuis le 16 janvier 2022
Modifié par Décret n°2022-31 du 14 janvier 2022 - art. 15

I. Est considéré; comme très gênant pour la circulation publique l'arrêt ou le stationnement :

1° D'un véhicule sur les chaussées et voies réservées à la circulation des véhicules de transport public de voyageurs, des taxis ou des véhicules d'intérêt général prioritaires ;

2° D'un véhicule ou d'un ensemble de véhicules de plus de 20 mètres carrés de surface maximale dans les zones touristiques délimitée par l'autorité investie du pouvoir de police ;

3° D'un véhicule sur les emplacements réservés aux véhicules portant une carte mobilité inclusion comportant la mention « stationnement pour personnes handicapées « prévue à l'article L. 241-3 du code de l'action sociale et des familles ou une carte de stationnement pour personnes handicapées prévues à l'article L. 241-3 du même code dans sa rédaction antérieure au 1er janvier 2017 ;

4° D'un véhicule sur les emplacements réservés aux véhicules de transport de fonds ou de métaux précieux ;

5° D'un véhicule sur les passages réserves à la circulation des piétons en traversée de chaussée ;

6° D'un véhicule au droit des bandes d'éveil de vigilance à l'exception de celles qui signalent le quai d'un arrêt de transport public ;

7° D'un véhicule à proximité des signaux lumineux de circulation ou des panneaux de signalisation lorsque son gabarit est susceptible de masquer cette signalisation à la vue des usagers de la voie ;

8° D'un véhicule motorisé à l'exception des engins de déplacement personnel motorisés et des cycles à pédalage assisté :

a) Sur les trottoirs, à l'exception des motocyclettes, tricycles à moteur et cyclomoteurs ;

b) Sur les voies vertes, les bandes et pistes cyclables ;

c) Sur une distance de cinq mètres en amont des passages piétons dans le sens de la circulation, en dehors des emplacements matérialisés à cet effet ;

d) Au droit des bouches d'incendie.

II. Tout arrêt ou stationnement très gênant pour la circulation publique prévu par le présent article est puni de l'amende prévue pour les contraventions de la quatrième classe.

III. Lorsque le conducteur ou le titulaire du certificat d'immatriculation est absent ou refuse, malgré l'injonction des agents, de faire cesser le stationnement très gênant pour la circulation publique, l'immobilisation et la mise en fourrière peuvent être prescrites dans les conditions prévues aux articles L. 325-1 à L. 325-3.

Document 3

Extrait du Code pénal

Article 321-1 du Code pénal

Modifié par Ordonnance n°2000-916 du 19 septembre 2000 - art. 3 (V) JORF 22 septembre 2000 en vigueur depuis le 1er janvier 2002

Le recel est le fait de dissimuler, de détenir ou de transmettre une chose, ou de faire office d'intermédiaire afin de la transmettre, en sachant que cette chose provient d'un crime ou d'un délit.

Constitue également un recel le fait, en connaissance de cause, de bénéficier, par tout moyen, du produit d'un crime ou d'un délit.

Le recel est puni de cinq ans d'emprisonnement et de 375 000 euros d'amende.

Document 4

Extraits du Code de la sécurité intérieure

Article L511-1 du Code de la sécurité intérieure

Version en vigueur depuis le 01 juillet 2021
Modifié par LOI no2021-646 du 25 mai 2021 - art. 4 ;
Modifié par Ordonnance no 2020-71 du 29 janvier 2020 - art. 7

Sans préjudice de la compétence générale de la police nationale et de la gendarmerie nationale, les agents de police municipale exécutent, dans la limite de leurs attributions et sous son autorité, les tâches relevant de la compétence du maire que celui-ci leur confie en matière de prévention et de surveillance du bon ordre, de la tranquillité, de la sécurité et de la salubrité publiques.

Ils sont chargés d'assurer l'exécution des arrêtés de police du maire et de constater par procès-verbaux les contraventions auxdits arrêtés. Sans préjudice des compétences qui leur sont dévolues par des lois spéciales, ils constatent également par procès-verbaux les contraventions aux dispositions du code de la route dont la liste est fixée par décret en Conseil d'État ainsi que les contraventions mentionnées au livre VI du code pénal dont la liste est fixée par décret en Conseil d'État, dès lors qu'elles ne nécessitent pas de leur part d'actes d'enquête et à l'exclusion de celles réprimant des atteintes à l'intégrité des personnes.

Ils sont habilités à établir l'avis de paiement prévu à l'article L. 2333-87 du code général des collectivités territoriales.

Ils peuvent également constater par rapport le délit prévu par l'article L. 272-4.

Ils exercent leurs fonctions sur le territoire communal, dans les conditions prévues au 2° de l'article 21 du code de procédure pénale.

Affectés sur décision du maire à la sécurité d'une manifestation sportive, récréative ou culturelle ou à celle des périmètres de protection institués en application de l'article L. 226-1 du présent code ou à la surveillance de l'accès à un bâtiment communal, ils peuvent procéder à l'inspection visuelle des bagages et, avec le consentement de leur propriétaire, à leur fouille. Ils peuvent également procéder, avec le consentement exprès des personnes, à des palpations de sécurité. Dans ce cas, la palpation de sécurité doit être effectuée par une personne de même sexe que la personne qui en fait l'objet.

Affectés par le maire à des missions de maintien du bon ordre au sein des transports publics de voyageurs, les agents de police municipale peuvent constater par procès-verbaux les infractions mentionnées à l'article L. 2241-1 du code des transports sur le territoire de la commune ou des communes formant un ensemble d'un seul tenant dans les conditions définies à l'article L. 512-1-1 du présent code, sans pouvoir excéder le ressort du tribunal auprès duquel ils ont prêté serment.

À cette fin, les communes contiguës desservies par un ou plusieurs réseaux de transports publics peuvent conclure entre elles une convention locale de sûreté des transports collectifs afin de permettre à leurs polices municipales d'exercer indistinctement leurs compétences sur les parties de réseaux qui les traversent. Cette convention est conclue sous l'autorité du représentant de l'État dans le département dans le respect des conventions de coordination des interventions de la police municipale et des forces de sécurité de l'État prévues à la section 2 du chapitre II du présent titre et dans le respect du contrat d'objectif départemental de sûreté dans les transports collectifs.

Article L512-1 du Code de la sécurité intérieure

Modifié par LOI no2021-646 du 25 mai 2021 - art. 8
Version en vigueur depuis le 27 mai 2021

Les communes limitrophes ou appartenant à une même agglomération au sein d'un même département ou à un même établissement public de coopération intercommunale à fiscalité propre peuvent avoir un ou plusieurs agents de police municipale en commun, compétents sur le territoire de chacune d'entre elles.

Pendant l'exercice de leurs fonctions sur le territoire d'une commune, ces agents sont placés sous l'autorité du maire de cette commune.

Chaque agent de police municipale est de plein droit mis à disposition des autres communes par la commune qui l'emploie dans des conditions prévues par une convention transmise au représentant de l'État dans le département. Cette convention, conclue entre l'ensemble des communes intéressées, précise les modalités d'organisation et de financement de la mise en commun des agents et de leurs équipements. Le retrait d'une commune de la convention est sans effet sur l'application de cette convention aux autres communes participantes.

Ces communes se dotent d'une convention de coordination des interventions de la police municipale et des forces de sécurité de l'État dans les formes prévues par la section 2 du présent chapitre.

Le cas échéant, la demande de port d'arme prévue par l'article L. 511-5 est établie conjointement par l'ensemble des maires de ces communes. Ceux-ci désignent parmi eux l'autorité qui sera autorisée par le représentant de l'État dans le département à acquérir et détenir les armes.

Une commune appartenant à un syndicat de communes ou à un établissement public de coopération intercommunale à fiscalité propre ne peut mettre en commun des agents de police municipale lorsque ce syndicat ou cet établissement met des agents à disposition des communes dans les conditions prévues respectivement aux articles L. 512-1-2 ou L. 512-2.

Article R241-9 du Code de la sécurité intérieure

Création Décret no2019-140 du 27 février 2019 - art. 1
Version en vigueur depuis le 01 mars 2019

Dans le cadre de l'autorisation prévue à l'article R. 241-8, les communes sont autorisées à mettre en œuvre des traitements de données à caractère personnel provenant des seules cameras individuelles fournies aux agents de police municipale au titre de l'équipement des personnels, dans les conditions prévues à l'article L. 241-2.

Ces traitements ont pour finalités :

1° La prévention des incidents au cours des interventions des agents de la police municipale ;

2° Le constat des infractions et la poursuite de leurs auteurs par la collecte de preuves ;

3° La formation et la pédagogie des agents de police municipale.

Corrigé

République française

Département de DÉPARTEMENTY

Ville de XVILLE Le (date)

RAPPORT

Le gardien-brigadier de police municipale Alpha BRAVO

À Madame ou Monsieur le Maire de la ville de XVILLE,

Madame ou Monsieur le Procureur de la République.

Objet : Recel de vol de véhicule

Pièces jointes : Néant

Nous, gardien-brigadier de police municipale Alpha BRAVO (matricule 000), accompagné du gardien-brigadier Charlie DELTA, en fonction dans la commune de XVILLE, dûment agréés et assermentés, agissant en tenue règlementaire conformément aux ordres reçus et aux dispositions des articles L.511-1 et suivants du Code de la sécurité intérieure, et 21, 21-2 et D14-1 du Code de procédure pénale, avons l'honneur de vous rendre compte des faits suivants :

Le 3 mai 2022, nous patrouillons à bord de notre véhicule de service sérigraphié « POLICE MUNICIPALE » lorsqu'à 10 h 00, alors que nous passons au niveau du n° 1 rue de la Mairie, nous constatons le stationnement d'un véhicule utilitaire immatriculé AB-123-BC sur le trottoir.

Lorsque l'agent Charlie DELTA saisit les informations sur l'appareil électronique de verbalisation, celui-ci indique que le véhicule en infraction est signalé volé et nous invite à nous rapprocher des services de Police nationale.

Contactée immédiatement, la Police nationale de XVILLE porte à notre connaissance que le véhicule est bien signalé volé au fichier des objets et véhicules signalés (FOVeS).

Alors que nous effectuons notre mission, un homme se rapproche de nous et nous indique qu'un individu vient de stationner ce véhicule sur le trottoir quelques minutes auparavant et serait entré dans un commerce à proximité.

Tout à coup, il désigne un individu qui marche sur le trottoir d'en face comme celui qu'il a vu stationner le véhicule. Il est de sexe masculin, âgé d'une trentaine d'années environ, de corpulence mince, vêtu d'un pantalon bleu et d'une veste en jean.

Alors même que nous portons notre attention sur lui, l'individu nous remarque et prend la fuite en courant en direction du centre-ville. Il s'engage dans l'impasse de la rue fermée qui se trouve à environ trente mètres de l'endroit où nous nous situons.

Sans attendre, nous enclenchons notre caméra individuelle et rendons compte par radio à notre station directrice en même temps que nous nous lançons à sa poursuite à pied.

Lorsque nous pénétrons dans l'impasse, nous nous retrouvons face à l'individu qui, se trouvant seul, lève les mains en l'air et, sans même que nous n'ayons parlé, déclare que le véhicule appartient à l'un de ses amis.

L'individu étant susceptible de reprendre la fuite, nous procédons à 10 h 10 à son menottage, conformément aux dispositions de l'article 803 du Code de procédure pénale.

De même suite, nous rendons compte immédiatement après à l'Officier de Police Judiciaire, au commissariat de XVILLE, de l'intervention et de la mise en action de notre caméra individuelle.

Il nous ordonne de lui présenter l'individu au commissariat de XVILLE dans les plus brefs délais.

Nous regagnons notre véhicule de service sérigraphié dans lequel nous embarquons l'individu pour le transporter au commissariat de XVILLE où, arrivant à 10 h 20, nous le présentons devant le Commandant de Police Juliet KILO qui nous prescrit la rédaction du présent rapport.

À 10 h 30, nous quittons les lieux, rendons compte à notre station directrice et prenons la direction de nos locaux pour la rédaction du présent rapport.

Rapport clos et transmis ce jour.

Identité du mis en cause :

Golf HOTEL, né le 01/01/1992 à XVILLE (Département DÉPARTEMENTY), demeurant : 13 rue du Garage à XVILLE (Département DÉPARTEMENTY).

Fait et clos à (lieu), le (date) à (heure).

Les gardiens-brigadiers de police municipale :

Alpha BRAVO Charlie DELTA

Transmissions :

Mme ou M. l'Officier de Police Judiciaire territorialement compétent.

Mme ou M. le Maire.

Mme ou M. le Responsable de la Police Municipale.

Archives municipales.

Sujet 2
Épreuve d'admissibilité n° 1
Rédaction d'un rapport

Difficulté : ★★★ 2 heures • Coefficient : 3

Concours interne de gardien-brigadier de police municipale
Session 2022

Intitulé de l'épreuve

Rédaction d'un rapport établi à partir d'un dossier relatif à un évènement survenu dans un lieu public. Cette épreuve a pour objet de vérifier la capacité du candidat à rédiger un rapport circonstancié à partir dudit évènement.

Consignes

À LIRE ATTENTIVEMENT AVANT DE TRAITER LE SUJET :

- Vous ne devez faire apparaître aucun signe distinctif dans votre copie, ni votre nom ou un nom fictif, ni initiales, ni votre numéro de convocation, ni le nom de votre collectivité employeur, de la commune où vous résidez ou du lieu de la salle d'examen où vous composez, ni nom de collectivité fictif non indiqué dans le sujet, ni signature ou paraphe.
- Sauf consignes particulières figurant dans le sujet, vous devez impérativement utiliser une seule et même couleur non effaçable et non thermosensible pour écrire et/ou souligner. Seule l'encre noire ou l'encre bleue est autorisée. L'utilisation de plus d'une couleur, d'une couleur non autorisée, d'un surligneur pourra être considérée comme un signe distinctif.
- Le non-respect des règles ci-dessus peut entraîner l'annulation de la copie par le jury.
- Les feuilles de brouillon ne seront en aucun cas prises en compte.

Énoncé

Vous êtes le gardien-brigadier de police municipale Charlie DELTA (matricule 111), en poste dans la commune de POLVILLE (Département X-ray).

La police municipale dans laquelle vous exercez compte deux agents. POLVILLE est située en zone gendarmerie.

Le 3 mai 2022 à 14 h 20, avec votre collègue, le gardien-brigadier Roméo SIERRA (matricule 222), vous procédez à un contrôle de vitesse à l'aide du cinémomètre du service (calibré le 7 avril 2022), rue des Aulnes, située dans le centre-bourg. Vous contrôlez la vitesse des véhicules venant de la rue des Frênes et se dirigeant vers la rue de la Mairie.

Vous êtes revêtu de votre uniforme et muni de vos équipements individuels de protection et de sécurité réglementaire (caméra mobile individuelle, pistolet semi-automatique, bâton télescopique, paire de menottes, radio portative de communication), d'un téléphone mobile de service, d'une tablette permettant la consultation du système d'immatriculation des véhicules et du fichier national des permis de conduire, ainsi que d'un terminal de verbalisation électronique.

Le véhicule de service sérigraphié « POLICE MUNICIPALE » est régulièrement stationné.

À 14 h 30, vous interceptez un véhicule de marque INDIA de couleur rouge, modèle 777, immatriculé AB-123-CD, dont la vitesse mesurée par votre appareil est de 74 km/h au lieu des 50 km/h en agglomération.

Le véhicule s'immobilise sur une place de stationnement. Selon les vignettes arborées sur le tableau de bord, le véhicule est assuré et le contrôle technique est valide.

Le conducteur reconnait les faits et indique ne pas être en capacité de vous présenter les documents afférents à la conduite puisqu'il a oublié son portefeuille à son domicile. Il vous déclare son identité, sa date de naissance et son adresse : Alpha BRAVO, né le 27 janvier 1995 à POLVILLE (Département X-ray) et demeurant 12 rue des Frênes à POLVILLE (Département X-ray).

La consultation des fichiers fait apparaitre que le permis de conduire de M. Alpha BRAVO est suspendu.

Alors que vous contactez le major Oscar PAPA, Officier de Police Judiciaire à la brigade de Gendarmeville pour l'informer de la situation, Alpha BRAVO s'en prend physiquement au gardien-brigadier Roméo SIERRA. Ce dernier le maitrise rapidement, vous avisez le major Oscar PAPA de ces derniers faits, il vous demande de ramener l'individu à la gendarmerie.

Vous intervenez et établissez le rapport que vous adressez aux autorités compétentes dans lequel vous rendez compte de vos diligences et des mesures que vous avez prises, en vous aidant des pièces jointes.

Renseignements complémentaires

- Vous avez la possibilité de faire appel à des renforts.
- **Identité du mis en cause :** Alpha BRAVO, né le 27 janvier 1995 à POLVILLE (Département X-ray), demeurant au 12 rue des Frênes à POLVILLE (Département X-ray).
- **Identité de l'Officier Police Judiciaire :** Major Oscar PAPA, Officier de Police Judiciaire, Gendarmerie Nationale de GENDARMEVILLE (Département X-ray).

Liste des documents

- **Document 1 :** Extraits du Code de procédure pénale.
- **Document 2 :** Extrait du Code pénal.
- **Document 3 :** Extrait du Code de la sécurité intérieure.
- **Document 4 :** Extraits du Code de la route.
- **Document 5 :** Extrait de l'arrêté du 4 juin 2009 relatif aux cinémomètres de contrôle routier.

Certains documents peuvent comporter des renvois à des notes ou à des documents non fournis car non indispensables à la compréhension du sujet.

Document 1

Extraits du Code de procédure pénale

Article 21

Modifié par LOI no2021-646 du 25 mai 2021 - art. 55
Version en vigueur depuis le 27 mai 2021

Sont agents de police judiciaire adjoints :

1. Les fonctionnaires des services actifs de police nationale ne remplissant pas les conditions prévues par l'article 20 ;

1bis Les volontaires servant en qualité de militaire dans la gendarmerie et les militaires servant au titre de la réserve opérationnelle de la gendarmerie nationale ne remplissantpas les conditions prévues par l'article 20-1 ;

1ter. Les policiers adjoints mentionnés à l'article L. 411-5 du code de la sécurité intérieure et les membres de la réserve civile de la police nationale qui ne remplissent pas les conditions prévues à l'article 20-1 du présent code ;

1quater. Les contrôleurs relevant du statut des administrations parisiennes exerçant leurs fonctions dans la spécialité voie publique et les agents de surveillance de Paris ;

[…]

2. Les agents de police municipale ;

3. Les gardes champêtres, lorsqu'ils agissent pour l'exercice des attributions fixées au dernier alinéa de l'article L. 521-1 du code de la sécurité intérieure.

Ils ont pour mission :

- de seconder, dans l'exercice de leurs fonctions, les officiers de police judiciaire ;
- de rendre compte à leurs chefs hiérarchiques de tous crimes, délits ou contraventions dont ils ont connaissance ;
- de constater, en se conformant aux ordres de leurs chefs, les infractions à la loi pénale et de recueillir tous les renseignements en vue de découvrir les auteurs de ces infractions, le tout dans le cadre et dans les formes prévues par les lois organiques ou spéciales qui leur sont propres ;
- de constater par procès-verbal les contraventions aux dispositions du code de la route dont la liste est fixée par décret en Conseil d'Etat ainsi que les contraventions prévues à l'article 621-1 du code pénal.

Lorsqu'ils constatent une infraction par procès-verbal, les agents de police judiciaire adjoints peuvent recueillir les éventuelles observations du contrevenant.

Article 21-2

Créé par Loi no99-291 du 15 avril 1999 - art. 13 () JORF 16 avril 1999

Sans préjudice de l'obligation de rendre compte au maire qu'ils tiennent de l'article 21, les agents de police municipale rendent compte immédiatement à tout officier de police judiciaire de la police nationale ou de la gendarmerie nationale territorialement compétent de tous crimes, délits ou contraventions dont ils ont connaissance.

Ils adressent sans délai leurs rapports et procès-verbaux simultanément au maire et, par l'intermédiaire des officiers de police judiciaire mentionnés à l'alinéa précédent, au procureur de la République.

Article 53

Modifié par Loi no2004-204 du 9 mars 2004 - art. 77 () JORF 10 mars 2004
Version en vigueur depuis le 10 mars 2004

Est qualifié crime ou délit flagrant le crime ou le délit qui se commet actuellement, ou qui vient de se commettre. Il y a aussi crime ou délit flagrant lorsque, dans un temps très voisin de l'action, la personne soupçonnée est poursuivie par la clameur publique, ou est trouvée en possession d'objets, ou présente des traces ou indices, laissant penser qu'elle a participé au crime ou au délit.

A la suite de la constatation d'un crime ou d'un délit flagrant, l'enquête menée sous le contrôle du procureur de la République dans les conditions prévues par le présent chapitre peut se poursuivre sans discontinuer pendant une durée de huit jours.

Lorsque des investigations nécessaires à la manifestation de la vérité pour un crime ou un délit puni d'une peine supérieure ou égale à cinq ans d'emprisonnement ne peuvent être différées, le procureur de la République peut décider la prolongation, dans les mêmes conditions, de l'enquête pour une durée maximale de huit jours.

Article 73

Modifié par LOI no2014-535 du 27 mai 2014 - art. 1
Version en vigueur depuis le 02 juin 2014

Dans les cas de crime flagrant ou de délit flagrant puni d'une peine d'emprisonnement, toute personne a qualité pour en appréhender l'auteur et le conduire devant l'officier de police judiciaire le plus proche.

Lorsque la personne est présentée devant l'officier de police judiciaire, son placement en garde à vue, lorsque les conditions de cette mesure prévues par le présent code sont réunies, n'est pas obligatoire dès lors qu'elle n'est pas tenue sous la contrainte de demeurer à la disposition des enquêteurs et qu'elle a été informée qu'elle peut à tout moment quitter les locaux de police ou de gendarmerie. Le présent alinéa n'est toutefois pas applicable si la personne a été conduite, sous contrainte, par la force publique devant l'officier de police judiciaire.

Article 78-6

Modifié par LOI no2017-258 du 28 février 2017 - art. 17
Version en vigueur depuis le 02 mars 2017

Les agents de police judiciaire adjoints mentionnés aux 1° bis, 1° ter, 1° quater et 2° de l'article 21 sont habilités à relever l'identité des contrevenants pour dresser les procès-verbaux concernant des contraventions aux arrêtés de police du maire, des contraventions au code de la route que la loi et les règlements les autorisent à verbaliser ou des contraventions qu'ils peuvent constater en vertu d'une disposition législative expresse.

Si le contrevenant refuse ou se trouve dans l'impossibilité de justifier de son identité, l'agent de police judiciaire adjoint mentionné au premier alinéa en rend compte immédiatement à tout officier de police judiciaire de la police nationale ou de la gendarmerie nationale territorialement compétent, qui peut alors lui ordonner sans délai de lui présenter sur-le-champ le contrevenant ou de retenir celui-ci pendant le temps nécessaire à son arrivée ou à celle d'un agent de police judiciaire agissant sous son contrôle. A défaut de cet ordre, l'agent de police judiciaire adjoint mentionné au premier alinéa ne peut retenir le contrevenant. Pendant le temps nécessaire à l'information et à la décision de l'officier de police judiciaire, le contrevenant est tenu de demeurer à la disposition d'un agent mentionné au même premier alinéa. La violation de cette obligation est punie de deux mois d'emprisonnement et de 7 500 € d'amende. Lorsque l'officier de police judiciaire décide de procéder à une vérification d'identité, dans les conditions prévues à l'article 78-3, le délai prévu au troisième alinéa de cet article court à compter du relevé d'identité.

Article 803

Modifié par Loi no2000-516 du 15 juin 2000 - art. 93 () JORF 16 juin 2000
Version en vigueur depuis le 16 juin 2000

Nul ne peut être soumis au port des menottes ou des entraves que s'il est considéré soit comme dangereux pour autrui ou pour lui-même, soit comme susceptible de tenter de prendre la fuite.

Dans ces deux hypothèses, toutes mesures utiles doivent être prises, dans les conditions compatibles avec les exigences de sécurité, pour éviter qu'une personne menottée ou entravée soit photographiée ou fasse l'objet d'un enregistrement audiovisuel.

Document 2

Extrait du Code pénal

Article 222-13

Modifié par LOI no2021-1520 du 25 novembre 2021 - art. 55
Version en vigueur depuis le 27 novembre 2021

Les violences ayant entraîné une incapacité de travail inférieure ou égale à huit jours ou n'ayant entraîné aucune incapacité de travail sont punies de trois ans d'emprisonnement et de 45 000 euros d'amende lorsqu'elles sont commises :

1. Sur un mineur de quinze ans ;
2. Sur une personne dont la particulière vulnérabilité, due à son âge, à une maladie, à une infirmité, à une déficience physique ou psychique ou à un état de grossesse, est apparente ou connue de leur auteur ;
3. Sur un ascendant légitime ou naturel ou sur les père ou mère adoptifs ;
4. Sur un magistrat, un juré, un avocat, un officier public ou ministériel, un membre ou un agent de la Cour pénale internationale, un militaire de la gendarmerie nationale, un fonctionnaire de la police nationale, des douanes, de l'administration pénitentiaire ou toute autre personne dépositaire de l'autorité publique, un sapeur-pompier ou un marin-pompier, un gardien assermenté d'immeubles ou de groupes d'immeubles ou un agent exerçant pour le compte d'un bailleur des fonctions de gardiennage ou de surveillance des immeubles à usage d'habitation en application de l'article L. 127-1 du code de la construction et de l'habitation, dans l'exercice ou du fait de ses fonctions, lorsque la qualité de la victime est apparente ou connue de l'auteur ;

4bisA. Sur une personne exerçant une activité privée de sécurité mentionnée aux articles L. 611-1 ou L. 621-1 du code de la sécurité intérieure dans l'exercice ou du fait de ses fonctions, lorsque la qualité de la victime est apparente ou connue de l'auteur ;

4bis. Sur un enseignant ou tout membre des personnels travaillant dans les établissements d'enseignement scolaire, sur un agent d'un exploitant de réseau de transport public de voyageurs ou toute personne chargée d'une mission de service public, ainsi que sur un professionnel de santé, dans l'exercice ou du fait de ses fonctions, lorsque la qualité de la victime est apparente ou connue de l'auteur ;

4ter. Sur le conjoint, les ascendants ou les descendants en ligne directe ou sur toute autre personne vivant habituellement au domicile des personnes mentionnées aux 4, 4bisA et 4bis, en raison des fonctions exercées par ces dernières ;

5. Sur un témoin, une victime ou une partie civile, soit pour l'empêcher de dénoncer les faits, de porter plainte ou de déposer en justice, soit en raison de sa dénonciation ou de sa plainte, soit à cause de sa déposition devant une juridiction nationale ou devant la Cour pénale internationale ;

[…]

Les peines encourues sont portées à cinq ans d'emprisonnement et à 75 000 euros d'amende lorsque l'infraction définie au premier alinéa du présent article est commise :

a) Sur un mineur de quinze ans par un ascendant légitime, naturel ou adoptif ou par toute autre personne ayant autorité sur le mineur ;

b) Alors qu'un mineur assiste aux faits et que ceux-ci sont commis par le conjoint ou le concubin de la victime ou le partenaire lié à la victime par un pacte civil de solidarité ou, si la victime est mineure, par un ascendant légitime, naturel ou adoptif ou par toute autre personne ayant autorité sur le mineur victime.

[...]

Document 3

Extrait du Code de la sécurité intérieure

Article R. 241-9

Créé par Décret no2019-140 du 27 février 2019 - art. 1

Dans le cadre de l'autorisation prévue à l'article R. 241-8, les communes sont autorisées à mettre en œuvre des traitements de données à caractère personnel provenant des seules caméras individuelles fournies aux agents de police municipale au titre de l'équipement des personnels, dans les conditions prévues à l'article L. 241-2.

Ces traitements ont pour finalités :

1. La prévention des incidents au cours des interventions des agents de la police municipale.
2. Le constat des infractions et la poursuite de leurs auteurs par la collecte de preuves.
3. La formation et la pédagogie des agents de police municipale.

Document 4

Extraits du Code de la route

Article L. 224-17

Modifié par Ordonnance no 2019-950 du 11 septembre 2019 - art. 5

I. Le fait, pour toute personne ayant reçu la notification d'une décision prononçant à son encontre la suspension ou l'annulation du permis de conduire, de refuser de restituer le permis suspendu ou annulé à l'agent de l'autorité chargé de l'exécution de cette décision est puni de deux ans d'emprisonnement et de 4 500 euros d'amende.

II. Le fait pour toute personne, pendant la période pour laquelle une décision de rétention du permis de conduire lui a été notifiée en application de l'article L. 224-1, de refuser de restituer le permis de conduire est puni de deux ans d'emprisonnement et de 4 500 euros d'amende.

III. Toute personne coupable de l'un des délits prévus au présent article encourt également les peines complémentaires suivantes :

1. La peine de travail d'intérêt général selon des modalités prévues à l'article 131-8 du code pénal et selon les conditions prévues aux articles 131-22 à 131-24 du même code et à l'article L. 122-1 du code de la justice pénale des mineurs ;
2. La peine de jours-amende dans les conditions fixées aux articles 131-5 et 131-25 du code pénal.

IV. Toute personne coupable de l'un des délits prévus au présent article, dans les cas où il a été commis à la suite d'une décision de suspension ou de rétention du permis de conduire, encourt également les peines complémentaires suivantes :

1. La suspension, pour une durée de trois ans, du permis de conduire, cette suspension pouvant être limitée à la conduite en dehors de l'activité professionnelle ;
2. L'annulation du permis, avec interdiction de solliciter la délivrance d'un nouveau permis pendant trois ans au plus.

V.-Les délits prévus au présent article, dans les cas où ils ont été commis à la suite d'une décision de suspension ou de rétention du permis de conduire, donnent lieu de plein droit à la réduction de la moitié du nombre maximal de points du permis de conduire.

Article L. 224-4

Pendant la durée de la rétention du permis de conduire ainsi que dans le cas où le conducteur n'est pas titulaire de ce titre, il peut être procédé d'office à l'immobilisation du véhicule. L'immobilisation est cependant levée dès qu'un conducteur qualifié, proposé par le conducteur ou l'accompagnateur de l'élève conducteur ou éventuellement par le propriétaire du véhicule, peut en assurer la conduite. A défaut, les fonctionnaires et agents habilités à prescrire l'immobilisation peuvent prendre toute mesure destinée à placer le véhicule en stationnement régulier.

Article R. 233-1

Modifié par Décret no2020-605 du 18 mai 2020 - art. 8

I. Lorsque les dispositions du présent code l'exigent, tout conducteur ou, le cas échéant, tout accompagnateur d'un apprenti conducteur, est tenu de présenter à toute réquisition des agents de l'autorité compétente :

1. Tout titre justifiant de son autorisation de conduire ;
2. Le certificat d'immatriculation du véhicule et, le cas échéant, celui de la remorque si le poids total autorisé en charge (PTAC) de cette dernière excède 500 kilogrammes, ou de la semi-remorque s'il s'agit d'un véhicule articulé, ou les récépissés provisoires, ou les photocopies des certificats d'immatriculation dans les cas et dans les conditions prévues par un arrêté du ministre de la justice et du ministre de l'intérieur ;

[...]

III. - Le fait de ne pas présenter immédiatement aux agents de l'autorité compétente les éléments éxigés par le présent article est puni de l'amende prévue pour les contraventions de la première classe.

[...]

Article R. 413-3

Modifié par Décret no2014-3 du 3 janvier 2014 - art. 1

En agglomération, la vitesse des véhicules est limitée à 50 km/h.

[...]

Article R. 413-14

Modifié par Décret no2004-1330 du 6 décembre 2004 - art. 1 () JORF 7 décembre 2004

I.- Le fait, pour tout conducteur d'un véhicule à moteur, de dépasser de moins de 50 km/h la vitesse maximale autorisée fixée par le présent code ou édictée par l'autorité investie du pouvoir de police est puni de l'amende prévue pour les contraventions de la quatrième classe.

Toutefois, lorsque le dépassement est inférieur à 20 km/h et que la vitesse maximale autorisée est supérieure à 50 km/h, l'amende encourue est celle prévue pour les contraventions de la troisième classe.

II.- Toute personne coupable de l'infraction de dépassement de la vitesse maximale autorisée de 30 km/h ou plus encourt également les peines complémentaires suivantes :

1. La suspension, pour une durée de trois ans au plus, du permis de conduire, cette suspension pouvant être limitée à la conduite en dehors de l'activité professionnelle ;
2. L'interdiction de conduire certains véhicules terrestres à moteur, y compris ceux pour la conduite desquels le permis de conduire n'est pas exigé, pour une durée de trois ans au plus ;
3. L'obligation d'accomplir, à ses frais, un stage de sensibilisation à la sécurité routière.

III.- Toute contravention prévue au présent article donne lieu, de plein droit à une réduction du nombre de points du permis de conduire dans les conditions suivantes :

1. En cas de dépassement de la vitesse maximale autorisée compris entre 40 km/h et moins de 50 km/h, réduction de quatre points ;
2. En cas de dépassement de la vitesse maximale autorisée compris entre 30 km/h et moins de 40 km/h, réduction de trois points ;
3. En cas de dépassement de la vitesse maximale autorisée compris entre 20 km/h et moins de 30 km/h, réduction de deux points ;
4. En cas de dépassement de la vitesse maximale autorisée de moins de 20 km/h, réduction d'un point.

Document 5

Extrait de l'arrêté du 4 juin 2009 relatif aux cinémomètres de contrôle routier

Article 6

Les erreurs maximales tolérées applicables aux instruments en service sont les suivantes :

- Pour les cinémomètres à poste fixe :
  - plus ou moins 5 km/h, pour les vitesses inférieures à 100 km/h ;
  - plus ou moins 5 % de la vitesse, pour les vitesses égales ou supérieures à 100 km/h ;
- Pour les cinémomètres installés dans un véhicule en mouvement :
  - plus ou moins 10 km/h, pour les vitesses inférieures à 100 km/h ;
  - plus ou moins 10 % de la vitesse, pour les vitesses égales ou supérieures à 100 km/h.

Corrigé

République française

Département de X-ray

Ville de POLVILLE

Le (date)

RAPPORT

Le gardien-brigadier de police municipale Charlie DELTA

À Madame ou Monsieur le Maire de la ville de POLVILLE,

Madame ou Monsieur le Procureur de la République.

Objet : Violence sur agent dépositaire de l'autorité publique

Pièces jointes : Néant

Nous, gardien-brigadier de police municipale Charlie DELTA (matricule 111), accompagné du gardien-brigadier Roméo SIERRA (matricule 222), en fonction dans la commune de POLVILLE, dûment agréés et assermentés, agissant en tenue règlementaire conformément aux ordres reçus et aux dispositions des articles L.511-1 et suivants du Code de la sécurité intérieure, et 21, 21-2 et D14-1 du Code de procédure pénale, avons l'honneur de vous rendre compte des faits suivants :

Le 3 mai 2022 à 14 h 20, nous nous trouvons rue des Aulnes, située dans le centre-bourg où nous effectuons un contrôle de la vitesse des véhicules venant de la rue des Frênes et se dirigeant vers la rue de la Mairie où la vitesse est limitée à 50 km/h.

Le cinémomètre du service que nous utilisons a été calibré le 7 avril 2022.

À 14 h 30, nous mesurons la vitesse d'un véhicule à 74 km/h, contravention de 4e classe prévue et réprimée par les dispositions de l'article R.413-14 du Code de la route et susceptible d'un retrait de 2 points.

Le véhicule est de marque INDIA, modèle 777 de couleur rouge, immatriculé AB-123-CD.

À toutes fins utiles, nous engageons nos caméras individuelles et, par des gestes réglementaires, nous indiquons au conducteur d'immobiliser son véhicule sur une place de stationnement que nous lui désignons.

Une fois que le véhicule est arrêté, nous prenons contact avec le conducteur que nous informons de l'activation de notre caméra individuelle ainsi que de l'infraction constatée.

En application des dispositions de l'article R.233-1 du Code de la route, nous requérons de sa part la présentation de son permis de conduire ainsi que du certificat d'immatriculation correspondant au véhicule.

Le conducteur nous indique qu'il a oublié son portefeuille à son domicile et que, de ce fait, il n'est pas en capacité de nous présenter les documents requis.

Toutefois, il déclare se nommer Alpha BRAVO, être né le 27 janvier 1995 à POLVILLE (Département X-ray) et demeurer au 12 rue des Frênes à POLVILLE (Département X-ray).

Les vignettes arborées sur le tableau de bord indiquent que le véhicule est assuré et le contrôle technique est valide.

Dès lors, à l'aide de notre tablette prévue à cet effet, nous procédons à la consultation du système d'immatriculation des véhicules et au fichier national des permis de conduire qui fait apparaitre que le permis de conduire de M. Alpha BRAVO est suspendu.

À 14 h 37, nous rendons compte immédiatement au major Oscar PAPA, Officier de Police Judiciaire territorialement compétent de la brigade de Gendarmeville.

Durant notre entretien téléphonique avec le major Oscar PAPA, nous voyons M. Alpha BRAVO saisir de son bras gauche le gardien-brigadier Roméo SIERRA par le cou et armer un coup de poing de son poing droit.

Le gardien-brigadier Roméo SIERRA évite le coup de poing par une esquive de la tête sur le côté gauche et maitrise rapidement l'individu en passant sous son bras et en verrouillant ainsi sa tête et son bras.

Nous, gardien-brigadier Charlie DELTA, posons le téléphone au sol le temps nécessaire à l'assistance de notre collègue pour la pose des menottes aux poignets de M. Alpha BRAVO. Une fois menotté, le mis en cause se calme et n'oppose plus aucune résistance.

À 14 h 40, nous rendons compte immédiatement après au major Oscar PAPA de l'évolution de la situation et que la totalité de l'intervention est filmée à l'aide de notre caméra individuelle. Il nous ordonne de transporter l'individu à la gendarmerie.

Nous embarquons M. Alpha BRAVO à bord de notre véhicule de service sérigraphié, et, après avoir réintégré le matériel de mesure de la vitesse dans le coffre, nous nous transportons à la gendarmerie de POLVILLE où, arrivant à 14 h 45, nous le présentons devant le major Oscar PAPA qui nous prescrit la rédaction du présent rapport.

À 14 h 50, nous quittons les lieux, rendons compte à notre station directrice et prenons la direction de nos locaux pour la rédaction du présent rapport.

Rapport clos et transmis ce jour.

Identité du mis en cause :

Alpha BRAVO, né le 27 janvier 1995 à POLVILLE (Département X-ray), demeurant : 12 rue des Frênes à POLVILLE (Département X-ray).

Fait et clos à (lieu), le (date) à (heure).

Les gardiens-brigadiers de police municipale :

Charlie DELTA Roméo SIERRA

Transmissions :

Mme ou M. l'Officier de Police Judiciaire territorialement compétent.

Mme ou M. le Maire.

Mme ou M. le Responsable de la Police Municipale.

Archives municipales.

Sujet 3
Épreuve d'admissibilité n° 1
Rédaction d'un rapport

Difficulté : ★★★ 1 heure 30 • Coefficient : 3

Concours de gardien-brigadier de police municipale/garde-champêtre (inédit)

Intitulé de l'épreuve

Rédaction d'un rapport établi à partir d'un dossier relatif à un événement survenu dans un lieu public.

Énoncé

Vous êtes en fonction dans la ville de « X-Ville », dans le département de Y, en qualité de [gardien de police municipale/garde champêtre principal], dûment agréé et assermenté.

En compagnie de *[vos collègues le brigadier XX et le gardien YY/votre collègue garde champêtre principal XX]*, vous êtes affecté en patrouille pédestre à la surveillance des commerces du centre-ville.

Vous marchez dans la rue dans le secteur du centre-ville rue Rod-Héo, au droit du numéro 38, lorsque vous entendez distinctement un bruit de moteur dont les accélérations brutales et répétées correspondant à première vue au pilotage d'une moto de grosse cylindrée attirent votre attention.

Les différents régimes moteur du véhicule en cause se rapprochent de votre position lorsqu'au croisement du boulevard Le-temps-qui-passe et de la rue Rod-Héo, vous voyez un moto-cross, monté par un individu, s'engager dans le carrefour à vive allure.

Son allure l'oblige à se déporter en contresens sur les voies de circulation opposées à la sienne.

Le conducteur de l'engin ne porte pas de casque de protection, ce qui vous permet de le reconnaître formellement.

Vous vous approchez et attirez l'attention du conducteur par des gestes réglementaires *(bras gauche tendu, levé en l'air et main gauche ouverte afin de signifier au conducteur votre injonction d'arrêt et main droite en direction du conducteur, l'index désignant ce dernier afin de lui indiquer que votre injonction s'adresse à lui).*

Le conducteur vous fixe du regard, fait mine de ralentir et, arrivant à environ 10 mètres de vous, accélère brusquement. Par une manœuvre, il vous évite et alors qu'il passe à côté de vous en vous regardant, il crie : « Attrape-moi, connard de flic ! ».

Vous agissez selon vos compétences et rendez compte à l'OPJ qui vous demande la rédaction d'un rapport sur les conditions de l'intervention.

Remarque

Il convient de bien décrire les éléments constitutifs des infractions que vous aurez constaté.

Renseignements complémentaires

Identité de l'individu :

- reconnu formellement par vous-même : LAVITECE James ;
- adresse connue : 135 allée des Gogols à X-ville ;
- véhicule : motocross ;
- marque : Kawasaki ;
- couleur : verte ;
- immatriculation : aucune ;
- particularité : le véhicule ne dispose pas de feux de circulation ni de clignoteurs.

Identité de l'officier de police judiciaire : lieutenant Paul HISSIER

Documents

Document 1

Extrait du Code pénal

Article 433-5

Constituent un outrage puni de 7 500 euros d'amende les paroles, gestes ou menaces, les écrits ou images de toute nature non rendus publics ou l'envoi d'objets quelconques adressés à une personne chargée d'une mission de service public, dans l'exercice ou à l'occasion de l'exercice de sa mission, et de nature à porter atteinte à sa dignité ou au respect dû à la fonction dont elle est investie.

Lorsqu'il est adressé à une personne dépositaire de l'autorité publique, l'outrage est puni d'un an d'emprisonnement et de 15 000 euros d'amende.

Lorsqu'il est adressé à une personne chargée d'une mission de service public et que les faits ont été commis à l'intérieur d'un établissement scolaire ou éducatif, ou, à l'occasion des entrées ou sorties des élèves, aux abords d'un tel établissement, l'outrage est puni de six mois d'emprisonnement et de 7 500 euros d'amende.

Lorsqu'il est commis en réunion, l'outrage prévu au premier alinéa est puni de six mois d'emprisonnement et de 7 500 euros d'amende, et l'outrage prévu au deuxième alinéa est puni de deux ans d'emprisonnement et de 30 000 euros d'amende.

Document 2

Extrait du Code de la route

Article L. 233-1

Le fait pour tout conducteur d'omettre d'obtempérer à une sommation de s'arrêter émanant d'un fonctionnaire ou agent chargé de constater les infractions et muni des insignes extérieurs et apparents de sa qualité est puni d'un an d'emprisonnement et de 7 500 euros d'amende.

(…)

Document 3

Extrait du Code de la route

Article L. 321-1-1

Le fait de circuler sur les voies ouvertes à la circulation publique ou les lieux ouverts à la circulation publique ou au public avec un cyclomoteur, une motocyclette, un tricycle à moteur ou un quadricycle à moteur non soumis à réception est puni d'une contravention de la cinquième classe.

(…)

La confiscation, l'immobilisation ou la mise en fourrière peuvent être prescrites dans les conditions prévues aux articles L. 325-1 à L. 325-9.

La récidive des contraventions prévues aux alinéas précédents est punie conformément aux articles 132-11 et 132-15 du Code pénal. La confiscation du véhicule utilisé pour commettre l'infraction est de plein droit, sauf décision spécialement motivée de la juridiction.

Document 4

Extrait du Code de la route

Article L. 325-1-1

En cas de constatation d'un délit ou d'une contravention de la cinquième classe prévu par le présent code ou le Code pénal pour lequel la peine de confiscation du véhicule est encourue, l'officier ou l'agent de police judiciaire peut, avec l'autorisation préalable du procureur de la République donnée par tout moyen, faire procéder à l'immobilisation et à la mise en fourrière du véhicule.

(…)

Document 5

Extrait du Code de la route

Article R. 431-1

En circulation, tout conducteur ou passager d'une motocyclette, d'un tricycle à moteur, d'un quadricycle à moteur ou d'un cyclomoteur doit être coiffé d'un casque de type homologué. Ce casque doit être attaché.

Le fait, pour tout conducteur ou passager, de contrevenir aux dispositions du présent article est puni de l'amende prévue pour les contraventions de la quatrième classe.

Conformément à l'article L. 431-1, le véhicule à deux roues à moteur dont le conducteur circule sans être coiffé d'un casque de type homologué ou sans que ce casque soit attaché peut être immobilisé dans les conditions prévues aux articles L. 325-1 à L. 325-3.

Lorsque cette contravention est commise par le conducteur, elle donne lieu de plein droit à la réduction de trois points du permis de conduire.

(…)

Corrigé

République française

Département Y

Ville de X-Ville

RAPPORT

Objet : Conduite d'un engin n'ayant pas fait l'objet d'une réception, refus d'obtempérer, outrage à PDAP

L'an deux mille *[année]* et le *[date du jour de l'épreuve en toutes lettres]*,

Incipit PM	Incipit GC
Nous, soussigné gardien-brigadier *[nom-prénom du candidat]*, assisté du brigadier XX et du gardien YY, agents de police judiciaire adjoints, dûment agréés et assermentés en résidence administrative à la police municipale de X-Ville, Vu les articles L. 511-1 à L. 515-1 du Code de la sécurité intérieure Vu les articles D. 15, 21 et 21-2 du Code de procédure pénale	Nous, soussignés gardes champêtres principaux *[nom-prénom du candidat]* et XX, agents de police judiciaire adjoints, dûment agréés et assermentés en résidence administrative à la police municipale de X-Ville, Vu les articles L. 521-1 à L. 523-2 du Code de la sécurité intérieure Vu les articles D. 15 et 21 du Code de procédure pénale

Rapportons les faits suivants agissant revêtus de nos uniformes réglementaires et conformément aux ordres reçus de nos chefs :

Ce jour, à *[indiquez l'heure à laquelle vous commencez la rédaction]*, en compagnie du *[brigadier XX et du gardien YY / du Garde champêtre principal XX]*, nous sommes affectés en patrouille pédestre à la surveillance des commerces du centre-ville.

Alors que nous arrivons dans la rue dans le secteur du centre-ville rue Rod-Héo, au droit du numéro 38, nous entendons distinctement le son d'un moteur dont les accélérations brutales et répétées correspondant à première vue au pilotage d'une moto de grosse cylindrée.

Les différents régimes moteur du véhicule en cause se rapprochent de notre position lorsqu'au croisement du boulevard Le-temps-qui-passe et de la rue Rod-Hé, nous voyons un deux-roues motorisé (type moto-cross) circulant sur la voie publique en arrivant de la gauche et s'engageant dans le carrefour.

L'engin, monté par un individu de grande taille, est dépourvu de feux de circulation et d'avertisseurs clignoteurs et ne semble pas avoir fait l'objet d'une réception, infraction prévue et réprimée par les dispositions de l'article L. 321-1-1 du Code de la route.

Il circule à vive allure. Son allure le déporte sur les voies de circulation opposées, en contresens.

Le conducteur de l'engin ne porte pas de casque de protection.

Cette infraction, prévue et réprimée par les dispositions de l'article R. 431-1 du Code de la route, nous permet de reconnaître formellement comme étant LAVITECE James, connu des services de police.

Nous nous approchons et attirons l'attention du conducteur par des gestes réglementaires *(bras gauche tendu, levé en l'air et main gauche ouverte afin de signifier au conducteur notre injonction d'arrêt et main droite en direction du conducteur, l'index désignant ce dernier afin de lui indiquer que notre injonction s'adresse à lui)*.

Le conducteur nous fixe du regard, fait mine de ralentir et, arrivant à environ 10 mètres de nous, accélère brusquement en nous évitant grâce à une manœuvre. Il passe alors à côté de nous et en nous regardant, il crie : « Attrape-moi, connard de flic ! ».

Dès lors, agissant dans le cadre du flagrant délit, nous rendons compte à l'OPJ du commissariat de police, lieutenant Paul HISSIER, qui nous prescrit la rédaction du présent rapport.

Fait le *[date du jour]* pour être transmis simultanément à monsieur le maire et, par l'intermédiaire de monsieur l'Officier de police judiciaire territorialement compétent, à monsieur le procureur de la République.

Signature

Sujet 4
Épreuve d'admissibilité n° 1
Rédaction d'un rapport

Difficulté : ★★ 1 heure 30 • Coefficient : 3

Concours externe de gardien-brigadier de police municipale
Session 2018

Intitulé de l'épreuve

Rédaction d'un rapport établi à partir d'un dossier relatif à un événement survenu dans un lieu public.

Consignes

À LIRE ATTENTIVEMENT AVANT DE TRAITER LE SUJET :

- Vous ne devez faire apparaître aucun signe distinctif dans votre copie, ni votre nom ou un nom fictif, ni initiales, ni votre numéro de convocation, ni le nom de votre collectivité employeur ou de la commune où vous résidez ou du lieu de la salle d'examen où vous composez, ni nom de collectivité fictif non indiqué dans le sujet, ni signature ou paraphe.
- Sauf consignes particulières figurant dans le sujet, vous devez impérativement utiliser une seule et même couleur non effaçable pour écrire et/ou souligner. Seule l'encre noire ou l'encre bleue est autorisée. L'utilisation de plus d'une couleur, d'une couleur non autorisée, d'un surligneur pourra être considérée comme un signe distinctif.
- Le non-respect des règles ci-dessus peut entraîner l'annulation de la copie par le jury.
- Les feuilles de brouillon ne seront en aucun cas prises en compte.

Énoncé

Vous êtes le Gardien-brigadier de Police Municipale Alpha BRAVO.

Ce jour, le 15 mai 2018, à 16 h 00, de patrouille pédestre et de passage rue de la Paix, sur la commune d'X-VILLE (département d'Y département), accompagné de votre collègue, le policier municipal Charlie ÉCHO, votre attention est attirée par un véhicule qui vient de se stationner.

Vous êtes armés de vos revolvers et équipés d'une paire de menottes. Votre collègue Charlie ÉCHO dispose du matériel radio permettant de contacter votre poste de commandement.

Soudainement, le conducteur sort de l'habitacle, ouvre le coffre et saisit plusieurs sacs-poubelles, d'une contenance d'environ 20 litres, qu'il dépose à même le sol en dehors des endroits autorisés sur la voie publique, avant de se rediriger vers son véhicule. En vous rapprochant, vous constatez que le conducteur est un homme corpulent, porteur d'une casquette rouge et que le véhicule est vide de tout autre occupant.

Vu les faits, vous procédez à l'interpellation du contrevenant. L'intéressé reconnaît avoir déposé les ordures ménagères, mais ne pensait pas être en infraction.

Après vérification du contenu des sacs, vous prenez des photographies et demandez à l'individu de reprendre les sacs de déchets, ce qu'il fait calmement.

Au moment du relevé d'identité, il vous signale ne pas être en mesure de vous présenter une pièce justifiant de son identité, prétextant l'avoir oubliée à son domicile. Cependant, il déclare verbalement s'appeler Monsieur Golf HÔTEL.

Dans l'attente de recevoir une décision de l'autorité compétente via votre poste de commandement, l'intéressé insiste, sans véhémence, auprès de vous à plusieurs reprises pour quitter les lieux.

Face à vos refus, l'individu décide soudain de prendre la fuite en courant en direction du centre-ville.

Vous réussissez à le rattraper une centaine de mètres plus loin. Entre-temps, l'Officier de Police Judiciaire confirme l'identité du contrevenant.

Vous intervenez et vous rédigez le rapport que vous adressez aux autorités compétentes dans lequel vous rendez compte de vos diligences et des mesures que vous avez prises en vous aidant des pièces jointes.

Renseignements complémentaires

Véhicule du contrevenant : Fiat Punto, de couleur verte, immatriculé AA-100-BB

Identité du conducteur : Golf HOTEL, né le 21 novembre 1993 à XVILLE, domicilié 135, rue des plantes à XVILLE.

Identité de l'Officier de Police Judiciaire : Capitaine Victor TANGO, Officier de Police judiciaire.

Liste des documents

- **Document 1 :** Extraits du Code de procédure pénale – 2 pages
- **Document 2 :** Extrait du Code général des collectivités territoriales – 1 page
- **Document 3 :** Extrait du Code de la sécurité intérieure – 1 page
- **Document 4 :** Extrait du Code pénal – 1 page
- **Document 5 :** Extraits du Code de procédure pénale – 1 page

Certains documents peuvent comporter des renvois à des notes ou à des documents non fournis car non indispensables à la compréhension du sujet.

Document 1

Extraits du Code de procédure pénale

Article 21

Modifié par LOI n° 2017-257 du 28 février 2017 – art. 28

Sont agents de police judiciaire adjoints :

1° Les fonctionnaires des services actifs de police nationale ne remplissant pas les conditions prévues par l'article 20 ;

1° bis Les volontaires servant en qualité de militaire dans la gendarmerie et les militaires servant au titre de la réserve opérationnelle de la gendarmerie nationale ne remplissant pas les conditions prévues par l'article 20-1 ;

1° ter Les adjoints de sécurité mentionnés à l'article 36 de la loi n° 95-73 du 21 janvier 1995 d'orientation et de programmation relative à la sécurité et les membres de la réserve civile de la police nationale qui ne remplissent pas les conditions prévues à l'article 20-1 du présent code ;

1° quater Les contrôleurs de la préfecture de police exerçant leurs fonctions dans la spécialité voie publique et les agents de surveillance de Paris ;

1° quinquies (Abrogé) ;

1° sexies (Abrogé) ;

2° Les agents de police municipale ;

3° Les gardes champêtres, lorsqu'ils agissent pour l'exercice des attributions fixées au dernier alinéa de l'article L. 2213-18 du Code général des collectivités territoriales.

Ils ont pour mission :

De seconder, dans l'exercice de leurs fonctions, les officiers de police judiciaire ;

De rendre compte à leurs chefs hiérarchiques de tous crimes, délits ou contraventions dont ils ont connaissance ;

De constater, en se conformant aux ordres de leurs chefs, les infractions à la loi pénale et de recueillir tous les renseignements en vue de découvrir les auteurs de ces infractions, le tout dans le cadre et dans les formes prévues par les lois organiques ou spéciales qui leur sont propres ;

De constater par procès-verbal les contraventions aux dispositions du Code de la route dont la liste est fixée par décret en Conseil d'État.

Lorsqu'ils constatent une infraction par procès-verbal, les agents de police judiciaire adjoints peuvent recueillir les éventuelles observations du contrevenant.

Article 21-2

Créé par LOI n° 99-291 du 15 avril 1999 – art. 13 JORF 16 avril 1999

Sans préjudice de l'obligation de rendre compte au maire qu'ils tiennent de l'article 21, les agents de police municipale rendent compte immédiatement à tout officier de police judiciaire de la police nationale ou de la gendarmerie nationale territorialement compétent de tous crimes, délits ou contraventions dont ils ont connaissance.

Ils adressent sans délai leurs rapports et procès-verbaux simultanément au maire et, par l'intermédiaire des officiers de police judiciaire mentionnés à l'alinéa précédent, au procureur de la République.

Document 2

Extrait du Code général des collectivités territoriales

Article L. 2212-2

Modifié par LOI n° 2014-1545 du 20 décembre 2014 – art. 11

La police municipale a pour objet d'assurer le bon ordre, la sûreté, la sécurité et la salubrité publiques. Elle comprend notamment :

1° Tout ce qui intéresse la sûreté et la commodité du passage dans les rues, quais, places et voies publiques, ce qui comprend le nettoiement, l'éclairage, l'enlèvement des encombrements, la démolition ou la réparation des édifices et monuments funéraires menaçant ruine, l'interdiction de rien exposer aux fenêtres ou autres parties des édifices qui puisse nuire par sa chute ou celle de rien jeter qui puisse endommager les passants ou causer des exhalaisons nuisibles ainsi que le soin de réprimer les dépôts, déversements, déjections, projections de toute matière ou objet de nature à nuire, en quelque manière que ce soit, à la sûreté ou à la commodité du passage ou à la propreté des voies susmentionnées ;

2° Le soin de réprimer les atteintes à la tranquillité publique telles que les rixes et disputes accompagnées d'ameutement dans les rues, le tumulte excité dans les lieux d'assemblée publique, les attroupements, les bruits, les troubles de voisinage, les rassemblements nocturnes qui troublent le repos des habitants et tous actes de nature à compromettre la tranquillité publique ;

3° Le maintien du bon ordre dans les endroits où il se fait de grands rassemblements d'hommes, tels que les foires, marchés, réjouissances et cérémonies publiques, spectacles, jeux, cafés, églises et autres lieux publics ;

4° L'inspection sur la fidélité du débit des denrées qui se vendent au poids ou à la mesure et sur la salubrité des comestibles exposés en vue de la vente ;

5° Le soin de prévenir, par des précautions convenables, et de faire cesser, par la distribution des secours nécessaires, les accidents et les fléaux calamiteux ainsi que les pollutions de toute nature, tels que les incendies, les inondations, les ruptures de digues, les éboulements de terre ou de rochers, les avalanches ou autres accidents naturels, les maladies épidémiques ou contagieuses, les épizooties, de pourvoir d'urgence à toutes les mesures d'assistance et de secours et, s'il y a lieu, de provoquer l'intervention de l'administration supérieure ;

6° Le soin de prendre provisoirement les mesures nécessaires contre les personnes atteintes de troubles mentaux dont l'état pourrait compromettre la morale publique, la sécurité des personnes ou la conservation des propriétés ;

7° Le soin d'obvier ou de remédier aux événements fâcheux qui pourraient être occasionnés par la divagation des animaux malfaisants ou féroces.

Document 3

Extrait du Code de la sécurité intérieure

Article L. 511-1

Modifié par LOI n° 2017-1510 du 30 octobre 2017 – art. 1

Sans préjudice de la compétence générale de la police nationale et de la gendarmerie nationale, les agents de police municipale exécutent, dans la limite de leurs attributions et sous son autorité, les tâches relevant de la compétence du maire que celui-ci leur confie en matière de prévention et de surveillance du bon ordre, de la tranquillité, de la sécurité et de la salubrité publiques.

Ils sont chargés d'assurer l'exécution des arrêtés de police du maire et de constater par procès-verbaux les contraventions auxdits arrêtés. Sans préjudice des compétences qui leur sont dévolues par des lois spéciales, ils constatent également par procès-verbaux les contraventions aux dispositions du Code de la route dont la liste est fixée par décret en Conseil d'État ainsi que les contraventions mentionnées au livre VI du Code pénal dont la liste est fixée par décret en Conseil d'État, dès lors qu'elles ne nécessitent pas de leur part d'actes d'enquête et à l'exclusion de celles réprimant des atteintes à l'intégrité des personnes.

Ils sont habilités à établir l'avis de paiement prévu à l'article L. 2333-87 du Code général des collectivités territoriales.

Ils peuvent également constater par rapport le délit prévu par l'article L. 126-3 du Code de la construction et de l'habitation.

Ils exercent leurs fonctions sur le territoire communal, dans les conditions prévues au 2° de l'article 21 du Code de procédure pénale.

Affectés sur décision du maire à la sécurité d'une manifestation sportive, récréative ou culturelle mentionnée à l'article L. 613-3 du présent code ou à celle des périmètres de protection institués en application de l'article L. 226-1 ou à la surveillance de l'accès à un bâtiment communal, ils peuvent procéder à l'inspection visuelle des bagages et, avec le consentement de leur propriétaire, à leur fouille. Ils peuvent également procéder, avec le consentement exprès des personnes, à des palpations de sécurité. Dans ce cas, la palpation de sécurité doit être effectuée par une personne de même sexe que la personne qui en fait l'objet.

Affectés par le maire à des missions de maintien du bon ordre au sein des transports publics de voyageurs, les agents de police municipale peuvent constater par procès-verbaux les infractions mentionnées à l'article L. 2241-1 du Code des transports sur le territoire de la commune ou des communes formant un ensemble d'un seul tenant dans les conditions définies à l'article L. 512-1-1 du présent code, sans pouvoir excéder le ressort du tribunal auprès duquel ils ont prêté serment.

À cette fin, les communes contiguës desservies par un ou plusieurs réseaux de transports publics peuvent conclure entre elles une convention locale de sûreté des transports collectifs afin de permettre à leurs polices municipales d'exercer indistinctement leurs compétences sur les parties de réseaux qui les traversent. Cette convention est conclue sous l'autorité du représentant de l'État dans le département dans le respect des conventions de coordination des interventions de la police municipale et des forces de sécurité de l'État prévues à la section 2 du chapitre II du présent titre et dans le respect du contrat d'objectif départemental de sûreté dans les transports collectifs.

Document 4

Extrait du Code pénal

Article R. 635-8

Modifié par Décret n° 2010-671 du 18 juin 2010 – art. 4

Est puni de l'amende prévue pour les contraventions de la 5e classe le fait de déposer, d'abandonner, de jeter ou de déverser, en lieu public ou privé, à l'exception des emplacements désignés à cet effet par l'autorité administrative compétente, soit une épave de véhicule, soit des ordures, déchets, déjections, matériaux, liquides insalubres ou tout autre objet de quelque nature qu'il soit, lorsque ceux-ci ont été transportés avec l'aide d'un véhicule, si ces faits ne sont pas accomplis par la personne ayant la jouissance du lieu ou avec son autorisation.

Les personnes coupables de la contravention prévue au présent article encourent également la peine complémentaire de confiscation de la chose qui a servi ou était destinée à commettre l'infraction ou de la chose qui en est le produit.

Les personnes morales déclarées responsables pénalement, dans les conditions prévues par l'article 121-2, de l'infraction définie au présent article encourent, outre l'amende suivant les modalités prévues par l'article 131-41, la peine de confiscation de la chose qui a servi ou était destinée à commettre l'infraction ou de la chose qui en est le produit.

La récidive de la contravention prévue au présent article est réprimée conformément aux articles 132-11 et 132-15.

Document 5

Extraits du Code de procédure pénale

Article 78-6

Modifié par LOI n° 2017-258 du 28 février 2017 – art. 17

Les agents de police judiciaire adjoints mentionnés aux 1° bis, 1° ter, 1° quater et 2° de l'article 21 sont habilités à relever l'identité des contrevenants pour dresser les procès-verbaux concernant des contraventions aux arrêtés de police du maire, des contraventions au Code de la route que la loi et les règlements les autorisent à verbaliser ou des contraventions qu'ils peuvent constater en vertu d'une disposition législative expresse.

Si le contrevenant refuse ou se trouve dans l'impossibilité de justifier de son identité, l'agent de police judiciaire adjoint mentionné au premier alinéa en rend compte immédiatement à tout officier de police judiciaire de la police nationale ou de la gendarmerie nationale territorialement compétent, qui peut alors lui ordonner sans délai de lui présenter sur-le-champ le contrevenant ou de retenir celui-ci pendant le temps nécessaire à son arrivée ou à celle d'un agent de police judiciaire agissant sous son contrôle. À défaut de cet ordre, l'agent de police judiciaire adjoint mentionné au premier alinéa ne peut retenir le contrevenant. Pendant le temps nécessaire à l'information et à la décision de l'officier de police judiciaire, le contrevenant est tenu de demeurer à la disposition d'un agent mentionné au même premier alinéa. La violation de cette obligation est punie de deux mois d'emprisonnement et de 7 500 € d'amende. Lorsque l'officier de police judiciaire décide de procéder à une vérification d'identité, dans les conditions prévues à l'article 78-3, le délai prévu au troisième alinéa de cet article court à compter du relevé d'identité.

Article 803

Modifié par LOI n° 2000-516 du 15 juin 2000 – art. 93 JORF 16 juin 2000

Nul ne peut être soumis au port des menottes ou des entraves que s'il est considéré soit comme dangereux pour autrui ou pour lui-même, soit comme susceptible de tenter de prendre la fuite.

Dans ces deux hypothèses, toutes mesures utiles doivent être prises, dans les conditions compatibles avec les exigences de sécurité, pour éviter qu'une personne menottée ou entravée soit photographiée ou fasse l'objet d'un enregistrement audiovisuel.

Corrigé

République française

Département Y département

Ville de X-Ville

RAPPORT

Objet : Dépôt sauvage de détritus à l'aide d'un véhicule

L'an deux mille dix-huit et le quinze du mois de mai,

Nous, soussigné Gardien-brigadier Alpha BRAVO, assisté du gardien-brigadier Charlie ÉCHO, agents de police judiciaire adjoints, dûment agréés et assermentés en résidence administrative à la police municipale de XVille,

Vu l'article L. 511-1 du Code de la sécurité intérieure

Vu les articles 21, 21-2 et 78-6 du Code de procédure pénale

Rapportons les faits suivants agissant revêtus de nos uniformes réglementaires et conformément aux ordres reçus de nos chefs :

Ce jour, à seize heures, nous effectuons une patrouille pédestre de surveillance générale lorsque, nous trouvant sur la rue de la Paix, notre attention est attirée par un véhicule FIAT Punto de couleur verte qui s'arrête subitement sur le bas-côté.

Le conducteur sort rapidement de l'habitacle pour se diriger vers le coffre d'où il extrait sept sacs-poubelles qu'il dépose à même le sol, sur la voie publique.

Nous nous rapprochons et voyons que l'individu, un homme corpulent porteur d'une casquette rouge, abandonne les sacs-poubelles en dehors des emplacements désignés à cet effet par l'autorité administrative compétente puis se redirige vers son véhicule.

Chaque sac est d'une contenance d'environ 20 litres soit un total d'environ cent quarante litres déposés.

Le véhicule, vide de tout autre occupant, est immatriculé AA-100-BB.

Nous prenons contact avec l'auteur des faits à qui nous déclinons nos qualité et fonction et que nous invitons à s'exprimer sur les faits.

Le mis en cause reconnaît avoir transporté les ordures ménagères à l'aide de son véhicule et les avoir déposées sur la voie publique sans disposer de l'autorisation de la personne ayant la jouissance du lieu.

Le mis en cause précise qu'il ne pensait pas être en infraction

Nous informons le contrevenant que les faits sont constitutifs d'une contravention de cinquième classe prévue et réprimée par l'article R. 635-8 du Code pénal, ajoutant que confiscation de la chose qui a servi à commettre l'infraction peut être décidée par le magistrat en peine complémentaire.

Après vérification, il appert que tous les sacs contiennent des ordures ménagères.

Nous prenons plusieurs clichés photographiques que nous joignons au présent.

Sur notre injonction, l'individu accepte de bon gré de reprendre les sacs de déchets.

À seize heures dix, en application des dispositions de l'article 78-6 du Code de procédure pénale, nous invitons ce dernier à justifier de son identité en vue de la rédaction d'un procès-verbal.

L'individu nous déclare alors en ces termes, nous citons : « Je suis désolé, je ne suis pas en mesure de vous présenter une pièce d'identité, je l'ai oublié à mon domicile. Mais je vous la donne, je m'appelle Golf HOTEL ».

Dès lors, agissant conformément aux dispositions de l'article 78-6 alinéa 2, nous informons le contrevenant d'une part que nous devons en rendre compte à un Officier de Police Judiciaire territorialement compétent et d'autre part que pendant le temps nécessaire à l'information et à la décision de cet officier, il est tenu de demeurer à notre disposition, la violation de cette obligation étant punie de deux mois d'emprisonnement et de 7 500 € d'amende.

Contacté par le gardien-brigadier Charlie ÉCHO, le Poste de Commandement nous indique qu'il rend compte sans délai à l'Officier de Police Judiciaire.

Dans l'attente de recevoir les instructions de l'Officier de Police Judiciaire, le mis en cause insiste auprès de nous pour quitter les lieux, sans véhémence mais à plusieurs reprises.

Face à nos refus systématiques, l'individu décide soudain de prendre la fuite en courant en direction du centre-ville.

Agissant alors dans le cadre du flagrant délit, nous nous engageons derrière lui et parvenons à l'appréhender à [heure + 20 minutes], environ cent mètres plus loin où nous le menottons, conformément aux dispositions de l'article 803 du Code de procédure pénale.

Dans le même temps, le Poste de Commandement nous indique que l'Officier de Police Judiciaire Victor TANGO confirme l'identité du contrevenant.

Palpé, Monsieur Golf HOTEL n'est trouvé porteur d'aucun objet apparent susceptible d'être dangereux pour lui-même ou pour autrui.

Par l'intermédiaire de notre poste de commandement, nous rendons compte de la nouvelle situation à l'Officier de Police Judiciaire précité qui nous prescrit de lui présenter sans délai l'individu.

Un véhicule de patrouille de police municipale arrive sur place. Nous embarquons le mis en cause et faisons diligence au commissariat de police où, arrivant à [heure + 30 minutes], nous le présentons devant l'Officier de Police Judiciaire Victor TANGO à qui nous relatons verbalement les faits.

De retour au service, nous rédigeons le présent rapport.

Véhicule du contrevenant :

Fiat Punto (couleur verte)

Immatriculation : AA-100-BB

Identité du conducteur :

Golf HOTEL

Né le 21 novembre 1993 à XVILLE

Demeurant au 135, rue des Plantes à XVILLE

Fait le quinze mai deux mille dix-huit pour être pour être transmis simultanément à monsieur le maire de la commune et, par l'intermédiaire de l'Officier de Police Judiciaire territorialement compétent, à monsieur le Procureur de la République.

Signature

Sujet 5
Épreuve d'admissibilité n° 2
Questions sur un texte

Difficulté : ★★ 1 heure • Coefficient : 2

Concours externe de gardien-brigadier de police municipale
Session 2022

Intitulé de l'épreuve

Réponse, à partir d'un texte remis aux candidats, à des questions sur la compréhension de ce texte et l'explication d'une ou plusieurs expressions figurant dans ce texte.

Consignes

À LIRE ATTENTIVEMENT AVANT DE TRAITER LE SUJET :

- Vous ne devez faire apparaître aucun signe distinctif dans votre copie, ni votre nom ou un nom fictif, ni initiales, ni votre numéro de convocation, ni le nom de votre collectivité employeur, de la commune où vous résidez ou du lieu de la salle d'examen où vous composez, ni nom de collectivité fictif non indiqué dans le sujet, ni signature ou paraphe.
- Sauf consignes particulières figurant dans le sujet, vous devez impérativement utiliser une seule et même couleur non effaçable pour écrire et/ou souligner. Seule l'encre noire ou l'encre bleue est autorisée. L'utilisation de plus d'une couleur, d'une couleur non autorisée, d'un surligneur pourra être considérée comme un signe distinctif.
- Le non-respect des règles ci-dessus peut entraîner l'annulation de la copie par le jury.
- Les feuilles de brouillon ne seront en aucun cas prises en compte.

Texte

Incivilités : comment contenir la facture ?

Par Paul Molga, le 29 novembre 2021 - *Les échos*

[...]

C'est un coup de filet qui a redonné le sourire à de nombreux élus qui luttent en vain contre les dépôts sauvages et les incivilités sur leur territoire : à Marseille, sept personnes suspectées d'avoir organisé ou eu recours à un réseau de décharge sauvage ont été placés en garde à vue et présentés au juge mi-novembre pour répondre d'une accusation de dépôt

Sujets corrigés

illégal de déchets sur la voie publique. Ils risquent jusqu'à deux ans de prison et 75.000 euros d'amende, selon l'article L541-46 du Code de l'environnement.

Un garagiste et un entrepreneur du BTP indélicat étaient à la manœuvre. Ils payaient de petites mains à peu de frais pour débarrasser des encombrants qu'ils abandonnaient en pleine rue dans un quartier déshérité du nord de la ville. Les services de collecte d'ordure de la métropole interviennent depuis des mois pour nettoyer cette zone. Ils y ont récupéré pas moins de 320 tonnes de déchets en tous genres : gravats, frigos, machines à laver, matelas, meubles, déchets verts, pneus...

Incivilités ordinaires

Marseille n'est pas une exception. En France, 21,4 kg de déchets sauvages par habitant et par an sont déposés hors des lieux prévus à cet effet, selon l'Ademe dans un rapport publié quelques mois avant le décès du maire varois de Signes, écrasé à l'été 2019 par une camionnette qu'il tentait d'empêcher d'abandonner ses gravats à la sauvette. Et ces incivilités ne sont pas les seules : tags, déjections canines, dégradation du mobilier urbain, mégots et papiers gras jetés au sol, urine sur la voie publique, vandalisme du mobilier urbain ... Ces « incivilités ordinaires » coûteraient plus de 5 milliards d'euros à la France, alertait l'économiste et spécialiste de la délinquance, Jacques Bichot, en 2015. Il recensait alors 300.000 dégradations de biens.

Six ans plus tard, la situation semble avoir échappé à tout contrôle. « Les incivilités quotidiennes sont devenues un fléau », répète à l'envi de nombreux maires qui ne peuvent opposer que de maigres effectifs de police municipale à ce que certains désignent comme « un tsunami d'insolences urbaines ».

Pour garder leurs rues propres, les villes doivent investir en masse : 1 million d'euros par exemple à Cannes où des dizaines de nettoyeurs sillonnent la ville, huit fois par jour. Plus de 5 millions à Nice, où le maire a installé 14 policiers municipaux derrière les écrans du Centre de supervision urbain où convergent les images des plus de 3.000 caméras installées dans la ville. Dans son rapport sur « la caractérisation de la problématique des déchets sauvages », l'Ademe a relevé l'étendue des difficultés auxquelles sont confrontées les collectivités locales pour « prévenir, résorber et sanctionner » les indélicats : identifier le responsable, parvenir à faire valoir une plainte en justice, obtenir des jugements rapides et des sanctions dissuasives...

Caméras impuissantes

« La marge de manœuvre des élus est extrêmement faible. La loi empêche leur police municipale de mener des enquêtes et ils ne peuvent dresser de procès-verbal qu'en cas de flagrant délit », explique Guillaume Gormand, chargé de mission sécurité et prévention à la communauté de communes de Grenoble dans une étude sur l'évaluation des politiques publiques de sécurité. Dans leur centre high-tech de surveillance urbaine où sont rassemblées toutes les images des caméras de vidéo protection des villes, les agents municipaux ne peuvent que regarder, impuissants, ces incivilités se dérouler sous leurs yeux. « Il faut une fraction de seconde pour commettre une incivilité. Le temps d'envoyer une patrouille constater le délit, le contrevenant a disparu », témoigne l'un d'eux.

Alors que faire ? A Nice, on teste depuis l'été une intelligence artificielle créée par les services informatiques de la ville et validée par la Commission nationale de l'informatique et des libertés. Installée derrière les caméras de surveillance de vingt sites répertoriés comme vulnérables, elle analyse les scènes en temps réel, détecte les mouvements suspects, relève les plaques d'immatriculation et enregistre le délit. Derrière leurs micros, les agents s'égosillent. « Police municipale bonjour. Vous êtes dans une zone de détection automatisée d'abandon de déchets. Les dépôts sauvages sur la voie publique sont interdits par la loi. Vous encourez une amende de 1.500 euros ». On saura dans quelques semaines si ces mises en garde sont suffisamment dissuasives, mais dans les agglomérations qui expérimentent, elles aussi, des systèmes de prises de vues, les résultats ne sont pas probants.

Recours à l'intelligence artificielle

A Aix-en-Provence, depuis décembre dernier, la ville a installé des caméras de surveillance nomade sur les 30 hectares de zones naturelles du plateau de l'Arbois transformé en décharge à ciel ouvert par les entreprises de BTP locales. Plus de 60 dépôts sauvages ont bien été constatés et enregistrés par les caméras, mais à ce jour, aucune amende n'a été dressée malgré le relevé des plaques. « C'est au magistrat qu'il appartient de décider d'une condamnation et les instructions prennent du temps », peste un fonctionnaire de la municipalité.

[...]

Questions

Vous répondrez aux questions suivantes dans l'ordre qui vous convient, en indiquant impérativement leur numéro.

I. Explication et vocabulaire (8 points)

1. Donnez un seul synonyme pour les mots suivants (en respectant leur nature) (3 points) :
   - « suspectées » (ligne 3)
   - « fléau » (ligne 24)
   - « convergent » (ligne 30)
   - « résorber » (ligne 33)
   - « constater » (ligne 45)
   - « s'égosillent » (ligne 51)
2. Donnez un seul antonyme des mots suivants (en respectant leur nature) (2 points) :
   - « en vain » (ligne 1)
   - « déshérité » (ligne 9)
   - « dissuasives » (ligne 35)
   - « nomade» (ligne 59)

3. Expliquez en quelques lignes l'expression « un coup de filet » (ligne 1) (2 points).
4. Expliquez en quelques lignes l'expression « à la sauvette » (ligne 17) (1 point).

II. Compréhension (12 points)

Dans vos réponses, vous veillerez à rendre compte des idées du texte sans en recopier les phrases.

5. Expliquez le point de vue : « ce que certains désignent comme un "tsunami d'insolences urbaines" » (2 points).
6. Pourquoi le texte qualifie-t-il les incivilités « d'ordinaires » ? (3 points)
7. D'après le texte, quelles sont les marges de manoeuvre des policiers municipaux dans la lutte contre les dépôts illégaux de déchets ? (3 points)
8. D'après le texte, pourquoi les incivilités représentent-elles un coût élevé pour les collectivités territoriales ? (4 points)

Corrigé

I. Explication et vocabulaire

Rappels

Deux mots sont synonymes lorsqu'ils ont un sens identique ou très voisin.

Pour donner le synonyme d'un mot, vous devez choisir un mot de la même classe grammaticale. Par exemple, le synonyme d'un adjectif sera toujours un adjectif, celui d'un verbe sera un verbe.

Question 1

- « suspectées » → soupçonnées
- « fléau » → calamité
- « convergent » → se dirigent, affluent
- « résorber » → diminuer, réduire
- « constater » → visualiser
- « s'égosillent » → s'écrient, hurlent

Question 2

Rappels

Deux mots sont antonymes lorsqu'ils ont un sens contraire. Pour donner l'antonyme d'un mot, vous devez choisir un mot de la même classe grammaticale. Par exemple, l'antonyme d'un adjectif sera toujours un adjectif, celui d'un verbe sera un verbe.

- « en vain » → avec succès
- « déshérité » → fortuné, avantagé, privilégié
- « dissuasives » → persuasives
- « nomade» → sédentaire

Question 3

L'expression « coup de filet » désigne une arrestation simultanée de plusieurs personnes lors d'une opération des forces de l'ordre.

Question 4

Une vente « à la sauvette » désigne une vente frauduleuse sur la voie publique.

II. Compréhension

Question 5

Certains habitants semblent exaspérés par ce « tsunami de violences urbaines », en d'autres termes, ce nombre toujours croissant d'incivilités ayant lieu dans la ville.

Question 6

Dans le texte, les incivilités sont dites « ordinaires », car elles sont devenues la norme, des banalités urbaines omniprésentes telles que les défécations canines ou la détérioration du mobilier urbain.

Question 7

La marge de manœuvre de la police est très limitée. En effet, la loi stipule que seuls les flagrants délits peuvent déboucher sur un procès-verbal, et donc une condamnation du malfaiteur. Les agents de police ont donc les mains nouées face aux dépôts sauvages et ont pour seul recours de regarder des images de vidéosurveillance qui ne leur laisseront pas le temps d'intervenir sur place et d'arrêter les malfaiteurs puisque ces derniers auront eu le temps de quitter les lieux.

Question 8

Les collectivités territoriales doivent mettre en place des moyens coûteux pour lutter contre les dépôts sauvages dans les villes. À Cannes ou à Nice par exemple, plusieurs millions d'euros sont alloués chaque année à des agents de propreté et à un système de vidéosurveillance sophistiqué. L'intelligence artificielle pourrait aider à lutter contre les incivilités dans le futur mais cela représente également un coût important.

Sujet 6
Épreuve d'admissibilité n° 2
Questions sur un texte

Difficulté : ★★ 1 heure • Coefficient : 2

Concours externe de gardien-brigadier de police municipale
Session 2018

Intitulé de l'épreuve

Réponse, à partir d'un texte remis aux candidats, à des questions sur la compréhension de ce texte et l'explication d'une ou plusieurs expressions figurant dans ce texte.

Consignes

À lire attentivement avant de traiter le sujet :

- Vous ne devez faire apparaître aucun signe distinctif dans votre copie, ni votre nom ou un nom fictif, ni initiales, ni votre numéro de convocation, ni le nom de votre collectivité employeur, de la commune où vous résidez ou du lieu de la salle d'examen où vous composez, ni nom de collectivité fictif non indiqué dans le sujet, ni signature ou paraphe.
- Sauf consignes particulières figurant dans le sujet, vous devez impérativement utiliser une seule et même couleur non effaçable pour écrire et/ou souligner. Seule l'encre noire ou l'encre bleue est autorisée. L'utilisation de plus d'une couleur, d'une couleur non autorisée, d'un surligneur pourra être considérée comme un signe distinctif.
- L'utilisation d'une calculatrice de fonctionnement autonome et sans imprimante est autorisée.
- Le non-respect des règles ci-dessus peut entraîner l'annulation de la copie par le jury.
- Les feuilles de brouillon ne seront en aucun cas prises en compte.

Texte

Le « binge drinking » se porte bien, pas la santé

Par Éric Favereau. *Libération*, 16 octobre 2017

Un livre passionnant <u>décortique</u> ces pratiques d'alcoolisation ultra rapide, facilitées par un travail de lobbying terriblement efficace.

On n'y prête plus guère d'attention, comme habitués à cette nouvelle pratique : le « binge drinking » ou biture express, qui consiste à consommer très vite une très grande quantité d'alcool à la fois. On dirait même que cette pratique est entrée dans les mœurs. Aux États-Unis, on estime qu'environ 90 % de l'alcool consommé par les jeunes de moins de 21 ans est bu lors de défonces éthyliques. En France, c'est presque devenu une obligation.

« Entre 13 et 25 ans, il faut passer aujourd'hui de façon quasi incontournable par ce rituel », écrivent le professeur Amine Benyamina, chef du service d'addictologie de l'hôpital Paul-Brousse près de Paris, et la journaliste Marie-Pierre Samitier, dans un livre qui se veut un cri d'alarme (1). Et pour cause… Les chiffres inquiètent. Lors de l'Enquête sur la santé et les consommations à l'occasion de l'appel de préparation à la défense (Escapad), plus de la moitié des jeunes déclare avoir ainsi été ivre au cours de sa vie, et plus du quart avoir connu au moins trois épisodes d'ivresse au cours des douze derniers mois. […]

« Génération sacrifiée sur l'autel du business »

Face à ce risque, il y a de fait peu de réponses sanitaires. Et surtout une faible prise de conscience du danger. « La fragilité des adolescents en fait pourtant une cible vulnérable, et rien n'est fait pour les aider ; jamais des campagnes de prévention ciblant ces pratiques n'ont été officiellement organisées. C'est toute une génération qui est sacrifiée sur l'autel du business », écrivent les auteurs du livre. Les témoignages sont là, troublants. Sarah : « Je me saoule chaque fois que j'en ai l'occasion et à vrai dire, je me fais honte, mais je ne peux pas m'empêcher de boire… Je ne pense pas être assez forte pour arrêter ce comportement stupide. » […] Ou l'histoire de Cindy qui détaille sa consommation : « Depuis deux mois, je vais au magasin du coin dans la semaine et j'achète deux ou trois flasques de vodka. La première, je la bois super vite, pour me mettre dans un état second. La deuxième, je la fais durer un peu plus pour essayer de rester plus longtemps dans cet état. La troisième, c'est pour pousser l'expérience jusqu'au bout… » […]

Comme on peut le supposer, ces pratiques ne sont pas sans conséquences physiques, au-delà même du risque de coma éthylique. Ainsi, un groupe de 121 étudiants âgés de 18 à 25 ans a été observé. « Ceux qui ne pratiquent que le binge drinking ont révélé des difficultés cognitives réelles, c'est-à-dire des difficultés pour les opérations mentales qui sollicitent la concentration, la mémoire et l'attention. » « Nous ne sommes pas tous égaux devant l'alcool », insiste alors le professeur Benyamina.

Loi Évin et lobbys

Second volet, le « binge drinking » n'est pas un ovni tombé du ciel. Il y a toute une histoire, et la seconde partie de ce livre réquisitoire se fait plus politique. Montrant comment des lobbys de tous genres sont en action.

C'est d'abord un combat incessant contre la loi Évin qui réglemente la publicité sur l'alcool et le tabac. Les publicitaires s'en défendent, « insistant sur le fait que la loi *Évin* n'a pas empêché la recrudescence de la consommation à risque chez les jeunes, oubliant de préciser que le développement des comportements de "binge drinking" a coïncidé avec son affaiblissement en 2009 par l'utilisation de la publicité sur Internet ». Les auteurs reviennent à juste titre sur l'histoire d'un amendement de la loi dite Macron, en 2015. Celui-ci visait à assouplir singulièrement la pub sur les alcools et le vin, le permettant lorsque l'on met en avant les régions productrices, le terroir… Un amendement qui a été finalement adopté par le Parlement.

De fait, la stratégie pour lâcher les vannes de l'alcool est tous azimuts. Avec le relais des « députés pieds de vigne », les pros du marketing vont s'arracher les jeunes, l'arrivée de nouveaux produits pour ados, mais aussi des dizaines d'applications pour smartphone. […]

L'avenir est plutôt sombre. L'épidémie de « binge drinking » n'est plus simplement « un risque annoncé », elle est là. Mais rien ne bouge. Pire, des sénateurs ont déposé, au printemps dernier, des amendements pour amoindrir encore la loi Évin, en permettant, par exemple, la vente d'alcool léger dans les stades. « Notre culture de banalisation nous fait fermer les yeux, concluent les auteurs. Certains lobbys déploient leur perversité jusqu'*à rendre* l'alcool encore plus attractif, et des politiques continuent de favoriser des intérêts [60] privés, alors que les dégâts ont un coût exorbitant. »

(1) *Comment l'alcool détruit la jeunesse : la responsabilité des lobbies et des politiques* (éditions Albin Michel), par Amine Benyaminia et Marie-Pierre Samitier. 205 pages.

Questions

Vous répondrez aux questions suivantes dans l'ordre qui vous convient, en indiquant impérativement leur numéro. Les numéros de lignes sont indiqués entre crochets.

I. Explication et vocabulaire (8 points)

1. **Donnez un seul synonyme pour les mots suivants (en respectant leur nature) (3 points) :**

- « décortique » (ligne 5)
- « incontournable » (ligne 12)
- « incessant » (ligne 42)
- « recrudescence » (ligne 44)
- « déploient » (ligne 58)
- « exorbitant » (ligne 60)

2. **Donnez un seul antonyme des mots suivants (en respectant leur nature) (2 points) :**

- « vulnérable » (ligne 21)
- « stupide » (ligne 27)
- « assouplir » (ligne 48)
- « favoriser » (ligne 59)

3. **Expliquez en quelques lignes l'expression « entrer dans les mœurs** » (ligne 9). **(2 points)**
4. **Expliquez en quelques lignes l'expression : « tous azimuts** » (ligne 51). **(1 point)**

II. Compréhension (12 points)

Dans vos réponses, vous veillerez à rendre compte des idées du texte sans en recopier les phrases.

1. **Qu'est-ce que le « binge drinking** » **? (1 point)**
2. **Expliquez le titre de l'article** (**« Le binge drinking se porte bien, pas la santé** ») en une dizaine de lignes. **(2 points)**
3. **Expliquez l'expression suivante : « Génération sacrifiée sur l'autel du business** » (ligne 19). **(3 points)**
4. **D'après le texte, de quelle manière la loi** Évin **est-elle aujourd'hui amoindrie ? (3 points)**
5. **Les campagnes de prévention contre les méfaits de l'alcool sont-elles suffisantes en France ? Vous expliquerez votre réponse en une dizaine de lignes. (3 points)**

Corrigé

I. Explication et vocabulaire

Question 1

Voici quelques synonymes possibles pour les mots suivants :

- « décortique » (verbe conjugué à la personne « il ») → épluche, analyse, examine
- « incontournable » (adjectif) → inéluctable, inévitable, obligatoire
- « incessant » (adjectif) → interminable, continu, perpétuel
- « recrudescence » (nom) → augmentation, hausse, regain, multiplication
- « déploient » (verbe conjugué à la personne « ils ») → exposent, révèlent, montrent, révèlent
- « exorbitant » (adjectif) → énorme, immodéré, déraisonnable, invraisemblable

Question 2

Voici quelques antonymes possibles pour les mots suivants :

- « vulnérable » (adjectif) → invincible, insensible, dur
- « stupide » (adjectif) → réfléchi, intelligent, mûri
- « assouplir » (verbe à l'infinitif) → durcir, contracter, tendre
- « favoriser » (verbe à l'infinitif) → contrarier, entraver, combattre

Question 3

Lorsqu'une pratique « entre dans les mœurs », cela signifie qu'elle devient habituelle voire normale pour la société.

Question 4

La stratégie devient « tous azimuts » signifie qu'elle se propage tous les sens et par tous les moyens.

Si vous avez la chance de parler une langue étrangère, cela peut souvent vous aider. Par exemple, le mot « azimut » vient de l'arabe *az-samt* qui signifie « chemin ».

II. Compréhension

Question 5

Le « binge drinking » est un mode de consommation d'alcool volontairement excessif et rapide. Le but étant de trouver l'ivresse la plus rapidement possible quitte à perdre le contrôle de soi. De nombreux jeunes en sont adeptes sans en mesurer les risques.

Question 6

Le titre « Le binge drinking se porte bien, pas la santé » met en parallèle deux idées qui sont contradictoires. Le journaliste souhaite ici attirer l'attention du lecteur sur les risques que cause la consommation démesurée d'alcool sur la santé. Le « binge drinking », comme nous l'avons expliqué dans la question 5 est une manière de consommer excessivement de l'alcool ce qui n'est pas sans risque pour la santé des jeunes qui s'y adonnent. Les consommateurs n'ont malheureusement pas conscience des risques provoqués sur la santé.

Question 7

L'auteur de cet article parle d'une « génération sacrifiée sur l'autel du business » et choisit ainsi une métaphore forte. Ce sont généralement des animaux que l'on sacrifie. Ici, les entreprises qui commercialisent de l'alcool sont prêtes à tout pour vendre toujours plus de bouteilles sans prendre en compte le rôle néfaste qu'elles jouent dans le manque de concentration et l'augmentation des maladies. La jeunesse est donc sacrifiée au profit de l'argent engendré par la vente de l'alcool.

Question 8

La loi Évin a été votée par le Parlement pour protéger la santé des Français en limitant la vente de tabac et d'alcool aux mineurs par exemple. Elle interdit entre autres une image positive de ces substances dans les publicités. Ces dernières années, plusieurs amendements ou lois ont cherché à donner plus de souplesse à cette loi. Prenons l'exemple de la loi Macron (2015) qui accepte la communication sur l'alcool lorsque le savoir-faire français de nos régions est mis à l'honneur. Plus récemment des parlementaires ont demandé que soit autorisée la vente d'alcool dans les stades.

Question 9

La jeunesse a besoin de prendre conscience des risques que l'alcool et le tabac jouent sur la santé mais selon nous, rares sont les publicités de sensibilisation à ce sujet. L'alcool garde aujourd'hui une image positive et festive chez les adolescents qui en consomment systématiquement lors de soirées.

Les pouvoirs publics ne semblent pas accorder un budget suffisant à la lutte contre l'alcool. Seule une petite inscription sanitaire à peine visible figure sous des affiches gigantesques dans le métro. Les publicitaires et annonceurs ont clairement plus de moyens financiers pour vendre leurs bouteilles que l'État n'en a pour sensibiliser la jeunesse aux risques sanitaires. Ne serait-il pas envisageable de mettre en place des groupes de conversation dans les écoles et universités ?

Sujet 7
Épreuve d'admissibilité n° 2
Questions sur un texte

Difficulté : ★★ 1 heure • Coefficient : 2

Concours externe de gardien-brigadier de police municipale
Session 2016

Intitulé de l'épreuve

Réponse, à partir d'un texte remis aux candidats, à des questions sur la compréhension de ce texte et l'explication d'une ou plusieurs expressions figurant dans ce texte.

Texte

Nancy : le commerce nocturne « bridé » à 2 h 30 du matin

Après une parenthèse de 20 jours, la ville réactive l'arrêté interdisant l'ouverture des établissements de bouche entre 2 h 30 et 6 heures du matin.

Une frite à 3 heures du mat' ? Un kebab à 4 heures… C'était sans problème pour les noctambules du 26 décembre ou du 2 janvier. L'arrêté du maire de Nancy qui, depuis la mi-juin 2015, imposait la fermeture des établissements de bouche entre 2 heures (porté à 2 h 30 en octobre) et 6 heures du matin autour de la place Stanislas, une partie de la vieille ville et jusqu'à la rue Jeanne-d'Arc, est arrivé à terme mi-décembre. Dans une ville étudiante où la vie nocturne est intense, il avait fait grand bruit, suscitant même une pétition sur Internet qui avait recueilli au final 1 486 signatures.

Les commentaires ne sont pas tendres : « symptôme d'une politique visant à instaurer à terme un couvre-feu », « liberté bafouée », « ville morte », « la fermeture des établissements de sandwicherie est préjudiciable pour le consommateur et pour le commerçant »… La ville assumait alors, évoquant les nuisances et les doléances des riverains. L'adjoint à la sécurité, Gilbert Thiel, martelait : « On ne prétend pas anesthésier la ville. Tout en demeurant festive, Nancy ne peut pas être un bordel généralisé… »

Bref, à la mi-décembre, c'était silence radio. Et les professionnels, dont des responsables de kebabs qui avaient vainement rencontré la mairie pour la faire changer d'avis, ouvraient à nouveau leurs portes toute la nuit.

Interrogée ce lundi 4 janvier sur la suite des événements, la mairie de Nancy a répondu ce mardi avoir réactivé… la veille l'arrêté sujet à controverses ! L'interdiction est donc à nouveau en vigueur jusqu'au 30 juin. Sachant qu'elle est fixée à 2 h 30 et que les boulangeries qui ne vendent pas d'alcool peuvent ouvrir à 4 h 45.

« **Intérêts divergents** »

Voilà qui ne risque pas d'apaiser le débat sur la vie nocturne, d'autant que les patrons de discothèques avaient aussi, de leur côté, dénoncé en octobre une vaste opération de contrôle de la police nationale à la sortie d'établissements. Ils y voyaient une politique anti-boîtes anti-jeunes, terme récusé par le patron de la police.

« Entre la fête de la musique limitée à 23 heures, l'annulation du défilé la Saint-Nicolas (NDLR : pour raison de sécurité après les attentats), on fait tout pour nous empêcher de nous amuser », commentait ce lundi un ado à la sortie d'un resto rapide.

Pas le point de vue évidemment de Gilbert Thiel : « Nous avons adapté en octobre les horaires : 2 h 30 est un bon compromis car certains riverains voulaient 22 ou 23 heures ! La vie consiste à concilier le moins mal les intérêts divergents. Les gens du centre-ville ont le droit d'avoir le temps de dormir pour reconstituer, comme aurait dit Karl Marx, leur force de travail » L'impact économique ? « C'est dommage, mais cette activité est trop génératrice de nuisances en deuxième partie de nuit. Nous constatons – ce n'est pas un reproche – que les professionnels ne sont pas en mesure de maîtriser leur clientèle. »

Si la Ville a tardé avant de réactiver l'arrêté, c'est qu'elle était d'abord mobilisée sur « l'urgence des événements » de fin d'année. Idem pour la charte « Nancy, la nuit » qui devait organiser la vie nocturne avec ses acteurs, dont l'élaboration a dû être provisoirement repoussée.

Ghislain Utard, *L'Est républicain* (édition de Nancy) 6 janvier 2016.

Questions

Vous répondrez aux questions suivantes dans l'ordre qui vous convient, en indiquant impérativement leur numéro.

I. Explication et vocabulaire (8 points)

1. **Donnez un seul synonyme pour les mots suivants (2,5 points) :**

- ligne 12 : « préjudiciable »
- ligne 13 : « les doléances »
- ligne 17 : « vainement »
- ligne 20 : « controverses »
- ligne 24 : « apaiser »

2. **Donnez un antonyme des mots suivants (2 points) :**

- ligne 14 : « anesthésier »
- ligne 26 : « récusé »
- ligne 36 : « reproche »
- ligne 36 : « maîtriser »

3. **Expliquez en quelques lignes l'expression « ville morte** » (ligne **11). (1,5 point)**

4. **Expliquez en quelques lignes l'expression : « intérêts divergents** » (ligne **23). (2 points)**

II. Compréhension (12 points)

1. **Quels sont les différents groupes d'acteurs principaux qui peuvent ressortir de l'article de presse ? (2 points)**
2. **Expliquez la partie de phrase suivante : « Dans une ville étudiante où la vie nocturne est intense » (ligne 8). (2 points)**
3. **Expliquez le titre du texte : « le commerce nocturne "bridé" à 2 h 30 du matin ». (2 points)**
4. **Quel est le problème de fond mis en avant par l'article, quels sont les intérêts en présence évoqués ? (3 points)**
5. **L'auteur fait état d'une charte « Nancy, la nuit »** (ligne 39) ayant pour objet d'**organiser la vie nocturne. Quels sont selon vous les éléments ou orientations que pourrait contenir cette charte ? (3 points)**

Corrigé

I. Explication et vocabulaire

Question 1

- Voici quelques synonymes possibles pour les mots suivants :
- « préjudiciable » (adjectif) → attentatoire, compromettant, dommageable, désavantageux
- « les doléances » (nom au pluriel) → les réclamations, les requêtes, les demandes, les griefs
- « vainement » (adverbe de manière) → infructueusement, inutilement, stérilement
- « controverses » (nom au pluriel) → des contestations, des polémiques, des litiges
- « apaiser » (verbe à l'infinitif) → adoucir, dissiper, calmer, tempérer

Question 2

Voici quelques antonymes possibles pour les mots suivants :

- « anesthésier » (verbe à l'infinitif) → exciter, raviver, agiter, réveiller
- « récusé » (adjectif) → accepter, agréer, endosser
- « reproche » (nom au singulier) → un compliment, un éloge, une excuse, une louange
- « maîtriser » (verbe à l'infinitif) → délivrer, abandonner, se soumettre

Question 3

L'expression « ville morte » fait référence à une ville sans âme et sans vie, une ville vide, une ville déserte. Les habitants considèrent que la fermeture de ces lieux de bouche à Nancy diminue la vie de quartier et l'ambiance de la ville. Cette expression est volontairement forte car choisie par les opposants à la fermeture des établissements de bouche la nuit.

Question 4

Les habitants de Nancy ont des « intérêts divergents » en fonction de leur rythme de vie, de leurs professions, de leurs quartiers. Cela signifie que leurs intérêts ne sont pas les mêmes, qu'ils vont dans des directions différentes. En effet, un gérant de boîte de nuit aura des avantages économiques à voir son établissement ouvert toute la nuit tandis qu'une retraitée vivant dans le centre-ville n'en aura aucun. Leurs motivations sont donc bien différentes.

II. Compréhension

Question 5

Il y a deux groupes d'acteurs principaux qui ressortent de cet article de presse :

- les professionnels des établissements de bouche ;
- la municipalité de la ville de Nancy.

Question 6

Nancy est qualifiée de « ville étudiante » car elle compte un grand nombre d'universités et de jeunes y faisant leurs études. La vie « nocturne » y est « intense » signifie que la vie de nuit est dynamique, animée et chargée.

Question 7

L'activité des établissements de bouche est « bridée » à 2 h 30 du matin signifie que leur fermeture est imposée légalement à 2 h 30 . La municipalité limite et contrôle leurs horaires d'ouverture.

Question 8

C'est bien le problème de la sécurité qui est mis en avant dans ce texte et qui est défendu par la municipalité de Nancy. C'est d'ailleurs la raison pour laquelle les arguments et les propos de l'adjoint à la sécurité sont cités dans cet article. La sécurité englobe des thèmes variés tels que la consommation d'alcool, le tapage nocturne, la lutte contre le terrorisme…

Question 9

La charte « Nancy, la nuit », si elle voyait le jour, devrait selon nous contenir des instructions claires sur les codes de bienséances. Il serait judicieux de rappeler aux personnes sortant la nuit les principes de bonne conduite en vue de limiter la gêne des voisins et des riverains. Par exemple, l'interdiction de crier dans la rue, de jeter des mégots par terre, de consommer de l'alcool dans la rue. Une bonne idée serait de citer la loi et de rappeler noir sur blanc le montant de l'amende encourue en cas de non-respect des règles.

En vue de rétablir le contact et la confiance entre les fêtards et les pouvoirs publics, il serait intéressant que cette charte renvoie à un site Internet (une boîte à questions). Il faudrait accentuer sur le fait que la municipalité ne cherche pas à réprimander mais à éviter les accidents graves.

Sujet 8
Épreuve d'admissibilité n° 2
Questions sur un texte

Difficulté : ★★ — 1 heure • Coefficient : 2

Concours externe de gardien-brigadier de police municipale
Session 2014

Intitulé de l'épreuve

Réponse, à partir d'un texte remis aux candidats, à des questions sur la compréhension de ce texte et l'explication d'une ou plusieurs expressions figurant dans ce texte.

Texte

Diminution des accidents de la route : les radars plus efficaces à court terme

Depuis plus de dix ans, les radars fixes sont la réponse privilégiée du gouvernement pour lutter contre l'insécurité routière. L'Insee s'est penchée pour la première fois sur leurs effets.

La sécurité routière, ses spots télé gores, ses éthylotests et surtout ses radars. En 2002, Nicolas Sarkozy, alors ministre de l'Intérieur, en avait fait son cheval de bataille pour réduire le nombre de morts sur les routes. Depuis, 2 205 « flasheurs » ont fait leur apparition sur tout le territoire français. Et Manuel Valls, actuel ministre de l'Intérieur, entend bien en augmenter encore le nombre.

Jusqu'ici, aussi surprenant que cela puisse paraître, il n'existait aucune étude capable de mesurer l'impact véritable des radars sur le nombre d'accidents routiers. L'étude de l'Insee rendue publique vendredi met un terme à cette incohérence. Résultats : les radars ont effectivement permis de diminuer le nombre d'accidents sur la route. En se basant sur les données enregistrées entre 1998 et 2007, l'Insee conclut qu'ils ont permis d'éviter environ 740 décès, 2 750 blessés graves et 2 230 accidents graves entre 2003 et 2011. Autre point positif, le comportement des automobilistes ne se modifie pas uniquement au seul endroit où le radar est placé mais sur tout un « halo spatial ». Ainsi, les accidents sont moins nombreux sur toute une autoroute, équipée ne serait-ce que d'un seul appareil.

Diminution de 50 à 75 % des accidents mortels au début

L'institut relève que les radars sont plus efficaces au début de leur mise en service. Ainsi, le nombre d'accidents corporels diminue de 13 à 17 % et le nombre d'accidents mortels de 50 à 75 % dans les communes de moins de 6 000 habitants durant les mois suivants leur installation. Mais après quelque temps, les effets s'estompent peu à peu : les accidents corporels ne baissent plus que de 11 % et les accidents mortels de 25 à 50 %. Une des raisons de ce changement : de plus en plus d'automobilistes sont désormais équipés de GPS les avertissant de la présence d'un radar. Beaucoup choisissent alors d'emprunter des routes secondaires pour les éviter. Moins de monde sur les routes contrôlées, donc moins de trafic et moins d'accidents. L'Insee s'interroge d'ailleurs sur une éventuelle hausse des accidents sur ces itinéraires secondaires non équipés.

Autre motif d'interrogation, les risques d'accidents dus à un ralentissement brutal de certains automobilistes à l'approche d'un radar fixe.

Même si cette étude n'entend pas évaluer toute la politique de sécurité routière mise en place par le gouvernement, elle démontre que les institutions ont tendance à « surestimer l'effet des radars ». Les spots télévisés, les campagnes de sensibilisation ou le renforcement des contrôles mobiles sont autant de mesures aussi, voire plus, utiles. La preuve : la baisse du nombre d'accidents s'est amorcée avant la pose du premier radar fixe. Le problème, c'est que « les études préexistantes ne distinguent pas assez l'effet direct des radars et celui des mesures de prévention d'ensemble ». Le rapport souligne bien la difficulté d'isoler le seul rôle des radars dans la diminution du nombre d'accidents. Sur 36 000 communes en France, un grand nombre ne recense aucun accident quand Marseille, Paris ou Lyon en comptent plus de 100 par trimestre. Avec une telle hétérogénéité, pas facile de rendre compte d'une influence globale des radars.

Marius Rivière, *Libération*, 25 novembre 2013.

Questions

Vous répondrez aux questions suivantes dans l'ordre qui vous convient, en indiquant impérativement leur numéro.

I. Explication et vocabulaire (10 points)

1. **a. « [...] Nicolas Sarkozy, alors ministre de l'Intérieur, en avait fait son cheval de bataille » (lignes 5-6). (2 points)**

   b. « [...] la baisse du nombre d'accidents s'est amorcée avant la pose du premier radar fixe. » (lignes 37-38). (3 points)

2. **Donnez un seul synonyme pour chacun des mots suivants. (2,5 points)**

- « impact » (ligne 10)
- « incohérence » (lignes 11-12)
- « s'estompent » (ligne 24)
- « éventuelle » (ligne 30)
- « privilégiée » (ligne 1)

3. **Donnez un seul mot de sens contraire pour chacun des mots suivants (2,5 points) :**

- « augmenter » (ligne 8)
- « hétérogénéité » (ligne 44)
- « renforcement » (ligne 36)
- « amorcée » (ligne 38)
- « isoler » (ligne 41)

II. Compréhension (10 points)

1. **Quels sont les autres moyens de lutter contre les accidents de la route ? (2 points)**
2. **Peut-on mesurer l'impact des radars sur la diminution des accidents de la route ? (2 points)**
3. **Pourquoi les radars sont-ils plus efficaces au début de leur mise en service ? (2 points)**
4. **Pourquoi le déploiement de radars ne permet-il pas de diminuer significativement le nombre d'accidents de la route ? (4 points)**

Corrigé

I. Explication et vocabulaire

Question 1

a. « [...] Nicolas Sarkozy, alors ministre de l'Intérieur, en avait fait son cheval de bataille ». Cette phrase signifie que l'ancien ministre de l'intérieur s'était donné pour mission première de diminuer les accidents de la route.

b. « [...] la baisse du nombre d'accidents s'est amorcée avant la pose du premier radar fixe. » Cette phrase révèle que le nombre d'accidents de la route a diminué avant même l'installation du premier radar.

Question 2

Voici quelques synonymes possibles pour les mots suivants :

- impact → incidence, effet, conséquence
- incohérence → contradiction, différence, illogisme
- s'estompent → s'amoindrissent, diminuent
- éventuelle → potentielle, possible
- privilégiée → préférée, choisie, favorisée

Question 3

Voici quelques antonymes possibles pour les mots suivants :

- augmenter → baisser, réduire, décroître
- hétérogénéité → homogénéité
- renforcement → adoucissement, affaiblissement
- amorcée → aboutissement, achèvement
- isoler → combiner, incorporer

II. Compréhension

Question 4

Il existe d'autres moyens permettant de lutter contre les accidents de la route. Le journaliste mentionne dans cet article les campagnes publicitaires (spots télévisés) et le renforcement des contrôles mobiles. À cela, nous pourrions ajouter la sensibilisation et l'éducation dans les établissements scolaires et les lieux de nuits (prospectus sur les risques de l'alcool au volant…) et l'installation de tout autre panneau de signalisation favorisant le maintien d'une vitesse basse en agglomérations (dos d'âne, stop, etc.).

Question 5

L'Insee a publié une étude qui permet de mesurer l'impact des radars sur la diminution des accidents de la route en France. Aucune étude n'existait avant « vendredi » (jour à comprendre en lisant l'article datant du 25 novembre 2013). L'étude en question révèle qu'entre 2003 et 2011 le nombre d'accidents (morts ou blessés) a baissé. Une baisse notable de 50 à 75 % en début de mise en service des radars qui s'amoindrit une fois les automobilistes habitués à leur présence.

Question 6

Les radars sont plus efficaces au début de leur mise en service car les automobilistes veillent à leur vitesse afin de ne pas être flashés. Le nombre de GPS détecteur de radars ayant augmenté, les conducteurs évitent d'emprunter les routes où ils sont installés et optent pour des routes alternatives. De ce fait, le nombre de voitures sur les zones contrôlées baisse et le nombre d'accidents en est ainsi diminué.

Question 7

Le déploiement de radars ne permet pas de diminuer significativement le nombre d'accidents de la route car les automobilistes ralentissent à l'approche d'un radar dont ils connaissent l'emplacement. Cette habitude ne leur permettra pas de rouler à une vitesse réglementaire sur la suite de la route et de ce fait, les radars ont une efficacité limitée.

Sujet 9
Épreuve d'admissibilité n° 2
Questions sur un texte

Difficulté : ★★

1 heure • Coefficient : 2

Concours externe de gardien-brigadier de police municipale
Session 2011

Intitulé de l'épreuve

Réponse, à partir d'un texte remis aux candidats, à des questions sur la compréhension de ce texte et l'explication d'une ou plusieurs expressions figurant dans ce texte.

Texte

La ville du Mans réfléchit à des caméras vidéo dans les rues pour lutter contre les agressions et dégradations. Éric Heilmann, spécialiste du sujet, est très réservé.

Éric Heilmann est sociologue et professeur à l'université de Bourgogne, à Dijon. Spécialiste de la vidéosurveillance, il a notamment analysé les travaux menés en Grande-Bretagne sur l'impact des caméras dans les lieux publics.

Surveiller les rues avec des caméras fait-il baisser la délinquance ?

La Grande-Bretagne est le pays en pointe en matière de vidéosurveillance des lieux publics. Et il y existe une vraie culture de l'évaluation. Or depuis quinze ans, toutes les études britanniques disent la même chose. La vidéosurveillance n'a aucun effet sur les délits et les crimes les plus graves, notamment les agressions et les violences aux personnes. Pour les vols et les dégradations, la vidéo peut contribuer à une baisse, à condition que d'autres mesures soient prises en parallèle.

Pourtant, un rapport du ministère français de l'Intérieur, publié en juillet 2009, assure que la vidéo est efficace ?

Aucune étude sérieuse n'a jamais été menée en France. Ce rapport du ministère ne prouve rien car il mesure l'impact des caméras sur la délinquance générale enregistrée. Cela recouvre un tas de délits comme les violences familiales, l'usage de chèque volé ou les infractions économiques, sur lesquels la vidéo n'a aucun effet. Le rapport, qui compare des villes équipées avec celles qui ne le sont pas, ne tient pas compte de variables telles que l'évolution de l'éclairage et des effectifs de police ou encore un changement de leur mode d'action.

Au Mans, la mise en place de caméras dans les parkings et dans les transports en commun a fait baisser délits et incivilités. Qu'en pensez-vous ?

C'est possible. Les études britanniques ont montré que la vidéosurveillance pouvait avoir un impact quand elle est installée dans des lieux identifiés, notamment les espaces clos comme les parkings ou les bus. Pourquoi ? Parce que derrière leurs écrans, les employés savent précisément ce qu'ils cherchent. Par exemple, le gars qui tourne autour de voitures. Et aussi parce que les délinquants potentiels ont intégré que, dans ces lieux identifiés, ils ont des chances de se faire prendre. À cause des caméras et parce qu'il est plus difficile de fuir un lieu clos.

Au Mans, le débat sur l'extension de la vidéo a quelques rues du centre-ville a émergé après des bagarres et des agressions sur fond d'alcool, en fin de nuit. Est-ce pertinent ?

Les études ont montré que l'effet sur les bagarres est quasi nul. La vidéo n'a pas de prise sur ces comportements. Quand quelqu'un a 2 g/L d'alcool dans le sang, qu'il estime que son honneur est en jeu, il va cogner. Caméra vidéo ou pas.

Le maire adjoint chargé de la tranquillité publique évoque un dispositif expérimental temporaire limité à une ou deux rues…

S'il s'agit de surveiller une rue ou un endroit précis qui ont des accès restreints, ça peut marcher. Encore faut-il ; si c'est une expérimentation évaluer réellement l'impact des caméras au bout de six mois. Le risque, c'est d'installer des caméras uniquement pour montrer que l'on fait quelque chose. Pas pour résoudre les problèmes.

Vous mettez en garde les collectivités contre le coût de la vidéo…

On estime que pour 100 € investis dans la vidéosurveillance, il faut rajouter 30 €, chaque année, pour conserver le matériel opérationnel. Pour les élus locaux, cela vaut vraiment la peine de réfléchir, surtout quand on voit le peu de résultats. Quand l'État propose de financer en partie l'installation de caméras, c'est un jeu de dupes. Outre l'effet d'affichage, le ministère de l'Intérieur espère ainsi pouvoir récupérer à moindres frais des images pour ses enquêteurs. Dans ce cas, pourquoi l'État ne finance-t-il pas cette mission de police judiciaire ?

Si elles sont si peu efficaces, pourquoi les caméras fleurissent-elles ?

Parce que les élus sont soumis à une forte pression populaire et qu'installer des caméras, ça se voit. C'est de la paresse politique. À la décharge des élus, ils subissent une forte pression du gouvernement avec, à la clé, la carotte financière des aides. Les élus ne sont pas aidés non plus par l'absence d'évaluations et de réflexions sérieuses sur le sujet. Enfin, il y a cette foi absolue dans la technique qui veut que la machine fera forcément mieux que les hommes.

Patrick Angevin, *Ouest France*, Pays de Loire-Le Mans, 23 janvier 2010.

Questions

Vous répondrez aux questions suivantes dans l'ordre qui vous convient, en indiquant impérativement leur numéro.

Vos réponses doivent être rédigées. Vous ne devrez en aucun cas recopier le texte.

1. **Vous proposerez un synonyme de chacun des mots suivants :**

- montré (« les études britanniques ont montré que… ») *ligne 23*
- potentiels (« les délinquants potentiels ») *ligne 27*
- identifiés (« des lieux identifiés ») *ligne 27*
- absolue (« cette foi absolue ») *lignes 52 et 53*

2. **Vous proposerez deux homonymes du mot foi (« cette foi absolue** ») lignes 52 et 53. Vous emploierez chacun de ces homonymes dans une phrase.

3. **Qu'entend-on par « effet d'affichage » ? *(ligne 45)***

4. **Vous expliquerez les deux expressions suivantes :**

   1°) « une vraie culture de l'évaluation » (ligne 8)

   2°) « l'a carotte financière des aides » (ligne 51)

5. **À quel genre ce texte appartient-il ? Qui parle et en quelle qualité ?**

6. **Le titre de cet article a été supprimé. Il vous est demandé d'en proposer un et d'expliquer votre choix.**

7. **Deux thèses s'opposent dans ce texte. Formulez chacune d'entre elles en l'attribuant à celui qui la soutient.**

8. **Comment le texte explique-t-il le fort développement de la vidéosurveillance ? En quoi peut-on dire que ce développement est paradoxal ?**

9. **Comment comprenez-vous la dernière phrase (« Enfin, il y a cette foi absolue dans la technique qui veut que la machine fera forcément mieux que les hommes ») ?**

Corrigé

Question 1

Voici quelques synonymes possibles pour les mots suivants :

- montré (participe passé) → révélé, prouvé, mis en avant
- potentiels (adjectif) → possibles, envisageables, probables
- identifiés (participe passé) → connus, référencés
- absolue (adjectif) → inconditionnelle, aveugle, profonde

Question 2

Le mot « foi » a deux homonymes :

- « Fois » : C'est la seconde fois que je rencontre cet homme.
- « Foie » (l'organe) : Il a fait une crise de foie après ses excès de nourriture.

Question 3

Par l'expression « effet d'affichage », M. Heilmann veut dire que la mesure choisie est visible par les citoyens (telle que le serait une affiche publicitaire dans le métro) mais qu'il ne s'agit que d'une stratégie des pouvoirs publics car les bienfaits ne sont pas prouvés.

Question 4

La Grande-Bretagne est habituée aux études statistiques qui mesurent la réussite ou l'échec d'une décision, c'est en cela qu'elle a « une vraie culture de l'évaluation ». Les décisions sociétales sont souvent jugées en à l'aune de leurs retombées.

Les décisionnaires municipaux peuvent être motivés par les subventions accordées par l'État tout comme un âne peut l'être grâce à une carotte devant le nez.

Question 5

Ce texte est un article qui prend la forme d'un entretien (questions, réponses).

Un journaliste du quotidien Ouest-France pose des questions à Éric Heilmann. Ce dernier est un professeur spécialisé dans les questions liées à la vidéosurveillance en France. Son expertise s'étend également à la Grande Bretagne.

Question 6

Voici le titre que nous proposerions à cet article : « Lutter contre les délits par la vidéosurveillance, une volonté des pouvoirs publics qui n'a pas fait ses preuves. »

Ce titre permet au lecteur de comprendre la thèse qui est défendue par le spécialiste des questions de vidéosurveillance. Bien que cette méthode soit souvent choisie par les municipalités, elles ne sont pas jugées efficaces. En effet, selon cet article, les chiffres ne sont pas suffisamment pertinents pour défendre l'installation de ces systèmes dans nos villes.

Question 7

Les pouvoirs publics défendent l'idée d'installer des caméras dans les villes où le taux d'incivilités est élevé. Ils la présentent souvent comme une façon de dissuader les délinquants d'agir.

Le spécialiste qui est interrogé défend la thèse que la vidéosurveillance n'est pas la meilleure solution (sauf rares exceptions) du fait de son coût élevé et de son effet visible immédiatement.

Question 8

Le développement de la vidéosurveillance est dû à la volonté des pouvoirs publics de montrer de façon rapide qu'il agit pour lutter contre les actes d'incivilités ou les crimes. Selon le spécialiste interrogé, les caméras sont visibles par tous et donc les citoyens sont amenés à penser que l'état agit de façon pertinente pour lutter contre la délinquance.

Malgré le développement des systèmes de vidéosurveillance, aucune étude sérieuse ne prouve une diminution des actes criminels sur la voie publique.

Question 9

Le peuple a vraisemblablement une confiance aveugle dans les technologies et les machines. En effet, qui remettrait en cause le résultat d'un calcul effectué par une calculatrice ou un ordinateur ? La confiance n'est pas aussi grande envers les personnes (les politiques par exemple). Il n'est pas rare que le témoin se trompe ou le jugement d'une personne soit remis en question. C'est ainsi que nous comprenons la dernière phrase du texte : « Enfin, il y a cette foi absolue dans la technique qui veut que la machine fera forcément mieux que les hommes ».

Sujet 10
Épreuve d'admissibilité n° 2
Questions sur un texte

Difficulté : ★★ — 1 heure • Coefficient : 2

Concours de garde champêtre
Session 2006

Intitulé de l'épreuve

Réponse, à partir d'un texte remis aux candidats, à des questions sur la compréhension de ce texte et l'explication d'une ou plusieurs expressions figurant dans ce texte.

Texte

Avis à la population

Paul Chevrier est garde champêtre intercommunal à Valberg (Alpes-Maritimes). Il témoigne sur l'utilité pour une commune d'avoir un policier de la ruralité et de l'environnement, sur sa vocation aussi.

Avis à la population ! Oui les gardes champêtres existent toujours. On en recense environ 4 000 répartis pour l'essentiel dans les communes rurales.

Non, ils ne sont plus en bicorne, le tambour en bandoulière, annonçant les arrêtés municipaux et préfectoraux sur la place publique, rataplan, plan, plan !

Si aucune loi ne prescrit le port d'un uniforme spécial, le policier de la ruralité et de l'environnement qu'est devenu le garde champêtre porte une tenue apparentée à celle des policiers municipaux ou des gendarmes. Par contre, il doit obligatoirement être porteur de l'écusson « *police rurale* », de la plaque portant le nom de sa commune et son titre, ainsi que du képi ou de la casquette fourrée.

Quant au tambour, il figure désormais au musée des accessoires de « Jour de Fête » de Tati. Le poste de radio et le téléphone portable assurent la liaison permanente avec la gendarmerie, la mairie, les secours, les élus, sans oublier Internet. Par contre, la marche à pied est toujours en vigueur, même s'il dispose d'un véhicule de fonction.

Bip, bip, un coup de téléphone portable et le garde champêtre est au bout du fil. On s'attend à « *Oyez ! Oyez !* », on entend : « *Allô, Paul Chevrier j'écoute !* ».

Et c'est parti pour une série de réponses aux questions que l'on se pose sur ce personnage légendaire (il a plus de 600 ans) que la Révolution a mis au service des communes par une loi du 6 octobre 1791, date de la création de la gendarmerie et du corps des gardes champêtres territoriaux.

Allô police rurale ! Dites, Paul Chevrier, c'est quoi un policier de la ruralité ?

Je suis employé par le syndicat intercommunal de Valberg. Je suis issu de la gendarmerie nationale. La fonction que j'exerce conjointement avec mon collègue, qui, lui, est issu de la grande distribution, est celle de gardien de la ruralité. Nous recherchons, par une présence constante sur le terrain, les contraventions aux règlements et arrêtés de police municipale et rurale. C'est notre fonction première.

Concrètement, Valberg étant une station touristique, notamment de ski, randonnée, alpinisme, nous devons assurer la réception du flux important d'automobilistes, générant une circulation et du stationnement qu'il faut gérer, autrement dit la sécurité routière.

Lorsque tout le monde est sur les pistes, nous assurons un service de surveillance générale pour la prévention des vols à la roulotte, des vols à l'étalage, des dégradations, jets de détritus, déjections canines sur la voie publique, bref tout ce qui met en cause la sécurité publique.

Nous portons assistance aux secours lors de fréquentes interventions. Nous renseignons aussi sur les commerces, les visites, la station, la météo et même sur notre métier. Nous exerçons également une surveillance particulière concernant la faune et la flore. Nous sommes aux ordres du maire pour faire appliquer et respecter les arrêtés municipaux.

Quels sont les problèmes en ce qui concerne l'environnement dans la station ?

Les problèmes rencontrés sont de l'ordre d'une surfréquentation de certaines zones :

- utilisation ou stationnement de véhicules 4×4, circulation hors-piste de ces véhicules occasionnant le couchage de l'herbe et des ornières favorisant le ruissellement des eaux de pluie ;
- dépôts d'ordures et de détritus résultant de pique-niques ou de camping sauvage ;
- feux dans les bois avec arrachage de branches des arbres alentour ;
- coupes de jeunes sapins pour faire un arbre de Noël ;
- biscuits donnés aux marmottes provoquant des maladies mortelles ;
- ramassage de fleurs qui se fanent aussitôt ;
- utilisation des abreuvoirs pour laver linge, vaisselles, voitures ;
- divagation de chiens qui occasionnent de gros dégâts à la faune.

Que voulez-vous ! Les gens de la ville viennent avec leurs habitudes et malheureusement leur incivisme, en ne respectant ni les lieux ni les populations locales. C'est une forme d'insécurité.

Ceci dit, crier au loup a bon dos ! Paul Chevrier cite aussi « les atteintes à l'environnement telles que la présence de plomb dans le sol liée à l'activité des chasseurs, les troupeaux d'ovins dans le périmètre de protection des captages d'eau, les rejets de fuel dans les stations d'épuration, les décharges sauvages, les rejets d'eaux usées dans les ruisseaux, les kilomètres de barbelés qui entravent les pattes des chamois, etc. »

Garder, c'est d'abord éduquer.

C'est vrai, les citadins comme les ruraux ont une méconnaissance totale de la réglementation. C'est pourquoi nous privilégions l'information plutôt que la répression : distribution de fiches pratiques et explicatives, sensibilisation sur les dégâts causés à l'environnement, interventions auprès des scolaires et des classes de neige, renseignements divers et, bien sûr, large diffusion des arrêtés municipaux et préfectoraux.

Le rôle du garde champêtre est avant tout, à mon sens, celui d'un éducateur, du fait de ses connaissances et de sa passion pour l'environnement. Chacun a le droit d'avoir un environnement sain et un juste équilibre entre les zones urbaines et les zones rurales. Mais chacun a aussi le devoir de veiller à la sauvegarde et à la protection de l'environnement. C'est un principe édicté par l'article L. 110-2 du Code de l'environnement.

Daniel Roucous, *La Terre*, 26 février 2003.

Questions

Vous répondrez aux questions suivantes dans l'ordre qui vous convient, en indiquant impérativement leur numéro.

I. Explication et vocabulaire (10 points)

1. **Expliquez, dans le contexte, chacune des expressions suivantes :**

- « place publique » (ligne 8) (1,5 point)
- « le policier de la ruralité et de l'environnement » (lignes 9-10) (1,5 point)
- « personnage légendaire » (lignes 20-21) (1,5 point)
- « Les gens de la ville viennent [...] avec leur incivisme » (lignes 56-57) (1,5 point)

2. **Donnez un synonyme pour chacun des mots suivants :**

- « recense » (ligne 5) (1 point)
- « écusson » (ligne 12) (0,5 point)
- « divagation » (ligne 55) (0,5 point)
- « entravent » (ligne 63) (1 point)

3. **Donnez un mot de sens contraire pour l'expression et le mot suivants :**

- « prescrit » (ligne 9) (0,5 point)
- « en vigueur » (ligne 17) (0,5 point)

II. Compréhension (10 points)

4. **Selon l'auteur, quelles sont les différences entre le garde champêtre d'autrefois et le garde champêtre d'aujourd'hui ? (1,5 point)**
5. **À la lecture de ce texte, quelles sont les missions d'ordre général que le garde champêtre partage avec le policier municipal ? (1,5 point)**
6. **À la lecture de ce texte, quelles sont les missions spécifiques dévolues au garde champêtre ? (1,5 point)**
7. **Pourquoi le journaliste s'écrie-t-il, ligne 59 : « Ceci dit, crier au loup a bon dos ! » ? (1,5 point)**
8. **Selon l'auteur, en quoi le garde champêtre est-il un éducateur ? (2 points)**
9. **En milieu rural, le garde champêtre remplit un rôle de prévention. Selon vous, comment peut-il aussi jouer ce rôle dans les villes ? (2 points)**

Corrigé

I. Explication et vocabulaire

Question 1

- En parlant de « place publique », on parle des espaces qui sont utilisables par tous et donc partagés par tous (la rue par exemple).
- Le garde champêtre est un policier « de la ruralité » c'est-à-dire de la campagne. C'est également un policier « de l'environnement » en d'autres termes de l'ensemble des conditions naturelles et culturelles qui entourent les activités humaines.
- Le garde champêtre est assimilé à un « personnage légendaire » ou mythique. Une légende est généralement ancrée dans les esprits sans réellement en connaître l'origine et les fondements. Les citoyens pensent souvent à tort que ce métier vient d'une autre époque et qu'il n'existe plus.
- Les touristes, venant souvent des grandes villes, arrivent à Valberg « avec leur incivisme » c'est-à-dire en accomplissant des actes qui ne respectent pas l'ensemble des règles de vie en communauté (politesse, propreté…).

Question 2

Voici les synonymes que nous avons relevés pour les mots suivants :

- « recense » → compte
- « écusson » → blason
- « divagation » → errance
- « entravent » → gênent

Question 3

Voici les antonymes que nous avons relevés pour les mots suivants :

- « prescrit » → interdit
- « en vigueur → inactif

II. Compréhension

Question 4

La tenue des gardes champêtres a changé puisqu'ils sont obligés aujourd'hui de ne porter que le képi et le badge. Ses missions se sont également élargies dans la mesure où les incivilités liées aux différences d'attitudes des urbains et des ruraux ont explosé.

Question 5

Le garde champêtre et le policier municipal partagent de nombreuses missions dont les suivantes :

- la sécurité routière ;
- la sécurité publique ;
- les interventions de secours ;
- le respect des arrêtés municipaux ;
- le respect de l'environnement.

Question 6

D'après Paul Chevrier, seul le garde champêtre a un rôle de sensibilisation et d'éducation envers la population.

Question 7

« Ceci dit, crier au loup a bon dos ! ». Le journaliste rappelle que les citadins, comparés ici aux loups, ne sont pas les seuls fautifs de cette hausse des incivilités. Il explique que les ruraux ne sont pas toujours exemplaires en matière de respect de l'environnement (plombs des chasseurs présents sur le sol, rejet des déchets dans les rivières…)

Question 8

Le garde champêtre est un éducateur car il fait de la sensibilisation auprès de la population (les plus jeunes, avec les classes de neige mais aussi les moins jeunes avec des distributions de fiches explicatives sur les bons gestes à avoir).

Question 9

Le garde champêtre cherche à éduquer la population et à la sensibiliser sur les risques que l'environnement encourt. Les gardes champêtres pourraient intervenir dans les villes en gardant la même philosophie. Ils pourraient exécuter des missions de prévention et de surveillance du bon ordre, de la tranquillité, de la sécurité et de la salubrité publique, de la protection des espaces naturels et tout autre sujet relevant de leurs compétences.

LES + EN LIGNE

Connectez-vous à la page de l'ouvrage sur le site www.dunod.com pour télécharger les sujets corrigés de rédaction d'un rapport de 2014 et 2016.

Annexe

Annexe
Textes juridiques

Code de procédure pénale (extraits)

Article 15

La police judiciaire comprend :

1° Les officiers de police judiciaire ;

2° Les agents de police judiciaire et les agents de police judiciaire adjoints ;

3° Les fonctionnaires et agents auxquels sont attribuées par la loi certaines fonctions de police judiciaire.

Article 16

Ont la qualité d'officier de police judiciaire :

1° Les maires et leurs adjoints ;

2° Les officiers et les gradés de la gendarmerie, les gendarmes comptant au moins trois ans de service dans la gendarmerie, nominativement désignés par arrêté des ministres de la justice et de l'intérieur, après avis conforme d'une commission ;

3° Les inspecteurs généraux, les sous-directeurs de police active, les contrôleurs généraux, les commissaires de police et les officiers de police ;

4° Les fonctionnaires du corps d'encadrement et d'application de la police nationale comptant au moins trois ans de services dans ce corps, nominativement désignés par arrêté des ministres de la justice et de l'intérieur, après avis conforme d'une commission.

[…]

Ont également la qualité d'officier de police judiciaire les personnes exerçant des fonctions de directeur ou sous-directeur de la police judiciaire et de directeur ou sous-directeur de la gendarmerie.

Les fonctionnaires mentionnés aux 2° à 4° ci-dessus ne peuvent exercer effectivement les attributions attachées à leur qualité d'officier de police judiciaire ni se prévaloir de cette qualité que s'ils sont affectés à un emploi comportant cet exercice et en vertu d'une décision du procureur général près la cour d'appel les y habilitant personnellement. L'exercice de ces attributions est momentanément suspendu pendant le temps où ils participent, en unité constituée, à une opération de maintien de l'ordre.

[…]

Article 21

Sont agents de police judiciaire adjoints :

1° Les fonctionnaires des services actifs de police nationale ne remplissant pas les conditions prévues par l'article 20 ;

1° bis Les volontaires servant en qualité de militaire dans la gendarmerie et les militaires servant au titre de la réserve opérationnelle de la gendarmerie nationale ne remplissant pas les conditions prévues par l'article 20-1 ;

1° ter Les adjoints de sécurité mentionnés à l'article 36 de la loi n° 95-73 du 21 janvier 1995 d'orientation et de programmation relative à la sécurité et les membres de la réserve civile de la police nationale qui ne remplissent pas les conditions prévues à l'article 20-1 du présent code ;

1° quater Les contrôleurs de la préfecture de police exerçant leurs fonctions dans la spécialité voie publique et les agents de surveillance de Paris ;

1° quinquies (Abrogé) ;

1° sexies (Abrogé) ;

2° Les agents de police municipale ;

3° Les gardes champêtres, lorsqu'ils agissent pour l'exercice des attributions fixées au dernier alinéa de l'article L. 2213-18 du Code général des collectivités territoriales.

Ils ont pour mission :

De seconder, dans l'exercice de leurs fonctions, les officiers de police judiciaire ;

De rendre compte à leurs chefs hiérarchiques de tous crimes, délits ou contraventions dont ils ont connaissance ;

De constater, en se conformant aux ordres de leurs chefs, les infractions à la loi pénale et de recueillir tous les renseignements en vue de découvrir les auteurs de ces infractions, le tout dans le cadre et dans les formes prévues par les lois organiques ou spéciales qui leur sont propres ;

De constater par procès-verbal les contraventions aux dispositions du Code de la route dont la liste est fixée par décret en Conseil d'État ainsi que les contraventions prévues à l'article 621-1 du Code pénal.

Lorsqu'ils constatent une infraction par procès-verbal, les agents de police judiciaire adjoints peuvent recueillir les éventuelles observations du contrevenant.

Article 21-2

Sans préjudice de l'obligation de rendre compte au maire qu'ils tiennent de l'article 21, les agents de police municipale rendent compte immédiatement à tout officier de police judiciaire de la police nationale ou de la gendarmerie nationale territorialement compétent de tous crimes, délits ou contraventions dont ils ont connaissance.

Ils adressent sans délai leurs rapports et procès-verbaux simultanément au maire et, par l'intermédiaire des officiers de police judiciaire mentionnés à l'alinéa précédent, au procureur de la République.

Article 27

Les gardes champêtres adressent leurs rapports et leurs procès-verbaux simultanément au maire et, par l'intermédiaire des officiers de police judiciaire de la police ou de la gendarmerie nationales territorialement compétents, au procureur de la République.

Cet envoi au destinataire doit avoir lieu dans les cinq jours au plus tard, y compris celui où ils ont constaté le fait, objet de leur procès-verbal.

Article D. 15

Les agents de police judiciaire énumérés à l'article 21 rendent compte de tous crimes, délits ou contraventions dont ils ont connaissance sous forme de rapports adressés à leurs chefs hiérarchiques. Ces derniers, qui ont la qualité d'officiers de police judiciaire, informent sans délai le procureur de la République en lui transmettant notamment les rapports de ces agents de police judiciaire, en application de l'article 19.

Article 53

Est qualifié crime ou délit flagrant le crime ou le délit qui se commet actuellement, ou qui vient de se commettre. Il y a aussi crime ou délit flagrant lorsque, dans un temps très voisin de l'action, la personne soupçonnée est poursuivie par la clameur publique, ou est trouvée en possession d'objets, ou présente des traces ou indices, laissant penser qu'elle a participé au crime ou au délit.

À la suite de la constatation d'un crime ou d'un délit flagrant, l'enquête menée sous le contrôle du procureur de la République dans les conditions prévues par le présent chapitre peut se poursuivre sans discontinuer pendant une durée de huit jours.

Lorsque des investigations nécessaires à la manifestation de la vérité pour un crime ou un délit puni d'une peine supérieure ou égale à cinq ans d'emprisonnement ne peuvent être différées, le procureur de la République peut décider la prolongation, dans les mêmes conditions, de l'enquête pour une durée maximale de huit jours.

Article 73

Dans les cas de crime flagrant ou de délit flagrant puni d'une peine d'emprisonnement, toute personne a qualité pour en appréhender l'auteur et le conduire devant l'officier de police judiciaire le plus proche.

Lorsque la personne est présentée devant l'officier de police judiciaire, son placement en garde à vue, lorsque les conditions de cette mesure prévues par le présent code sont réunies, n'est pas obligatoire dès lors qu'elle n'est pas tenue sous la contrainte de demeurer à la disposition des enquêteurs et qu'elle a été informée qu'elle peut à tout moment quitter les locaux de police ou de gendarmerie. Le présent alinéa n'est toutefois pas applicable si la personne a été conduite, sous contrainte, par la force publique devant l'officier de police judiciaire.

Article 78-6

Les agents de police judiciaire adjoints mentionnés aux 1° bis, 1° ter, 1° quater et 2° de l'article 21 sont habilités à relever l'identité des contrevenants pour dresser les procès-verbaux concernant des contraventions aux arrêtés de police du maire, des contraventions au Code de la route que la loi et les règlements les autorisent à verbaliser ou des contraventions qu'ils peuvent constater en vertu d'une disposition législative expresse.

Si le contrevenant refuse ou se trouve dans l'impossibilité de justifier de son identité, l'agent de police judiciaire adjoint mentionné au premier alinéa en rend compte immédiatement à tout officier de police judiciaire de la police nationale ou de la gendarmerie nationale territorialement compétent, qui peut alors lui ordonner sans délai de lui présenter sur-le-champ le contrevenant ou de retenir celui-ci pendant le temps nécessaire à son arrivée ou à celle d'un agent de police judiciaire agissant sous son contrôle. À défaut de cet ordre, l'agent de police judiciaire adjoint mentionné au premier alinéa ne peut retenir le contrevenant. Pendant le temps nécessaire à l'information et à la décision de l'officier de police judiciaire, le contrevenant est tenu de demeurer à la disposition d'un agent mentionné au même premier alinéa. La violation de cette obligation est punie de deux mois d'emprisonnement et de 7 500 € d'amende. Lorsque l'officier de police judiciaire décide de procéder à une vérification d'identité, dans les conditions prévues à l'article 78-3, le délai prévu au troisième alinéa de cet article court à compter du relevé d'identité.

Article 803

Nul ne peut être soumis au port des menottes ou des entraves que s'il est considéré soit comme dangereux pour autrui ou pour lui-même, soit comme susceptible de tenter de prendre la fuite.

Dans ces deux hypothèses, toutes mesures utiles doivent être prises, dans les conditions compatibles avec les exigences de sécurité, pour éviter qu'une personne menottée ou entravée soit photographiée ou fasse l'objet d'un enregistrement audiovisuel.

Code général des collectivités territoriales (extraits)

Article L. 2212-2

La police municipale a pour objet d'assurer le bon ordre, la sûreté, la sécurité et la salubrité publiques. Elle comprend notamment :

1° Tout ce qui intéresse la sûreté et la commodité du passage dans les rues, quais, places et voies publiques, ce qui comprend le nettoiement, l'éclairage, l'enlèvement des encombrements, la démolition ou la réparation des édifices et monuments funéraires menaçant ruine, l'interdiction de rien exposer aux fenêtres ou autres parties des édifices qui puisse nuire par sa chute ou celle de rien jeter qui puisse endommager les passants ou causer des exhalaisons nuisibles ainsi que le soin de réprimer les dépôts, déversements, déjections, projections de toute matière ou objet de nature à nuire, en quelque manière que ce soit, à la sûreté ou à la commodité du passage ou à la propreté des voies susmentionnées ;

2° Le soin de réprimer les atteintes à la tranquillité publique telles que les rixes et disputes accompagnées d'ameutement dans les rues, le tumulte excité dans les lieux d'assemblée publique, les attroupements, les bruits, les troubles de voisinage, les rassemblements nocturnes qui troublent le repos des habitants et tous actes de nature à compromettre la tranquillité publique ;

3° Le maintien du bon ordre dans les endroits où il se fait de grands rassemblements d'hommes, tels que les foires, marchés, réjouissances et cérémonies publiques, spectacles, jeux, cafés, églises et autres lieux publics ;

4° L'inspection sur la fidélité du débit des denrées qui se vendent au poids ou à la mesure et sur la salubrité des comestibles exposés en vue de la vente ;

5° Le soin de prévenir, par des précautions convenables, et de faire cesser, par la distribution des secours nécessaires, les accidents et les fléaux calamiteux ainsi que les pollutions de toute nature, tels que les incendies, les inondations, les ruptures de digues, les éboulements de terre ou de rochers, les avalanches ou autres accidents naturels, les maladies épidémiques ou contagieuses, les épizooties, de pourvoir d'urgence à toutes les mesures d'assistance et de secours et, s'il y a lieu, de provoquer l'intervention de l'administration supérieure ;

6° Le soin de prendre provisoirement les mesures nécessaires contre les personnes atteintes de troubles mentaux dont l'état pourrait compromettre la morale publique, la sécurité des personnes ou la conservation des propriétés ;

7° Le soin d'obvier ou de remédier aux événements fâcheux qui pourraient être occasionnés par la divagation des animaux malfaisants ou féroces.

Article L. 2213-18

Les gardes champêtres sont chargés de rechercher, chacun dans le territoire pour lequel il est assermenté, les contraventions aux règlements et arrêtés de police municipale.

Ils dressent des procès-verbaux pour constater ces contraventions.

Les gardes champêtres sont également autorisés à constater par procès-verbal les contraventions aux dispositions du Code de la route dont la liste est fixée par décret en Conseil d'État. À cette occasion, ils sont habilités à procéder aux épreuves de dépistage mentionnées à l'article L. 234-3 du Code de la route, dans les conditions prévues au deuxième alinéa de l'article L. 234-4 dudit code.

Ils constatent également les contraventions mentionnées au livre VI du Code pénal, dont la liste est fixée par décret en Conseil d'État, dès lors qu'elles ne nécessitent pas de leur part d'actes d'enquête et à l'exclusion de celles réprimant des atteintes à l'intégrité des personnes.

Code pénal (extraits)

Les classes de contraventions

Article 131-13

Constituent des contraventions les infractions que la loi punit d'une amende n'excédant pas 3 000 euros.

Le montant de l'amende est le suivant :

1° ➔ 38 euros au plus pour les contraventions de la 1re classe ;

2° ➔ 150 euros au plus pour les contraventions de la 2e classe ;

3° ➔ 450 euros au plus pour les contraventions de la 3e classe ;

4° ➔ 750 euros au plus pour les contraventions de la 4e classe ;

5° ➔ 1 500 euros au plus pour les contraventions de la 5e classe, montant qui peut être porté à 3 000 euros en cas de récidive lorsque le règlement le prévoit, hors les cas où la loi prévoit que la récidive de la contravention constitue un délit.

L'outrage

Article 433-5

Constituent un outrage puni de 7 500 euros d'amende les paroles, gestes ou menaces, les écrits ou images de toute nature non rendus publics ou l'envoi d'objets quelconques adressés à une personne chargée d'une mission de service public, dans l'exercice ou à l'occasion de l'exercice de sa mission, et de nature à porter atteinte à sa dignité ou au respect dû à la fonction dont elle est investie.

Lorsqu'il est adressé à une personne dépositaire de l'autorité publique, l'outrage est puni d'un an d'emprisonnement et de 15 000 euros d'amende.

Lorsqu'il est adressé à une personne chargée d'une mission de service public et que les faits ont été commis à l'intérieur d'un établissement scolaire ou éducatif, ou, à l'occasion des entrées ou sorties des élèves, aux abords d'un tel établissement, l'outrage est puni de six mois d'emprisonnement et de 7 500 euros d'amende.

Lorsqu'il est commis en réunion, l'outrage prévu au premier alinéa est puni de six mois d'emprisonnement et de 7 500 euros d'amende, et l'outrage prévu au deuxième alinéa est puni de deux ans d'emprisonnement et de 30 000 euros d'amende.

La rébellion

Article 433-6

Constitue une rébellion le fait d'opposer une résistance violente à une personne dépositaire de l'autorité publique ou chargée d'une mission de service public agissant, dans l'exercice de ses fonctions, pour l'exécution des lois, des ordres de l'autorité publique, des décisions ou mandats de justice.

Article 433-7

La rébellion est punie de deux ans d'emprisonnement et de 30 000 euros d'amende.

La rébellion commise en réunion est punie de trois ans d'emprisonnement et de 45 000 euros d'amende.

Violation d'un arrêté municipal

Article R. 610-5

La violation des interdictions ou le manquement aux obligations édictées par les décrets et arrêtés de police sont punis de l'amende prévue pour les contraventions de la 1re classe.

Code de sécurité intérieure (extraits)

Article. L. 511-1

Sans préjudice de la compétence générale de la police nationale et de la gendarmerie nationale, les agents de police municipale exécutent, dans la limite de leurs attributions et sous son autorité, les tâches relevant de la compétence du maire que celui-ci leur confie en matière de prévention et de surveillance du bon ordre, de la tranquillité, de la sécurité et de la salubrité publiques.

Ils sont chargés d'assurer l'exécution des arrêtés de police du maire et de constater par procès-verbaux les contraventions auxdits arrêtés. Sans préjudice des compétences qui leur sont dévolues par des lois spéciales, ils constatent également par procès-verbaux les contraventions aux dispositions du Code de la route dont la liste est fixée par décret en Conseil d'État ainsi que les contraventions mentionnées au livre VI du Code pénal dont la liste est fixée par décret en Conseil d'État, dès lors qu'elles ne nécessitent pas de leur part d'actes d'enquête et à l'exclusion de celles réprimant des atteintes à l'intégrité des personnes.

[...]

Ils peuvent également constater par rapport le délit prévu par l'article L. 126-3 du Code de la construction et de l'habitation.

Ils exercent leurs fonctions sur le territoire communal, dans les conditions prévues au 2° de l'article 21 du Code de procédure pénale.

Affectés sur décision du maire à la sécurité d'une manifestation sportive, récréative ou culturelle mentionnée à l'article L. 613-3 du présent code ou à celle des périmètres de protection institués en application de l'article L. 226-1 ou à la surveillance de l'accès à un bâtiment communal, ils peuvent procéder à l'inspection visuelle des bagages et, avec le consentement de leur propriétaire, à leur fouille. Ils peuvent également procéder, avec le consentement exprès des personnes, à des palpations de sécurité. Dans ce cas, la palpation de sécurité doit être effectuée par une personne de même sexe que la personne qui en fait l'objet.

Affectés par le maire à des missions de maintien du bon ordre au sein des transports publics de voyageurs, les agents de police municipale peuvent constater par procès-verbaux les infractions mentionnées à l'article L. 2241-1 du Code des transports sur le territoire de la commune ou des communes formant un ensemble d'un seul tenant dans les conditions définies à l'article L. 512-1-1 du présent code, sans pouvoir excéder le ressort du tribunal auprès duquel ils ont prêté serment.

À cette fin, les communes contiguës desservies par un ou plusieurs réseaux de transports publics peuvent conclure entre elles une convention locale de sûreté des transports collectifs afin de permettre à leurs polices municipales d'exercer indistinctement leurs compétences sur les parties de réseaux qui les traversent. Cette convention est conclue sous l'autorité du représentant de l'État dans le département dans le respect des conventions de coordination des interventions de la police municipale et des forces de sécurité de l'État prévues à la section II du chapitre II du présent titre et dans le respect du contrat d'objectif départemental de sûreté dans les transports collectifs.

Article L. 521-1

Les gardes champêtres concourent à la police des campagnes.

Ils sont chargés de rechercher, chacun dans le territoire pour lequel il est assermenté, les contraventions aux règlements et arrêtés de police municipale.

Ils dressent des procès-verbaux pour constater ces contraventions.

Les gardes champêtres sont également autorisés à constater par procès-verbal les contraventions aux dispositions du Code de la route dont la liste est fixée par décret en Conseil d'État. À cette occasion, ils sont habilités à procéder aux épreuves de dépistage mentionnées à l'article L. 234-3 du Code de la route, dans les conditions prévues au deuxième alinéa de l'article L. 234-4 du même code.

Ils constatent également les contraventions mentionnées au livre VI du Code pénal, dont la liste est fixée par décret en Conseil d'État, dès lors qu'elles ne nécessitent pas de leur part d'actes d'enquête et à l'exclusion de celles réprimant des atteintes à l'intégrité des personnes.

Article L. 522-4

Les gardes champêtres sont habilités à relever l'identité des contrevenants, dans les conditions prévues à l'article 78-6 du Code de procédure pénale, pour dresser les procès-verbaux des infractions qu'ils constatent.

Article L. 613-3

Pour l'accès aux enceintes dans lesquelles est organisée une manifestation sportive, récréative ou culturelle rassemblant plus de 300 spectateurs, les personnes physiques exerçant l'activité mentionnée au 1° de l'article L. 611-1, agréées par la commission d'agrément et de contrôle territorialement compétente dans les conditions prévues par décret en Conseil d'État, ainsi que celles, membres du service d'ordre affecté par l'organisateur à la sécurité de la manifestation sportive, récréative ou culturelle en application des dispositions de l'article L. 211-11, titulaires d'une qualification reconnue par l'État et agréées par la commission d'agrément et de contrôle territorialement compétente, peuvent procéder, sous le contrôle d'un officier de police judiciaire et avec le consentement exprès des personnes, à des palpations de sécurité. Dans ce cas, la palpation doit être effectuée par une personne de même sexe que la personne qui en fait l'objet.

Elles peuvent procéder à l'inspection visuelle des bagages et, avec le consentement de leur propriétaire, à leur fouille.

Article R. 511-1

Les agents de police municipale mentionnés au 2° de l'article 21 du Code de procédure pénale peuvent constater par procès-verbal, en application des dispositions de l'article L. 511-1 du présent code, lorsqu'elles sont commises sur le territoire communal et qu'elles ne nécessitent pas de leur part d'actes d'enquête, les contraventions prévues par le Code pénal et énumérées par l'article R. 15-33-29-3 du Code de procédure pénale.

Ils peuvent également constater par procès-verbal, dans les conditions prévues par le deuxième alinéa de l'article L. 511-1 du présent code, les contraventions mentionnées à l'article R. 610-5 du Code pénal, relatives aux arrêtés de police municipale pris par le maire ou par le préfet de département en application des 1° à 3° de l'article L. 2215-1 du Code général des collectivités territoriales, ainsi que les contraventions au Code de la route mentionnées à l'article R. 130-2 de ce code et les contraventions relatives à l'interdiction de fumer dans les lieux affectés à un usage collectif prévues par les articles R. 3512-1 et R. 3512-2 du Code de la santé publique.

Article R. 521-1

Les gardes champêtres peuvent constater par procès-verbal, en application des dispositions de l'article L. 521-1 du présent code, lorsqu'elles sont commises sur le territoire pour lequel ils sont assermentés et qu'elles ne nécessitent pas de leur part d'actes d'enquête, les contraventions prévues par le Code pénal et énumérées par l'article R. 15-33-29-3 du Code de procédure pénale.

Ils peuvent également constater par procès-verbal, conformément aux dispositions du deuxième alinéa de l'article L. 521-1 du présent code, les contraventions mentionnées à l'article R. 610-5 du Code pénal relatives aux arrêtés de police municipale pris par le maire ou par le préfet de département en application des 1° à 3° de l'article L. 2215-1 du Code général des collectivités territoriales ainsi que les contraventions au Code de la route mentionnées à l'article R. 130-3 de ce code et les contraventions relatives à l'interdiction de fumer dans les lieux affectés à un usage collectif prévues par les articles R. 3512-1 et R. 3512-2 du Code de la santé publique.

Code de la route (extraits)

Article L. 130-4

Sans préjudice de la compétence générale des officiers et des agents de police judiciaire, ont compétence pour constater par procès-verbal les contraventions prévues par la partie Réglementaire du présent code ou par d'autres dispositions réglementaires, dans la mesure où elles se rattachent à la sécurité et à la circulation routières :

1° Les personnels de l'Office national des forêts ;

2° Les gardes champêtres des communes ;

3° Les agents titulaires ou contractuels de l'État et les agents des communes, titulaires ou non, chargés de la surveillance de la voie publique, agréés par le procureur de la République ;

4° Les agents, agréés par le procureur de la République, de ceux des services publics urbains de transport en commun de voyageurs qui figurent sur une liste dressée dans des conditions fixées par décret en Conseil d'État ;

5° Les officiers de port et les officiers de port adjoints ;

6° Les fonctionnaires ou agents de l'État chargés du contrôle des transports terrestres placés sous l'autorité du ministre chargé des transports ;

7° Les agents des douanes ;

8° Les agents des exploitants d'une autoroute ou d'un ouvrage routier ouvert à la circulation publique et soumis à péage, agréés par le préfet ;

9° Les agents verbalisateurs mentionnés à l'article L. 116-2 du Code de la voirie routière ;

10° Les agents des exploitants d'aérodromes, assermentés et agréés par le préfet pour les seules contraventions aux règles de stationnement dans l'emprise de l'aérodrome ;

11° Les agents de police judiciaire adjoints ;

12° Les fonctionnaires ou agents de l'État, chargés des réceptions des véhicules ou éléments de véhicules, placés sous l'autorité des ministres chargés de l'industrie et des transports ;

13° Les agents des exploitants de parcs publics de stationnement situés sur le domaine public ferroviaire, assermentés et agréés par le représentant de l'État dans le département, pour les seules contraventions aux règles concernant la circulation, l'arrêt et le stationnement des véhicules dans l'emprise du parc public ;

14° Les agents de l'établissement public Paris La Défense, dans les conditions prévues à l'article L. 328-4 du Code de l'urbanisme.

La liste des contraventions que chaque catégorie d'agents mentionnée ci-dessus est habilitée à constater est fixée par décret en Conseil d'État.

Article L. 130-5

Les règles relatives à la constatation des contraventions au présent code par **les agents de police municipale** sont fixées par les articles L. 511-1 et L. 512-2 du Code de la sécurité intérieure.

Accès au fichier des permis de conduire

Article L. 225-5

Les informations relatives à l'existence, la catégorie et la validité du permis de conduire sont communiquées :

1° Au titulaire du permis ou au conducteur mentionné au I de l'article L. 223-10, à son avocat ou à son mandataire ;

2° Aux autorités compétentes des territoires et collectivités territoriales d'outre-mer, aux fins d'authentification du permis de conduire ;

3° Aux autorités étrangères compétentes, aux fins d'authentification du permis de conduire, conformément aux accords internationaux en vigueur ;

4° Aux officiers ou agents de police judiciaire agissant dans le cadre d'une enquête préliminaire ;

5° Aux militaires de la gendarmerie ou aux fonctionnaires de la police nationale habilités à effectuer des contrôles routiers en application des dispositions du présent code ;

5° bis Aux agents de police judiciaire adjoints et aux gardes champêtres, aux seules fins d'identifier les auteurs des infractions au présent code qu'ils sont habilités à constater ;

6° Aux autorités administratives civiles ou militaires pour les personnes employées ou susceptibles d'être employées comme conducteur de véhicule à moteur ;

7° Aux entreprises d'assurances pour les personnes dont elles garantissent ou sont appelées à garantir la responsabilité encourue du fait des dommages causés par les véhicules à moteur ;

8° À l'organisme chargé de la délivrance et de la gestion des cartes de conducteur associées au chronotachygraphe électronique utilisé pour le contrôle des transports routiers ;

9° À l'organisme chargé de la délivrance et de la gestion des cartes de qualification de conducteur destinées à prouver la qualification initiale et la formation continue des conducteurs de certains véhicules routiers affectés aux transports de marchandises ou de voyageurs ;

10° Aux fonctionnaires ou agents de l'État chargés du contrôle des transports terrestres placés sous l'autorité du ministre chargé des transports pour l'exercice des compétences en matière de contrôle du transport routier prévues au présent code ;

11° Aux entreprises exerçant une activité de transport public routier de voyageurs ou de marchandises, pour les personnes qu'elles emploient comme conducteur de véhicule à moteur.

Pour le conducteur mentionné au I de l'article L. 223-10, les informations mentionnées au premier alinéa du présent article comprennent celles relatives aux décisions dûment notifiées portant interdiction de conduire sur le territoire national enregistrées en application du 8° du I de l'article L. 225-1.

Dépistage de l'imprégnation alcoolique

Article L. 234-3

Les officiers ou agents de police judiciaire de la gendarmerie ou de la police nationales territorialement compétents et, sur l'ordre et sous la responsabilité desdits officiers de police judiciaire, **les agents de police judiciaire adjoints** soumettent à des épreuves de dépistage de l'imprégnation alcoolique par l'air expiré l'auteur présumé d'une infraction punie par le présent code de la peine complémentaire de suspension du permis de conduire ou le conducteur ou l'accompagnateur de l'élève conducteur impliqué dans un accident de la circulation ayant occasionné un dommage corporel.

Ils peuvent soumettre aux mêmes épreuves tout conducteur ou tout accompagnateur d'élève conducteur impliqué dans un accident quelconque de la circulation ou auteur présumé de l'une des infractions aux prescriptions du présent code autres que celles mentionnées au premier alinéa.

Article L. 234-4

Lorsque les épreuves de dépistage permettent de présumer l'existence d'un état alcoolique ou lorsque le conducteur ou l'accompagnateur de l'élève conducteur refuse de les subir, les officiers ou agents de police judiciaire font procéder aux vérifications destinées à établir la preuve de l'état alcoolique.

Lorsque la constatation est faite par **un agent de police judiciaire mentionné au […] 2° de l'article 21 du Code de procédure pénale**, il rend compte immédiatement de la présomption de l'existence d'un état alcoolique ou du refus du conducteur ou de l'accompagnateur de l'élève conducteur de subir les épreuves de dépistage à tout officier de police judiciaire de la police nationale ou de la gendarmerie nationale territorialement compétent, qui peut alors lui ordonner sans délai de lui présenter sur-le-champ la personne concernée.

Les vérifications destinées à établir la preuve de l'état alcoolique sont faites soit au moyen d'analyses et examens médicaux, cliniques et biologiques, soit au moyen d'un appareil permettant de déterminer la concentration d'alcool par l'analyse de l'air expiré à la condition que cet appareil soit conforme à un type homologué.

Enregistrement et communication des informations relatives à la circulation des véhicules (fichiers)

Article L. 330-2

I.- Ces informations, à l'exception de celles relatives aux gages constitués sur les véhicules à moteur et aux oppositions au transfert du certificat d'immatriculation, sont communiquées :

1° À la personne physique ou morale titulaire des pièces administratives, à son avocat ou à son mandataire ;

2° Aux autorités judiciaires ;

3° Aux officiers ou agents de police judiciaire, dans l'exercice des missions définies à l'article 14 du Code de procédure pénale ;

4° Aux militaires de la gendarmerie ou aux fonctionnaires de la police nationale habilités à effectuer des contrôles routiers en application des dispositions du présent code ;

4° bis **Aux agents de police judiciaire adjoints** et **aux gardes champêtres**, aux seules fins d'identifier les auteurs des infractions au présent code qu'ils sont habilités à constater ;

[…]

Les compétences des APJA au Code de la route

Article R. 130-2

Les agents de police judiciaire adjoints mentionnés au 2° de l'article 21 du Code de procédure pénale peuvent constater par procès-verbal, lorsqu'elles sont commises à l'intérieur du territoire communal sur les voies autres que les autoroutes, les contraventions aux articles R. 644-2 et R. 653-1 du Code pénal commises à l'occasion de la conduite d'un véhicule, les contraventions aux dispositions du présent code à l'exception de celles prévues aux articles R. 121-1 à R. 121-5, R. 221-18, R. 222-2, R. 234-1, R. 314-2, R. 411-32, R. 412-17, R. 412-51, R. 412-52, R. 413-15.

Les compétences des Gardes champêtres au Code de la route

Article R. 130-3

Les gardes champêtres peuvent constater par procès-verbal si elles sont commises à l'intérieur du territoire communal et sur des voies autres que les autoroutes :

a) Les contraventions de police prévues aux articles R. 644-2 et R. 653-1 du Code pénal lorsqu'il s'agit de contraventions se rapportant à la circulation routière ;

b) Les contraventions aux dispositions du présent code à l'exception de celles prévues aux articles R. 121-1 à R. 121-5, R. 221-18, R. 222-2, R. 234-1, R. 314-2, R. 411-32, R. 412-17, R. 412-51 et R. 412-52.

Présentation des papiers aux forces de l'ordre

Article R. 233-1

I. – Lorsque les dispositions du présent code l'exigent, tout conducteur ou, le cas échéant, tout accompagnateur d'un apprenti conducteur, est tenu de présenter à toute réquisition des agents de l'autorité compétente :

1° Tout titre justifiant de son autorisation de conduire ;

2° Le certificat d'immatriculation du véhicule et, le cas échéant, celui de la remorque si le poids total autorisé en charge (PTAC) de cette dernière excède 500 kilogrammes, ou de la semi-remorque s'il s'agit d'un véhicule articulé, ou les récépissés provisoires, ou les photocopies des certificats d'immatriculation dans les cas et dans les conditions prévues par un arrêté du ministre de la justice et du ministre de l'intérieur ;

3° Pour l'accompagnateur d'un apprenti conducteur, le permis de conduire exigé pour la conduite du véhicule obtenu depuis au moins cinq ans ou l'autorisation d'enseigner la conduite des véhicules à moteur mentionnée aux articles L. 212-1 et R. 212-1 correspondant à la catégorie du véhicule utilisé ;

4° Dans les cas mentionnés aux II et III de l'article R. 221-8, une attestation de la formation pratique ou le document attestant d'une expérience de la conduite conforme aux conditions prévues par ces dispositions ;

5° Les documents attestant de l'équipement du véhicule d'un dispositif homologué d'anti-démarrage par éthylotest électronique et de la vérification de son fonctionnement, lorsque le conducteur : […]

6° Un éthylotest dans les conditions prévues à l'article R. 234-7 ;

7° Le procès-verbal de contrôle technique périodique pour les véhicules mentionnés aux articles R. 323-23 et R. 323-25 ;

8° Le triangle de présignalisation prévu au I de l'article R. 416-19 ;

9° Le gilet de haute visibilité prévu au II de l'article R. 416-19.

II. – En cas de perte ou de vol du titre justifiant de l'autorisation de conduire le récépissé de déclaration de perte ou de vol tient lieu de titre pendant un délai de deux mois au plus.

III. – Hors le cas prévu au 6° du I, le fait de ne pas présenter immédiatement aux agents de l'autorité compétente les éléments exigés par le présent article est puni de l'amende prévue pour les contraventions de la première classe.

IV. – Le fait, pour toute personne invitée à justifier dans un délai de cinq jours de la possession de son brevet de sécurité routière, de ne pas présenter ce document avant l'expiration de ce délai est puni de l'amende prévue pour les contraventions de la deuxième classe.

V. – Hors les cas prévus aux 6°, 8° et 9° du I, le fait, pour toute personne invitée à justifier dans un délai de cinq jours de la possession des autorisations et pièces exigées par le présent article, de ne pas présenter ces documents avant l'expiration de ce délai est puni de l'amende prévue pour les contraventions de la quatrième classe.

Franchir un feu rouge

Article R. 412-30

Tout conducteur doit marquer l'arrêt absolu devant un feu de signalisation rouge, fixe ou clignotant.

L'arrêt se fait en respectant la limite d'une ligne perpendiculaire à l'axe de la voie de circulation. Lorsque cette ligne d'arrêt n'est pas matérialisée sur la chaussée, elle se situe à l'aplomb du feu de signalisation ou avant le passage piéton lorsqu'il en existe un.

Sous réserve des articles R. 415-11 et R. 422-3, les dispositions du premier alinéa ne s'appliquent pas aux transports exceptionnels mentionnés à l'article R. 433-1 et à leurs véhicules d'accompagnement mentionnés à l'article R. 433-17 régulièrement engagés dans une intersection équipée de feux de signalisation affichant la couleur verte au moment du franchissement de ces feux par le premier véhicule d'accompagnement.

Lorsqu'une piste cyclable ou une trajectoire matérialisée pour les cycles, signalisée en application des dispositions de l'article R. 411-25, traversant la chaussée est parallèle et contiguë à un passage réservé aux piétons dont le franchissement est réglé par des feux de signalisation lumineux, tout conducteur empruntant cette piste ou cette trajectoire matérialisée est tenu, à défaut de signalisation spécifique, de respecter les feux de signalisation réglant la traversée de la chaussée par les piétons.

Le fait, pour tout conducteur, de contrevenir aux dispositions du présent article est puni de l'amende prévue pour les contraventions de la quatrième classe.

Toute personne coupable de cette infraction encourt également la peine complémentaire de suspension, pour une durée de trois ans au plus, du permis de conduire, cette suspension pouvant être limitée à la conduite en dehors de l'activité professionnelle.

Cette contravention donne lieu de plein droit à la réduction de quatre points du permis de conduire.

Franchir un STOP

Article R. 415-6

À certaines intersections indiquées par une signalisation dite stop, tout conducteur doit marquer un temps d'arrêt à la limite de la chaussée abordée. Il doit ensuite céder le passage aux véhicules circulant sur l'autre ou les autres routes et ne s'y engager qu'après s'être assuré qu'il peut le faire sans danger.

Le fait, pour tout conducteur, de contrevenir aux dispositions du présent article est puni de l'amende prévue pour les contraventions de la quatrième classe.

Tout conducteur coupable de l'une des infractions prévues au présent article encourt également la peine complémentaire de suspension, pour une durée de trois ans au plus, du permis de conduire, cette suspension pouvant être limitée à la conduite en dehors de l'activité professionnelle.

Ces contraventions donnent lieu de plein droit à la réduction de quatre points du permis de conduire.

Code de procédure pénale (extraits)

Répression de l'ivresse publique.

Article L. 3341-1

Une personne trouvée en état d'ivresse dans les lieux publics est, par mesure de police, conduite à ses frais dans le local de police ou de gendarmerie le plus voisin ou dans une chambre de sûreté, pour y être retenue jusqu'à ce qu'elle ait recouvré la raison.

Lorsqu'il n'est pas nécessaire de procéder à l'audition de la personne mentionnée au premier alinéa immédiatement après qu'elle a recouvré la raison, elle peut, par dérogation au même premier alinéa, être placée par un officier ou un agent de police judiciaire sous la responsabilité d'une personne qui se porte garante d'elle.

Article R. 3353-1

Le fait de se trouver en état d'ivresse manifeste dans les lieux mentionnés à l'article L. 3341-1 est puni de l'amende prévue pour les contraventions de la 2e classe.

Article R. 3353-2

Le fait pour les débitants de boissons de donner à boire à des gens manifestement ivres ou de les recevoir dans leurs établissements est puni de l'amende prévue pour les contraventions de la 4e classe.

85226 - OSB 80° - 633 - BEP - MPN

Dupliprint
733 rue Saint-Léonard, 53100 MAYENNE
Dépôt légal : août 2023

Imprimé en France